孫中山記念会研究叢書Ⅸ

# 孫文・講演「大アジア主義」資料集Ⅱ

## 1924年11月 日本と中国の岐路

愛新 翼・西村成雄 編
Aishin Tsubasa & Nishimura Shigeo

法律文化社

# 孫文先生「大アジア主義講演」一〇〇周年を記念して

愛新　翼（孫文記念館名誉館長）

二〇二四年一一月二八日は、孫文先生の「大アジア主義講演」一〇〇周年の日に当たります。

前回一九八九年刊行の資料集から既に三五年を経過し、その間新たな資料も発掘されてきました。これらの「孫文・大アジア主義思想」を再認識するために、同時代資料や多くの論考などを『孫文・講演「大アジア主義」資料集Ⅱ』としてまとめることとなりました。

孫文先生はなぜ神戸という地で三〇〇〇人ともいわれる市民を対象に「大アジア主義」について熱弁をふるったのか、一〇〇年前の歴史の現場に立ち会っていただき、その歴史的意義を現代の視点からとらえなおす機会にしていただければと思います。

孫文先生は神戸に一八回来られ日本を愛したように、当時の神戸華僑も日本を愛し、孫文先生を信頼していました。神戸華僑も神戸に在住して一五〇年になり、神戸の発展に少しは貢献してまいりました。

神戸華僑は中日両国を信頼し、中日両国が共に、東アジア地域の平和のみならず、世界の平和に寄与するよう願っています。

二〇二四年八月二九日

明石海峡大橋架橋前の移情閣、淡路島を遠景に望む

井上順平氏寄贈
孫文記念館蔵

## 解　説

「海不揚波（海　波を揚げず）。井上先生属。孫文」とある。「属」はショクと音し、「嘱」とも書く。求めに応じて書することを意味する。一九一八年六月一日、孫文は大阪商船の蘇州丸に乗船し、汕頭（広東）から基隆（台湾）に向かった。その航海中、船長の井上足彦に求められ書した作になる。語は航海の平穏を祈る意味をなし、おそらく井上が希望するままに書したものであろう。

孫文の結構（字形の組み立て）は概して左収右放（左方は短く、右方に長く）によることが多く、初唐の欧陽詢を学んだ跡を感じさせるが、本作ではそれを顕著にせず、線質、結構ともに丸みをつけて、顔真卿の重厚を想起させるものがある。たまたま用意された画仙紙と筆に対応したことから、このような異彩の結果がもたらされたのかもしれないが、ゆったりとした孫文の風貌と重なり、その柔軟で豊かな表現力を思わせる作品になっている。

魚住和晃（孫文記念館長）

# 孫文軌跡

—世界各地を駆けめぐった孫文、革命の主な足跡—

1878　5月　ハワイへ
83　7月　香港、香山（現、中山）
84　11月　ハワイへ
85　4月　香山
　8月　香港
92　12月　マカオ
94　1月　香山
　6月　天津
　10月　上海・ハワイ
95　1月　香港
　3月　香港
　10月　広州・香港
　11月　神戸・横浜
　12月　ハワイ
96　6月　サンフランシスコ・シカゴ・ニューヨーク
　9月　リバプール・ロンドン
97　7月　モントリオール・バンクーバー・ヴィクトリア
　8月　横浜
98　東京・横浜・神戸・下関・長崎
99　東京・横浜・長崎
1900　7月　香港、シンガポール
　8月　上海
　9月　台湾
　東京・横浜・神戸
1901　4月　ハワイ
　東京・横浜
1902　1月　香港
　2月　横浜
　12月　香港、ハノイ
1903　＊　サイゴン、タイ
　7月　横浜
　10月　ハワイ
1904　4月　サンフランシスコ
　7月　ニューヨーク
　12月　ロンドン
1905　ブリュッセル、ベルリン、パリ
　6月　マルセーユ
　7月　シンガポール、横浜・東京
　10月　サイゴン・ハノイ
1906　2月　シンガポール
　4月　香港、横浜

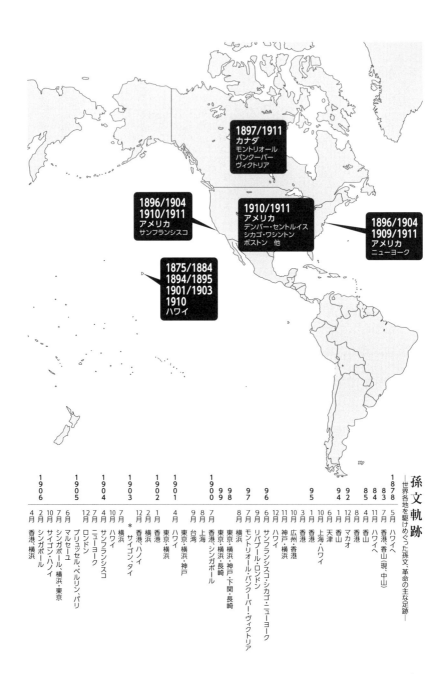

# 孫文——世界を駆けめぐった主な軌跡

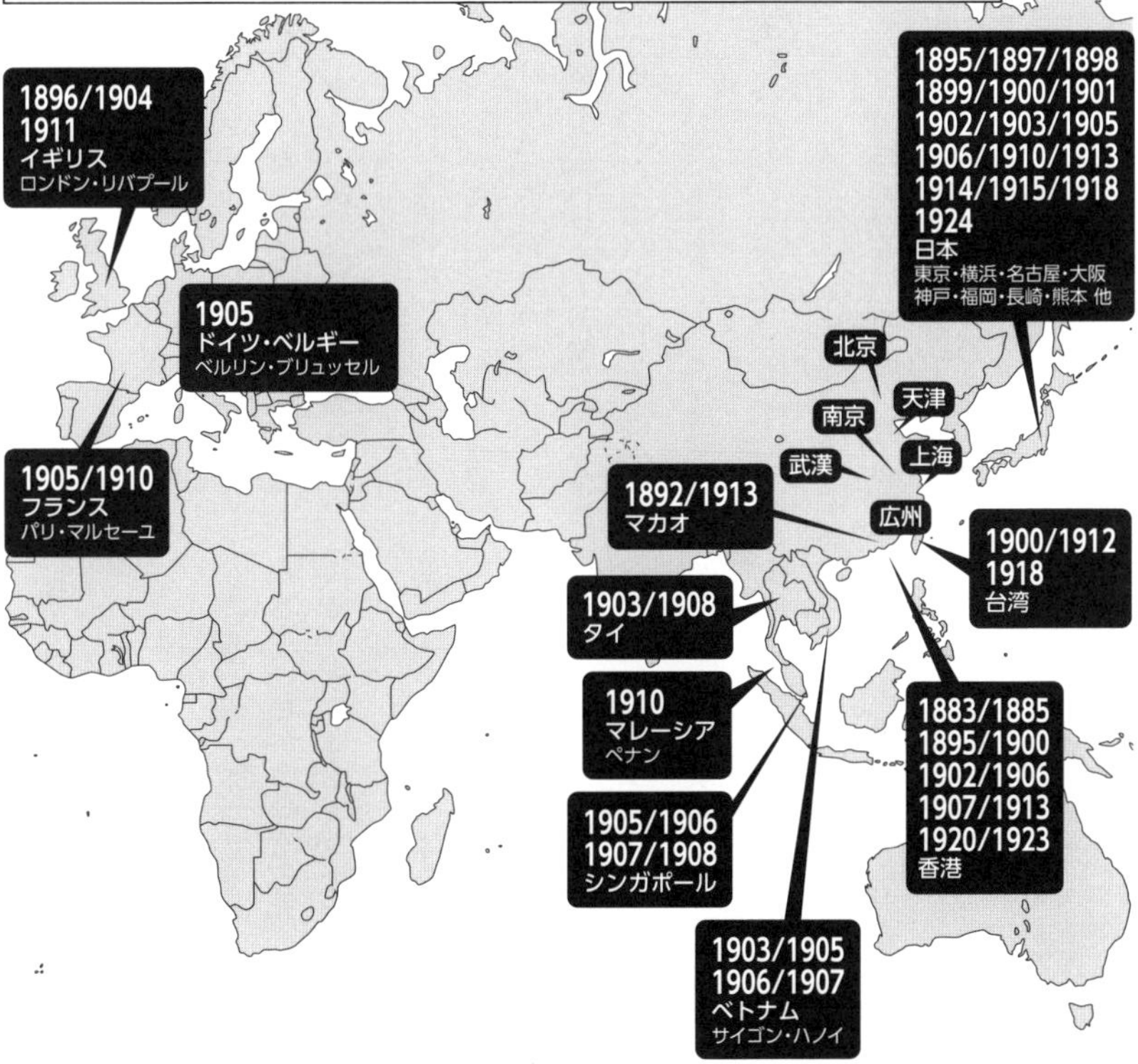


| | | |
|---|---|---|
| | 6月 | シンガポール |
| | 8月 | クアラルンプール、シンガポール、サイゴン |
| | 10月 | 横浜、東京 |
| 1907 | 3月 | 香港、シンガポール、サイゴン・ハノイ |
| 1908 | 3月 | シンガポール |
| | 11月 | タイ |
| | 12月 | シンガポール |
| 1909 | 6月 | マルセーユ |
| | 11月 | ニューヨーク |
| 1910 | 1月 | シカゴ |
| | 2月 | サンフランシスコ |
| | 3月 | ハワイ |
| | 6月 | 横浜・神戸 |
| | 7月 | ペナン |
| | 12月 | パリ |
| 1911 | 1月 | ニューヨーク・サンフランシスコ |
| | 2月 | バンクーバー・トロント |
| | 4月 | ニューヨーク |
| | 6月 | サンフランシスコ |
| | 10月 | デンバー・シカゴ・ニューヨーク |
| | 11月 | ロンドン・パリ・マルセーユ |
| | 12月 | 上海 |
| 1912 | 1月 | 南京 |
| | 4月 | 上海 |
| | 8月 | 北京 |
| 1913 | 2月 | 東京・横浜 |
| | 3月 | 名古屋・京都・奈良・大阪・神戸・広島・熊本・長崎、上海 |
| | 6月 | マカオ、香港 |
| | 8月 | 台湾、神戸・横浜・東京 |
| 1914 | | 東京 |
| 1915 | | 東京 |
| 1916 | 5月 | 上海 |
| 1917 | 7月 | 広州 |
| 1918 | 6月 | 汕頭・アモイ、台湾、神戸・箱根・京都・神戸、上海 |
| 1919 | | 上海 |
| 1920 | 11月 | 香港・広州 |
| 1922 | 4月 | 広州 |
| | 8月 | 上海 |
| 1923 | 2月 | 香港、広州 |
| 1924 | 11月 | 上海、神戸 |
| | 12月 | 天津・北京 |
| 1925 | 3月 | 北京 |

# 今なぜ「孫文・講演『大アジア主義』」なのか

## ――孫文のグローバル・リージョナル戦略――

西村成雄

一〇〇年前の一九二四年、孫文はその死の四か月前、最後の神戸訪問となった一一月二八日に兵庫県立神戸高等女学校講堂で、第二会場も含め約三〇〇〇人ともいわれる聴衆を前に「大アジア主義」の講演をおこなった。

その後、講演の新聞掲載時に「追加」されたとされる最後の部分：

「あなたがた日本民族は、欧米の覇道文化を取り入れたうえに、アジアの王道文化の本質も持っていますが、今後は世界文化の前途に対して、結局のところ西方覇道の手先となるのか、それとも東方王道の防壁となるのか、それはあなたがた日本国民の詳細な検討と慎重な選択に懸かっているのです」

が、孫文講演の日本に対する基軸となる訴えであったと判断されている（深町英夫編訳『孫文革命文集』岩波文庫、二〇一一年、四四五～四四六頁。なお、安井三吉「孫文『大亜洲主義』のテキストについて」『近代』六四、一九八八年、および本資料集Ⅱ〔17〕参照）。

この講演の締めくくりは、明確に世界の政治文化理解のカテゴリーとして「東方王道 vs. 西方覇道」論が提起され、その政治的選択を日本国民に求める特徴を持っている。

と同時に、国民国家としての対外的かつ対内的政治体制のあり方を問いかける政治的議題（political agenda）設定でもあり、孫文講演が今日まで思想的影響力を与え続けている理由でもあろう。

## Ⅰ　「地球社会」の政治的四層構造と日本における「アジア主義」論

少し視野を広げて「地球社会」の政治的四層構造から見ると、主権国家としての国民国家群は、それぞれのレヴェルの中で、自らの政治的配置を受容せざるを得ない現実の中に置かれている。それは、「地球社会」内のグローバルな国際秩序層の構築となる第四層、その内側にある地域（リージョナル）統合的（地政学的）多国間レヴェルの関係性構築に示される第三層、さらに主権国家（ネイション・ステイト）群における個別国家間レヴェルの関係性構築の第二層、そして主権国家内の社会としての地方自治体や社会政治諸団体など全層にまで影響しうる民間交流レヴェルの関係性構築の第一層（基層）に区分されている（秋田茂『イギリス帝国盛衰史』幻冬舎新書、二〇二三年、三五頁参照）。

二〇世紀前半期・日本における「アジア主義思想」の四層にわたる各レヴェルの展開過程は、松浦正孝氏のアジア主義思想史の時期区分によれば、満州事変を転換期として「アジア主義の国策化」段階へと移行したとされる（松浦正孝「近代日本のアジア主義と東アジア地域秩序」『令和二年度戦争史研究国際フォーラム報告書』二〇二二年二月）。その意味では、第一層（基層）で蓄積されてきた「政策化可能性」をもつ多様なアジア主義思想の諸潮流の社会的エネルギーが権力的選択的に回収される中で、第二層、第三層、さらには第四層にまで濃縮される展開を遂げ一九四五年に至ったといえよう。

本『資料集Ⅱ』に関連する、日本で二〇一〇年代に出版された主な「アジア主義思想史」研究には下記の諸成果があげられる。松浦正孝編著『アジア主義は何を語るのか：記憶・権力・価値』（ミネルヴァ書房、二〇一三年）、長谷川雄一編著『アジア主義思想と現代』（慶應義塾大学出版会、二〇一四年）、中島岳志『アジア主義：その先の近代へ』（潮出版社、二〇一四年）、嵯峨隆『アジア主義と近代日本の思想的交錯』（慶應義塾大学出版会、二〇一六年）、同『アジア主義全史』（筑摩書房、二〇二〇年）、趙軍『中国における大アジア主義：「聯日」と「抗日」のあいだ』（ミネルヴァ書房、二〇一八年）。もちろんこれらとならんで、多くの研究者による「アジア主義思想」の多面的多次元的分析が蓄積されてきたことは言うまでもない。例えば、二〇一〇年代の孫文個人史として横山宏章『素顔の孫文：国父になった大ぼら吹き』（岩波書店、二〇一四年）同『中国の愚民主義：「賢人支配」の一〇〇年』（平凡社、二〇一四年）や、深町英夫『孫文：近代化の岐路』（岩波新書、二〇一七年）があり、ここでは直接ふれないが、孫文の内在的理解をめぐる対照的認識を示している。横山著への書評として、安藤久美子・久保田博子・久保田文次・藤井昇三の四氏による「横山宏章氏の孫文論二冊」（『孫文研究』第五五号、二〇一四年一二月）、および深町著を含めた総合的書評に篠崎守利「日本の孫文研究：最近二五年間の事情／課題（上）（下）」（『中国研究月報』第七一巻第一〇号、二〇一七年一〇月・同一一号、一一月）を参照いただきたい。あわせて蔣海波「日本における孫文研究（二〇〇一―二〇二一年）」『孫文研究』七〇号（二〇二二年七月）は、ここ二〇年来の到達点を論じている。

このような諸成果から、孫文思想に内在する「地球社会認識」を取り上げてみると、最も早く一八九七年八月に宮崎滔天に語ったとされる「支那四億萬の蒼生を救い、亜東黄種の屈辱を雪ぎ、宇内の人道を恢復し擁護するの道、唯我国の革命を成就するにあり」（『三十三年之夢』、宮崎龍介・小野川秀美編『宮崎滔天全集』第1巻、平凡社、一九七一年）に示されたように、グローバルな「宇内人道論」、リージョナルな「亜東黄種論」、主権国家とその社会（四億萬の蒼生）における「革命成就論」という四層構造の区分がなされており、それぞれの層における政治的目的が提起されていた。これは遠く一九二四年一一月二八日の「大アジア主義講演」が単にリージョナルな課題にとどまらず全層に通底する論理として出されていたことを物語る。とりわけグローバルな論点に接続する政治空間を把握しうる「天下為公」「大同社会」論は重要な思想的基盤であった。

併せて孫文個人史の思想的展開過程をたどるとき、それぞれの段階で蓄積された政治的地層が、あるところでは新しく上書きされ、地続き的に併存する積層構造になっていたことが確認できる。この点は、嵯峨隆氏の孫文理解に示されている一九一九年以降の孫文の対日認識の「批判的観点への転換」論にも反映している。

## Ⅱ　中国「アジア主義」の歴史的展開

このような日本近代との対比で、中国側からの「アジア主義」の独自な歴史的展開を捉えた議論が提起されている。

クレイグA. スミス（Craig A. Smith）氏は、二〇二一年にChinese Asianism 1894-1945, Harvard Univ. Asia Centerを刊行し、中国における半世紀にわたる「アジア主義」の思想的かつ政治的鉱脈を掘り起こしている。大きく三段階に時期区分し、一八九五年日清戦争後の清朝地方権力・改良派・革命派によるアジア主義言説の第一段階における展開から始まり、第二段階は一九一九年五四運動前後の「革命諸団体」のアジア認識論に接続し、第三段階は一九三〇年代以降、国民政府や政治諸団体のアジア政策論として概括する。

その過程にあって中国知識人や政治家、さらには民衆から見たアジア認識、とりわけ日本認識の転換期は第二段階にあったとする。確かに日本政府レヴェルでは、一九一〇年「韓国併合」、一九一五年「対華二十一ヵ条の要求」と中華民国総統袁世凱による受諾、そして一九一九年ヴェルサイユ講和会議での「山東のドイツ権益は日本が継承」など、対中国政策の転換点でもあった。しかもこの段階は一九一七年ロシア革命の政治的影響や一九一九年「五四運動」を経たもとで、中国政治社会層における「帝国主義対反帝国主義・民族解放運動」という言説が一般化しつつあった。特に日本の「帝国主義陣営」への本格的参入に対する政治的批判と社会運動化が一つの潮流となっていた。

## Ⅲ　孫文に内在する政治空間の積層性

このような新たな政治空間の膨張は、孫文などの政治勢力にとっても従来の対日認識の転換とその政策化を生み出す社会的基盤であった。

ここでは浜田直也氏の発掘された、孫文と直接議論した森本厚吉の証言を引用しておきたい（浜田直也「孫文と森本厚吉」『鷹陵史学』三一号、二〇〇五年九月、後に『賀川豊彦と孫文』神戸新聞総合出版センター、二〇一二年に「森本厚吉と孫文」として所収）。一九二〇年八月下旬、吉野作造の紹介で上海日本人ＹＭＣＡの夏期講座のために上海に入った森本厚吉（当時、北海道大学教授で内村鑑三の影響でクリスチャンとなり、新渡戸稲造を師と仰ぐ札幌農学校・ジョンズ－ホプキンス大学出身の経済学者）は、同じく夏期講座講師であった賀川豊彦と共に、フランス租界にあった孫文宅で英語による会談をおこなったが、同時期の孫文の「対日感情」についての同時代史的証言を残している。『大阪朝日新聞』一九二〇年九月一六日夕刊、所載「孫氏と桂（太郎）公（爵）：排日の出発点」の談話記事では、次のように述べていた。

「最近孫逸仙氏の日本に対する態度は、全然排日主義を以って凝り固まり、余と面会せし際の如きも之を断言して憚らなかった。」「彼の親日主義は故桂公在世時代（一九一三年一〇月一〇日死去）までで、――その後の対支政策は総て支那を害するものばかりであると明言し」「日本は『支那に対しては宜しく領土的野心を棄てて、人心の収攬に勗むるを期し――』、日本は遼東半島も台湾も青島も支那に返還して両国の平和を実現すべしと極論し」「斯くの如く彼は日本を排斥すると同時に最近猛烈に排英主義を唱え、米国に近寄らんとして居るようであった。」

森本厚吉本人の中国認識も同時代史的に見て極めてユニークなポリティカル議題を提起していた。日本は「日清戦争でも、日露戦争でも、最近の戦争に於いても、領土を武力で拡張することはできたが、人間の心を捉えることには常に失敗している」として、「兵力に依って対支問題の解決を図った我が従来の政策は確かに成功ではなかった」。領事裁判権・外人任命権・海関及び塩税管理権は破棄すべきである、と主張する政治的立場を明確にする。内容的にはメディア議題を超えて明らかに孫文のこの段階の主張と共鳴しあうポリティカル議題として提起されていた（前掲『賀川豊彦と孫文』所収、『文化生活』誌、一六〇－一六一頁、『苦悶の経済生活』広文堂、一九二七年、二一八頁など）。同時期、一九二一年七月から八月にかけて『東洋経済新報』誌での石橋湛山「大日本主義の幻想」のポリティカル議題とも通底する言説であった（張競・村田雄二郎『共和の夢　膨張の野望一八九四—一九二四』岩波書店、二〇一六年所収）。

ここに孫文の対日認識の転換期に照応する、日本側における対中認識の重要な転換・分岐点があったといえよう。

## Ⅳ　孫文の対日認識の三段階

そこで孫文個人史における対日認識の三段階を視野に入れておきたい。

クレイグ・スミス氏の時期区分とも対応しているが、第一段階は一九〇〇年から一九一四年で、日本の朝野への助力要請活動と日本政府への「期待」期、第二段階は一九一五年から一九一九年で、五四運動後に示された対日批判への移行期となり、第三段階は一九二〇年から一九二四年で、上記森本厚吉との会談に示されたように日本政府の帝国主義的対中政策を本格的に批判することになる。しかもその到達点に一九二四年一一月二八日の「大アジア主義」講演が位置していた。こうした孫文の対日認識の段階的特徴を把握することで歴史の現場をよりリアルに捉えられるだろう。

## Ⅴ　「黄禍論」のグローバル化と孫文

と同時に、このような孫文個人史の国際的環境とその政治空間の磁場を見るとき、二〇世紀第1四半紀の二五年間を通底するヨーロッパの政治思想の一つの潮流ともいうべき「黄禍論」に注目しておく必要がある（多くの研究があるが、最近の成果として廣部泉『黄禍論：百年の系譜』講談社、二〇二〇年、また歴史資料集として、呂浦・張振鵾等編訳『「黄禍論」歴史資料選輯』中国社会科学出版社、一九七九年があり、中国サイドの成果として羅福恵『非常的東西文化碰撞：近代中国人対〝黄禍論〟及人種学的回応』北京大学出版社、二〇二一年を参照。なおイギリスを中心とした黄禍論の展開については、橋本順光『黄禍論史資料集成』全五巻エディション・シナプス、二〇一二年を参照)。

孫文の「黄禍論」認識過程について、羅福恵氏は三段階に区分する。第一段階となる一九一二年四月に至る孫文の議論としては、「黄禍論」そのものは「中国分割」による植民地支配の実現にあるとする認識を示しつつ、中国は「文明国としての義務」を果たし「列強と共存」を図る政治的スタンスを保持していると、主張する。第二段階は一九一九年五四運動までの時期で、中華民国は「黄禍」をもたらすことのない政治方針を取ってきたとする。第三段階は一九一九年五四運動後となり、特に一九二三、二四年の孫文の言説では「次の世界大戦は黄色と白色人種間で戦われるとか、ヨーロッパとアジアの戦争となる」といわれるがそれは誤りで、黄色、白色を問わず「公理と強権」の間の戦争になると強調するものとなっていた。それは「人種論」的枠組みを超えた「被抑圧者対横暴者」「階級間戦争」の対抗関係を基軸とする認識へと展開していた。その転換期をふまえれば、すでに政治文化の類型論として言及されている東方の王道論、西方の覇道論も、このような新たなポリティカル議題に再配置された思想として再認識する必要があろう。

## Ⅵ　蘇る「天下為公」(人類運命共同体)と「東アジア運命共同体」論

さて、約一〇〇年を経たもとで二一世紀第1四半紀の「地球社会」において、現代中国の政治的四層構造は、どのような歴史的資源を選択的に継承しているのかにふれておきたい。

二〇世紀第1四半紀の中国を特徴づける孫文の政治空間認識は、二〇一三年以降の現代中国政治にあって極めて象徴的に蘇っているといえよう。グローバル・ガヴァナンスのレヴェルで、孫文のいう「天下為公」論(あるいは「天下大同」論は、「人類運命共同体」論に言う課題実現手段として「一帯一路」論とその制度化論が前面に出されている)として再生しつつある。またリージョナル・ガヴァナンスのあり方は、東アジア地域の政治的結合という意味で、孫文は新生ソヴィエト連邦を含む「中・ソ・日」連盟を提起していた。今日にあっては「日・中・韓」の「アジア運命共同体」論的再解釈がなされようとしている（習近平「深化文明交流互鉴共建亚洲命运共同体」『人民日報』二〇一九年五月一六日。陳雨萌・韓海濤「習近平新時代共建亜洲命運共同体的理念与実践探求」『観察与思考』二〇二一年第五期。なお、二〇二三年九月二六日には、国務院新聞弁公室が白書『携手構建人類命運共同体：中国的倡議与行動』を出し、かつ一〇月一〇日には同じ新聞弁公室の白書『共建〝一帯一路〟：構建人類命運共同体的重大実践』を公表している。なお、三船恵美「中国の『一帯一路』構想」渡邊啓貴編『トピックからわかる国際政治の基礎知識』芦書房、二〇二三年を参照）。

さらにネイション・ステイト間のさまざまな二国間関係、三国間関係などが今日的に再編成され、さらに各民間諸団体レヴェルの交流が新たな地平を切り拓き、人類史的課題としてのさまざまな「国際公共財」の蓄積をはかりつつある。にもかかわらず二一世紀第1四半紀の現代的国際政治の矛盾は「戦争」状態を生み出し、人類史的課題解決にはなお時間と新たな構想力が要求されている。

かつて二〇〇四年四月六日、日本の企業家・稲盛和夫氏は中国共産党中央党校での「伸びゆくリーダーの方々へ」と題する講演で、孫文の神戸での「大アジア主義講演」にある「王道・覇道論」を取り上げて次のように述べていた。「残念ながら、日本はこの孫文の忠告に耳を貸さず、一瀉千里に覇道に突き進み、第二次世界大戦の敗戦という破局を迎えるのです。必ずや近い将来、経済大国となり、強大な軍事力も身につけられる中国には、ぜひ、自らがいままで否定してこられた、覇権主義に陥ることなく、古来中国の人々が大切にしてきた『徳をもって報いる』という考え方、つまり王道に則った国家運営、経済活動を行っていただきたい」と。これは、孫文に代表されるグローバルな視野と「諸外国からの尊敬を集める大国・中国の実現」を、「伸びゆくリーダーの方々へ」期待するメッセージであった（京セラ資料、鬼頭今日子氏からご提供いただいた。公開文章は『Voice』二〇〇四年七月所載）。

この議論は、二〇一五年前後に「国強必覇（国強ければ必ず覇権国化する）」の道を否定する政治的言説として提起された（胡鞍鋼「中国為何能打破〝国強必覇〟羅輯」『愛思想網』二〇一五年五月二二日）。さらに今日でも、「中国の歴史的智慧」は「国覇必衰（覇権国化すれば必ず衰亡する）」にあり「国強必覇」ではないとする（王毅「中国的歴史智慧是〝国覇必衰〟、而不是〝国強必覇〟」新華網、二〇二一年四月二四日、習近平「世界政党高層対話会」新華社、二〇二三年三月一五日）。まさに政治的言説と現実の政策選択の整合性が問われていることになる。
改めて一〇〇年前の東アジアの歴史の現場を再構成し、その人類史的課題解決に迫るグローバルかつリージョナルな方途を解明すべき段階にあることを示している。

## Ⅶ 『資料集Ⅱ』の三つの論点

今回の『孫文・講演「大アジア主義」資料集Ⅱ』（以下『資料集Ⅱ』）は、愛新翼氏が指摘するように、一九八九年出版の『資料集』（法律文化社）を継承し、兵庫県立神戸高等女学校での孫文「大アジア主義」講演から一〇〇周年に当たる、二〇二四年一一月の記念事業の一環として出版される。

一九八九年刊行の『資料集』は出版されて三五年を経たが、現在も孫文研究のみならず、「アジア主義」の研究領域で、世界の研究者から引用される基本的一次資料としての役割を担ってきた。

本企画の『資料集Ⅱ』は、その後発見された一次資料や孫文研究の進展に伴う新たな到達点を総合的視点から収集し、孫文「大アジア主義」講演の現代的意義を多面的に考える基礎資料集としてまとめている。『資料集Ⅱ』は、後述の構成をとり、歴史的同時代資料及び関連する研究論文は「原文」のまま関連部分を転載している。

最後に、主要な論点につき三つの視点から簡単にまとめておきたい。

第一に、孫文の「大アジア主義」講演の歴史的配置は、結果として政治家孫文の最後の政治的議題の提起であり、とりわけ日本との政治的関係性をとらえなおす転換点にあったといえよう。日本側から言えば、孫文「大アジア主義論」の政治的見解は、欧米の「黄禍論的アジア論」への対抗という日本政治の磁場に吸引しうる側面を持っていた。とりわけ一九二四年前半段階のアメリカのいわゆる「排日移民法」に対する「日本国民感情」に同調しうるものであった。だからこそ、それに対して孫文は、一一月二八日当日の講演記録（『大阪毎日新聞』一九二四年一二月三日〜六日）では直接言及していないが、中文での公表講演録（『民国日報（上海）』一九二四年一二月八日）では、講演最後の部分で「西方覇道の手先となるのか、それとも東方王道の防壁となるのか、それは日本国民による詳細なる検討と慎重なる選択にかかっている」という、まさに日中関係の政治的分岐点を画する政治的議題を提起していたことになる。日中双方の政治議題は、その後それぞれ「メディア・アジェンダ」や「パブリック・アジェンダ」として社会に浸透する過程をたどる。

第二に、日清戦争後に明確になり、第一次世界大戦期にいたる過程で政治的潮流となっていた「黄禍論」的なアジア認識が、グローバルな政治的議題になっていたことに注目する必要があるだろう。とりわけ早くも一九一六年一一月に出版された衆議院議員・小寺謙吉『大亜細亜主義論』（東京宝文館）はグローバルな視点から日本にとっての「大アジア主義論」を再構成していた。これらの「大アジア主義」をめぐる中国サイドの反応も、たとえば李大釗の議論などを含め広く東アジアにおける思想的相互浸透として再認識する課題と言える。また、神戸での孫文講演に約三〇〇〇名の聴衆があったが、一九二四年四月二三日の大阪中之島公会堂での「排日移民法案」をめぐる「対米問題市民大会」には約四〇〇〇名が参加したとされる。そうした政治的動員が可能となった一九二〇年代日本での政治的社会的潮流との相互浸透性のあり方も視野に入れる必要があるだろう（簑原俊洋『排日移民法と日米関係』岩波書店、二〇〇二年、参照）。

第三に、「大アジア主義論」について、すでにふれた「地球社会」の四層構造との関連でみると、第四層のグローバルな政治的配置ではなく、第三層のリージョナルな枠組みのなかにあるといえよう。つまり「大アジア主義論」の政治的担い手は、第二層の国民国家・主権国家にあり、広くとればナショナリズムの対外戦略としてのリージョナルな政治秩序の編成を意味することになる。そこで中国における「大アジア主義論」の一つの特徴を次のような政治的配置としてとらえておこう（桑兵「世界主義与民族主義：孫中山対新文化派的回応」『近代史研究』二〇〇三年第二期、参照）。まず、グローバルな第四層レヴェルにおける政治的言説としては、儒教イデオロギーに含まれる「世界大同」「人類大同」「天下為公」論などが「地球社会」の政治発展の目標論として配置されている。そして国民国家・主権国家の第二層レヴェルの「民族主義」「愛国主義」は、第四層の目的実現への「手段」となる。その歴史的回路に、第三層のリージョナルな段階としての「黄禍論に対応するアジア主義思想や大アジア主義思想」が配置される。ここに中国的「アジア主義思想」が、常にグローバルな目標との緊張関係に置かれ、「アジア」に限定されない「世界大同」実現へのための前段となる政治制度化（例えば国際連合構想など、西村成雄編『中国外交と国連の成立』法律文化社、二〇〇四年参照）への論理を内包することになる。これとの対比でいえば、日本における「大アジア主義」は「大東亜」というリージョナルな段階に集約され、グローバルな政治構想に接続することなく第二次世界戦争という現実のなかに収束せざるを得ない実態を示していたといえよう。

こうした孫文講演に関する諸資料を含め、一九八九年版『資料集』をあらためてひもといていただき、孫文講演「大アジア主義」の歴史の現場を追体験いただければ幸いです。

# 目次

孫文先生「大アジア主義講演」一〇〇周年を記念して……愛新 翼
今なぜ「孫文・講演『大アジア主義』」なのか――孫文のグローバル・リージョナル戦略――……西村成雄

I 講演「大亜細亜問題」の由来と背景（論文）

[01]「東京、大阪基督教青年会館での孫文演説文の発見」（蔣海波）〔『孫文研究』一六号、一九九四年三月〕……5
[02]「基督教徒歡迎會に於ける孫逸仙氏の演說」〔『基督教世界』一九一三年二月二七日〕……7
[03]「東京 孫逸仙氏一行歡迎會」〔『基督教世界』一九一三年二月二七日〕……9
[04]「大阪 大阪基督敎徒の孫逸仙氏歡迎演說會」〔『基督敎世界』一九一三年三月一三日〕……10
[05]「神戸 基督敎徒主催の孫逸仙氏歡迎會」〔『基督敎世界』一九一三年三月二〇日〕……12
[06]「孫文氏並に同令夫人のお話」〔『兵庫県立神戸高等女学校同窓会報』一九号、一九二四年一二月二五日〕……13
[07]「孫文のキリスト教理解と大亜細亜主義―東京、大阪キリスト教青年会館での演説をめぐって―」（蔣海波）〔『孫文研究』二三号、一九九八年一月〕……14
[08]「「東洋＝王道」「西洋＝覇道」の起源―王正廷・殷汝耕・孫文」（関智英）〔『孫文研究』五九号、二〇一六年一二月〕……25
[09]「孫文の「中独ソ三国連合」構想と日本 一九一七―一九二四年―「連ソ」路線および「大アジア主義」再考」（田嶋信雄）〔服部龍二・土田哲夫・後藤春美編『戦間期の東アジア国際政治』中央大学出版部、二〇〇七年六月〕……32
[10]「アジア主義とその周辺」（古屋哲夫）〔古屋哲夫編『近代日本のアジア認識』緑蔭書房、一九九六年七月〕……39

[11]「初期アジア主義についての史的考察(1) 序章 アジア主義とは何か」(狹間直樹)〔『東亜』四一〇号、二〇〇一年八月〕……51
[12]「東西文明論と日中の論壇」(石川禎浩)〔古屋哲夫編『近代日本のアジア認識』緑蔭書房、一九九六年七月〕……56
[13]「孫文と朝鮮問題」(森悦子)〔『孫文研究』一三号、一九九一年一二月〕……65
[14]「今井嘉幸と李大釗」(武藤秀太郎)〔『孫文研究』五五号、二〇一四年一二月〕……73
[15]『大アジア主義と中国』(趙軍)〔亜紀書房、一九九七年三月〕……81
[16]『アジア主義と近代日中の思想的交錯』(嵯峨隆)〔慶應義塾大学出版会、二〇一六年六月〕……89

## Ⅱ 孫文の神戸での動静(一九二四年一一月二四日~三〇日)

[17]「孫文「大アジア主義」講演と神戸」(安井三吉)〔『孫文研究』五八号、二〇一六年六月〕……97

## Ⅲ 天津『益世報』、上海『申報』に見る孫文離日後の報道

[18]「孫中山到津歡迎紀」〔『益世報』一九二四年一二月五日〕……131
[19]「社論 爲孫中山進一言」(讜)〔『益世報』一九二四年一二月五日〕……132
[20]「東報論中國之外交前途」〔『益世報』一九二四年一二月五日〕……133
[21]「東報之孫中山入京觀」〔『益世報』一九二四年一二月八日〕……134
[22]「國外要聞二 孫中山此次來日之印象」(之圭)〔『申報』一九二四年一二月一一日〕……135
[23]「要聞 段張孫感情融洽之外論」〔『益世報』一九二四年一二月一三日〕……136
[24]「時評二 對汪孫聲明述感」(澄廠)〔『益世報』一九二四年一二月一五日〕……137
[25]「李烈鈞招待日記者談話」〔『申報』一九二四年一二月一九日〕……138

〔26〕「本埠新聞　孫派要人對時局表示」〔『益世報』一九二四年一二月一九日〕……139
〔27〕「時評一　中山之死之瑣感（二）」（典）〔『益世報』一九二五年三月一五日〕……141
〔28〕「孫中山之身後問題」（新）〔『申報』一九二五年三月一六日〕……142
〔29〕「國外要聞　東京通信」（之圭）（三月一三日）〔『申報』一九二五年三月一七日〕……143

## Ⅳ　資　料

### （1）「大アジア主義」講演の由来とその歴史的背景

〔30〕『大亜細亜主義論』（小寺謙吉）〔東京寶文館、一九一六年一一月〕……152
〔31〕「大亜細亜主義与新亜細亜主義」（李大釗）〔『国民』一九一九年二月一日〕……156
〔32〕「王道と覇道」（王正廷）〔『東京朝日新聞』一九二三年一二月二五日―二八日〕……158
〔33〕「孫の書簡（古島一雄宛）一九二七年」（犬養毅）〔鷲尾義直編『犬養木堂書簡集（復刻版）』一九九二年五月〕……162
〔34〕「高木特派員報」〔『中外商業新報』一九二四年一一月二五日〕……162
〔35〕「日華提携の眞諦を説く」（李烈鈞）〔『支那時報』一九二五年一月一日〕……166
〔36〕「蔣介石日記で言及された「大アジア主義」（一九三二年二月一日、一九三九年六月二〇日、一九五〇年五月二二日）」……168
〔37〕「日本外交文書に見る一九二四年一〇月、一一月、一二月の孫文〔『日本外交文書大正一三年第二冊』外務省、一九八一年三月〕……169
〔38〕「大亞細亞主義とは何ぞや」（若宮卯之助）〔『中央公論』第三二年四号、一九一七年四月〕……177
〔39〕「大亞細亞主義の確立」（大石正巳）〔『日本及日本人』秋季増刊、五八号、一九二四年一〇月五日〕……179
〔40〕「大亞細亞主義とは何ぞや」（殷汝耕）〔『日本及日本人』秋季増刊、五八号、一九二四年一〇月五日〕……181

（2）学説史の視点
[41]「日中関係史における孫文の「大アジア主義」―戦前編」（高綱博文）〔『近きに在りて』三三号、一九九八年一一月〕……186
[42]「日中関係史における孫文の「大アジア主義」―戦後編（上）」（高綱博文）〔『近きに在りて』三四号、一九九八年一一月〕……196
（3）「黄禍論」「大アジア主義」と中国、日本
[43]『思想課題としてのアジア　基軸・連鎖・投企』（山室信一）〔岩波書店、二〇〇一年一二月〕……199
[44]「近代中国におけるアジア主義の諸相」（吉澤誠一郎）〔松浦正孝編『アジア主義は何を語るのか―記憶・権力・価値』ミネルヴァ書房、二〇一三年二月〕……202
[45]『停滞の帝国―近代西洋における中国像の変遷』（大野英二郎）〔国書刊行会、二〇一一年一〇月〕……211
[46]『黄禍論とは何か―その不安の正体』（ハインツ・ゴルヴィツァー、瀬野文教訳）〔中央公論新社、二〇一〇年五月〕……216
[47]『人種戦争という寓話―黄禍論とアジア主義』（廣部泉）〔名古屋大学出版会、二〇一七年一月〕……220
[48]『黄禍論と日本人　欧米は何を嘲笑し、恐れたのか』（飯倉章）〔中央公論新社、二〇一三年三月〕……225
[49]「解読孫中山大亜洲主義演講的真意」（桑兵）〔『社会科学戦線』二〇一五年第一期〕……227
[50]『近代日中関係の旋回―「民族国家」の軛を超えて』（王柯）〔藤原書店、二〇一五年〕……231
[51]「華夷秩序とアジア主義」（茂木敏夫）〔長谷川雄一編『アジア主義思想と現代』慶應義塾大学出版会、二〇一四年七月〕……235
（4）戦時中の孫文論
[52]『孫文』（高橋勇治）〔日本評論社、一九四三年八月〕……239

[53]「高橋勇治「孫文」」(丸山眞男)(『戦中と戦後の間　一九三六―一九五七』みすず書房、一九七六年一一月)…… 244

付録：孫文「大アジア主義」のテキスト

[54]「大アジア主義―神戸高等女学校での演説」(深町英夫訳)(深町英夫編『孫文革命文集』岩波書店、二〇一一年九月)…… 248

あとがき

# 凡　例

一　収録資料の各項目には通し番号を付し、〔　〕で表示した。

二　各項目の見出しの下の〔　〕内の表示は、収録資料の出典及び発行時期を示した。

三　資料の性質ごとに各篇に分け、配列した。

四　漢字等は原則として原資料に従ったが、次のような補正を加えた。

- 誤字・誤記・空白の明白なものは、直した。
- 判読不能の文字は、□で置き換えた。
- 漢字のルビは、原則として削除した。ただし、難読語にはルビを残した。

# I　講演「大亜細亜問題」の由来と背景（論文）

# 解説

本篇には、孫文講演「大亜細亜問題」の由来とその歴史的背景の分析にかかわる一六文献を収めた。

（**資料01**）から（**資料05**）は、一九一三年二月～三月訪日した機会に東京・大阪・神戸の「基督教青年会館」での演説が掲載されている。蔣海波氏による発掘であり、とくに大阪で孫文は「日華両国の基督教徒をして世界平和の維持者たらしめよ、大亜細亜主義は即ち世界の主義に外ならず、希くは共に戮力協同して此大責任を完ふせん事を」と演説し、「大亜細亜主義」がはじめて使用された歴史的現場を復元している。もちろん約一一年後の一九二四年一一月の演説との照応性はさらに深い分析が求められよう。

（**資料06**）は、一九二四年一一月二八日の講演の直前に、兵庫県神戸高等女学校四階休憩室で孫文・宋慶齢が高等女学校生に挨拶した内容の記録で、特に宋慶齢の国際的な女性の地位向上運動とその現状についての発言は稀少な資料といえよう。

（**資料07**）から（**資料16**）は、孫文講演「大アジア主義」の多面的諸側面を分析した諸論文からの転載となっている。ここでは個別の内容説明はおこなわず、その基軸となる思想的配置にのみ言及しておきたい。

（**資料07**）は、従来あまり言及されずにきたキリスト教徒としての孫文の思想的・実践的諸側面を分析し、（**資料08**）は、「東洋＝王道」「西洋＝覇道」論を議論した王正廷や殷汝耕、そして孫文の議論との相互関連性を解明し、前者二人の役割を再評価する。（**資料09**）は、当時の中独関係の視角から、孫文の主張である中国・ソビエト・ドイツの「連合」構想に表れたリージョナルな政治秩序化論を分析し、さらに東アジアにとどまらないグローバルな視野を提示する。なお、関連する劉雯「孫文と華人社会のキリスト教」『孫文研究』第54号、二〇一四年六月）を参照。

（**資料10**）から（**資料16**）までの七篇は、孫文の大アジア主義論の日中二国間関係に影響する諸側面を、日本側の政治的イデオロギーとしての「アジア主義」から、個別に解明する課題に接近している。その意味では、東アジアの国民国家間（植民地を含め）の政治的・外交的・思想的相互浸透性がリアルに再構成されたといえよう。

（**資料10**）は、「日本のアジア主義は、アジアに対する日本の要求や期待を表明する段階を容易に抜け出すことが出来ず、…強力な国家をつくることが文明であるような、近代日本人の文明観の問題に連なっている」としめくくる。

（**資料11**）は日本アジア主義史の時期区分を一八八〇年「興亜会」成立から一九四五年までとし、六五年間を初期（一八八〇～一九〇〇：義和団鎮圧八ヵ国連合軍共同出兵）、中期（～一九二八：第二次山東出兵）、晩期（一九二八～一九四五）ととらえる。とりわけ「満州事変」後は「団結」「提携」を求めるアジア主義が「コトバだけのものと化した」とする。

（**資料12**）は、日中の論壇における「東西文明論」をめぐる深層意識の相違を再認識する必要性があるとする。中国側の論理では「東西文明融合論」こそ「日本のアジアにおける文明史的指導地位の是認につながる」と認識していたとする。

（**資料13**）は、孫文の朝鮮認識を系統的に分析している。一九二〇年八月一一日『東亜日報』には孫文の「朝鮮問題と中国」が掲載され、「日本は朝鮮人の要求を容認して、その独立を承認するのがよいと思う。日韓合併が朝鮮人の怨恨を買うたことは言を待たないが、かつ中国人の対日疑惑をはなはだ高まらせた。中国の排日の遠因がまさにここにあるのだ」と論評している視点は、被抑圧民族の政治的共通性を如実に表わしていた。

（**資料14**）は、北洋法政学堂で教えていた今井嘉幸らも主張していた「大アジア主義」に対し、彼に師事していた李大釗が「大アジア主義」をどのように批判したのかを、二人のそれぞれの段階的特徴と結びつけて分析している。後掲の（**資料31**）と関連している。

（**資料15**）は、孫文の「大アジア主義」論の二段階を一九一九年以前と以後に区分し、日本における「国権主義的大アジア主義」と「民権主義的大アジア主義」との相互関係性を分析する。この視点は日中双方の思想的実践との結びつきの相違点を浮かび上がらせ、孫文のロシアにおける新しい政治との共鳴基盤が積層しつつあることが顕在化する。

（**資料16**）は、孫文「大アジア主義」思想の重層的構造を分析することを通じ、基層にある対日連携論は持続されつつ、対ロシア（ソビエト）新認識が中層にまで浸透したことで、一九二四年段階の政治的表層に新たな国際システムとしての中日ソのリージョナルな連携システムが構想されつつあったとする。

# ［01］東京、大阪基督教青年会館での孫文演説文の発見

蔣　海波

『孫文研究』一六号、八―九頁、一部加筆修正

一九一三年（大正二）二月から三月にかけて、孫文は日本の朝野に歓迎され、各大都市を歴訪した。その間の孫文の行動と言論は多く記録されており、孫文思想研究の重要資料となっている。しかし、その過密な行動と言論の全てが記録されているわけではなくいくつか欠落したものがあるので、後世の研究者に宿題を残してしまった。

当時、キリスト教徒としての孫文は、東京（二月二三日）と大阪（三月一一日）において、キリスト教会の主催で演説を行っている（補注一）。二回の演説は共に、重要な内容と深い意味を持つものであった。特に、大阪での演説の中で、孫文は初めて「大亜細亜主義」と言う言葉を使い、「大亞細亞主義は即ち世界の主義に外ならず」と説明した。

従来、孫文のこの二つの演説に関する記録は、かなり簡単である。試みに、孫文の年譜として代表的な〔甲〕『国父年譜』上冊（羅家倫主編　秦孝儀第三次増訂　台北　中央文物供応社　一九八五年一一月）と〔乙〕『孫中山年譜長編』上冊（陳錫祺主編　北京　中華書局　一九九一年八月）を見てみよう。〔甲〕には東京演説（二月二三日）、大阪演説（三月一一日）とあるのみで、ともに関連する記述はない。また、〔乙〕には「二月二三日午後二時、先生赴基督教青年會及鉄道青年會之合併歡迎會、其演説大旨為勉励青年之語」（七七五頁）、「三月一一日、下午、旋又応邀出席青年会館歡迎會、並応会員懇求発表簡短講話」（七八四頁）と記されている。そして、〔乙〕の記述の前条は『民誼』第六号の「孫中山先生日本遊記」と、一九一三年孫文来日時の基本資料の一つである『孫文先生東遊写真帖』（品川仁三郎主編　神戸　日華新報社　一九一三年五月）七頁に拠ったものである。これらはともに孫文の行動の記録ではあるが、その演説の内容はまったく収録されていない。

ところで、上掲の両年譜以外で〔丙〕『孫中山史事詳録　一九一一―一九一三』（王耿雄編　天津人民出版社　一九八六

年九月）にも関連の記述がある。それには、東京演説について、「下午、出席日本基督教青年会挙行歓迎会」（五三六頁）、大阪演説について、「三月一一日、応日本朝日新聞社之邀、在大阪青年公館演説〝大亜洲主義〟」（五五一頁）との記述が見える。とりわけ注目すべきは、後者の演説内容として「大亜洲主義」を講じたとの記述である。〔丙〕は、記述の各条項の典拠を挙げることを旨とするを「凡例」で強調し、実際ほぼ毎条典拠が挙げられているのであるが、惜しいことに、上引の二項については、典拠が欠落している。しかも、この大阪演説についてこれまで知られていた唯一の記録は、陳徳仁・安井三吉編『孫文・講演「大アジア主義」資料集』に収録されている『大阪朝日新聞』三月一二日付の報道だけなのである。[1]

偶然の機会で、筆者は教会関係の書物を読む機会を得たところ、『基督教世界』[2]なる週刊誌に詳細な記録を発見した。主催者の機関誌に公表されたものであることからして、演説の原文にかなり近い記録稿と言っても良い。そして、その大阪演説を報じた記事の中にはまぎれもなく、「大亜細亜主義」なる言葉のみならず、それに対する説明まで含まれているのである。

付言すれば、孫文の全集である大陸版の『孫中山全集』第三巻 一九一三—一九一六（北京 中華書局 一九八四年六月）と、その補巻である『孫中山集外集』（陳旭麓主編 上海人民出版社 一九九〇年七月）、及び台湾版の『国父全集』第三冊 演説（秦孝儀主編 台北 近代中国出版社 一九八九年一一月）のいずれにも、両演説は収められていない。

ここでこの二つの演説の内容を要約すると、次のようになる。

東京基督教青年会館の演説（一）世界人類の理想、基督教の理想でもあるのは、真の平和であること。（二）世界文明の発達と同時に、過去において世界最古文明を誇った中国は、世界文明の発展に乗り遅れている。そしてこのことは、世界文明の発展を阻害している。（三）戦争による物質文明の発達は、決して真の文明と言えない。（四）アジア文明を有するアジア人の「報償的責任」は、真の平和を保つことである。（五）将来、黄、白両人種の衝突に対抗し、東洋の平和を守るには、中日両国青年の団結によらねばならない。

大阪基督教青年会館の演説（一）人類道徳の発達は、我が基督の力である。（二）中日両国は文明系統上の一致により、世界平和を維持できること。（三）東洋に起こった基督教でもって、大アジア主義即ち世界の主義を実現させせよう。

（1）『孫文・講演「大アジア主義」資料集』（陳徳仁・安井三吉編　京都　法律文化社　一九八九年九月）二九四―二九五頁。なお、『孫中山史事詳録』の大阪講演の記事は、郭廷以『中華民国史事日誌』（台北　中央研究院近代史研究所　一九七九年）と同文である。
（2）日本キリスト組合の機関誌、明治二十五年（一八九二）創刊。大阪で発行され、紙面はA3判、毎号十面前後。編纂者は加藤直士であった。戦後廃刊。この孫文演説を記載することから見ると、演説会の共催者だと推測できる。
（補注一）そのほか、孫文は神戸（三月一三日）、長崎（三月二二日）の基督教青年会主催の歓迎会にも出席し演説を行った。
（補注二）最新刊の『孫文全集』（黄彦編、広東人民出版社、二〇二一年）第十冊、二四一―二四三、二五六―二五八、二六四―二六七、二七六―二七七頁には、この四回の演説文が訳載されている。

## [02]　基督教徒歡迎會に於ける孫逸仙氏の演説

『基督教世界』大正二年二月二十七日　第壹千五百參拾六號　七面

雑　録

基督敎徒歡迎會に於ける孫逸仙氏の演説

世界人類の希望は平和其物也。基督敎の理想は平和にして基督の生れし日は平和の發現なりと聖書に誌せり。支那の古聖人も其理想は平和にありき。而して之れは單に基督敎のみならず、又古聖者のみならず、今日宗敎、學術事業に携はる者の皆要求し理想する所也。

今日世界の進歩は一瀉千里の勢を以て進みつゝあり、而して最近百年の進歩は誠に甚しきものにて、數千年間の進歩よりも最近一世紀間の進歩こそ著しきものなり。往古の文明は個々獨立なりしも近世文明は統一的にして歐洲より米國に、米國より日本に而して日本より支那に及びつゝあり。我國は今日未發達の國なるが、然も世界の最古國なり。

今日世界の大勢を見るに各國は各々希望し要求する所異なるを以て、其理想とする平和は、世界人類の思想を平等にし統一せざれば之を望む能はず。之れ一國が世界の文明に遲るは單に其國のためのみならず世界文明の妨害たる所以也。支那は進歩せざるのみならず寧ろ退歩せり。故に我國は實に世界の文明を阻碍するなきかの感なくんばあらず、之により之を見れば今日支那の改革は單に支那の政治、教育、文明の改革と云ふに止らず、引いては世界の平和を增進し保全するにあり、我國は歴史古く、土地廣く、人口多し。而して我國は歐洲諸國が野蠻なりし時代に既に文明國たりしが、今日は退歩して、世界文明の殿にまで座するに至れり。之吾人の感慨にたへざる所也余は確信す、世界の國々中尤も平和的の民族は支那國民なりと。何を以てか之を云ふ彼の革命を見よ、各國の革命たるや大なる戰爭をなし、悲慘なる流血をなして辛ふじて之を成就せり。然るに我國の革命は殆んど刄に血塗らずして之を贏ち得たり。斯く易々として社會的平和が到來せるは世界の歴史に其比を見ざる所ろ、之れ余が我國民は平和を愛好する國民と云ふ所以也。

斯の如く我國民は平和を愛し、戰爭に反對する國民なり。今日世界の大勢に徴するに諸文明國は平和を要望するも、其實は平和の到來は中々困難にして、戰爭は殆んどやむ時なく、最近五年間の形勢を見るに、戰爭の熄みし日は殆んどなき有様なり。斯くてはいかに物質文明發達するも眞の文明は仲々來たらざる也。然れども今日の場合にては戰爭は止むを得ざるものゝ如く、世界各國は互に他國の武力的壓迫を防ぐ爲に武備をなすは、姑息ながら之れ一面世界の平和の手段たるが如し。されど武裝的平和が眞個の平和にあらざるは云ふを要せず。吾人は眞に世界的平和を來すために、此一時的平和を避けて眞個の平和を企圖せさるべからず、夫れ世界の文明は何處より出でしか。世界文明中亞細亞文明より古きものはなし、之れ歴史上の事實也。然も此の文明は干戈的文明、葛藤的文明にして、眞に人類のための文明にあらざりき。今後の文明は前述の如き平和的文明ならざる可らず。此將來の幸福を增進すべき眞文明を世界に來すは吾人亞細亞人の報償的責任と云ふべし。吾人の革命事業は唯一個の野心よりにあらず、國力を増し他國の侵略を防ぐためにもあらず、實に政治、教育、宗教事業を改良し、少にしては支那民族の福祉を圖り大にしては世界人類の平和を增進するこそ其目的なり。我國に於て、前の時代は信教の自由なく、基督教を信ぜんと欲せば他國條約之の保護によらざるべからざる次第なり。然るに今や先づ之に重きを置き、革命成功の劈頭に於て信教の自由を宣言せり。

今日我等は革命を成就したるが、成すことはやすくして、之を保持するは難し、我等の微力にてはとても世界の平和は之を成就すべきにあらず。世界の平和は世界各國の協同事業也。世界文明諸國の中我國と尤も接近せるは云ふまでもなく貴國なり。されば東洋の平和、引いては世界の平和を完成するには貴國と提携せざるべからず。今日余等は兩國の各方面に從事する人士が、區々たる感情を以て眞に東洋の文明と云ふ事に着目せんことを希望す。世界の大勢を見れば世界は黃色人種と白色人種とに二分せられ居るは掩ふべからざる事實也。將來の平和は此二人種の上にかゝれり。然るに此二人種は動もすれば相衝突し相嫉視するの傾向あるは世界到る處の事實也。此際に當り我等兩國が眞に協力一致して世界の平和を標榜して立たば白色人種と雖も之に背かざるや火を見るよりも瞭かなり。今日兩國が此大目的に向つて突進するは天賦の職責と云ふべく、茲に兩國が一致團結して、東亞の文明を圖かり以て世界人類のために貢獻せんか。白人種は雙手をあげて吾人を歡迎せん。之れ兩國青年の義務責任也。余は此千載（ママ）の好機會に際し、兩國青年が主義精神、目的、信仰を一にし、此光榮ある事業に當られんことを望むや切なり。

『基督教世界』　大正二年二月二十七日　第壹千五百參拾六號　九面

## [03] 東京　孫逸仙氏一行歡迎會

東　京

孫逸仙氏一行歡迎會

東京青年會の主催にて來朝中なる孫文氏一行の歡迎會を去二十三日午後二時より青年會館にて開催せり。山本邦之助氏の司會にて開會、小松主事の聖聖《ママ》朗讀、杉原成義氏の祈禱あり。夫れより小崎弘道氏の叮鄭なる歡迎の辭あり。佐藤女史の獨唱の後、根本正氏水戸光罔《ママ》郷の大日本史より說き起し、日本の中華國に負ふ處多きを語り丸山傳太郎氏は支那傳道に自己が献身せし經歷談を初めとし、日本人の支那に對する職責、一昨年革命當時の盡力談などをせられ、押川方義氏は堂々たる態度と雄辯とを以て、滿腔の誠意披瀝し、日本人が中華民族四億万の民と共に握手提携して東洋のため世界のため盡瘁すべきを激勵せられ尙又。兩國クリスチヤンの覺悟を說かれたるが、言々句々人の肺肝に徹するものあり。邦語を解せざる孫氏も太く滿足の態にみゐたりき。最後に孫氏は滿堂の喝采に迎へられて壇に進み、譯者を通して大要別項の演說をなしたるか態度の悠揚迫らずして、語る處の理義明白、流石は一國精神の指す者たるを思はしめたり。右孫氏の演說終りて、次に胡瑛氏の簡單なる挨拶あり、星野光多氏の祝禱を以て五時散會し、有志は別室にて青年會よりの茶菓の立食の饗に接し散會せしは六時前なりき

## [04] 大阪　大阪基督教徒の孫逸仙氏歡迎演說會

『基督教世界』　大正二年三月十三日　第壹千五百參拾八號　九面

大　阪

大阪基督教徒の孫逸仙氏歡迎演說會

去十日來阪せる孫氏一行は官民上下の日夜間斷なき歡迎に忙殺されあるに拘らず、大阪基督教徒の招待に應じ十一日午後四時半より六時迄の時間を特に其爲めに割きて青年會舘に於ける盛大なる歡迎會に臨めり、定刻二臺の自働車に分乘せる一行は會場に着し少憩の後ち日華兩國旗を交叉し美しく装飾されたる演壇上の人となる、名出牧師の司會にて長田牧師の祈禱及びプール、ウヰルミナ兩女學校生徒の讃美歌合唱あり、次に宮川牧師起つて大阪基督教徒を代表して歡迎の演說をなす、氏は歡迎の理由三個條を擧げて曰く、第一にイエスキリストは亞細亞人なり今や基督教は歐米を經て東亞に入り中華民國にも多數の信者起り中にも孫先生の如き活眼達識の基督者ありて民心を

指導せらる是れ日本の同教者たる吾人の歡迎する理由の一、第二に今日の中華民國は孫先生の唱へし民主主義の勝利の結果なり、今や大正の日本にも民主思想の勃興と精神的革命の氣運到來せり、此時に於て先生を迎ふ是れの理由の二、而して第三に孫氏の唱道する大亞細亞主義は日華兩國の提携、唇齒相依の關係によりて初めて實現せらる、孫先生の來遊は兩國前途の親善に大益あらん是れ理由の三、此三理由により吾人は啻に中國の偉人としてにあらず主に在る兄弟神の子の一人として先生を歡迎すと。オルチン氏の獨唱の後ち孫氏はやをら其金鐵の如き身を起し戴天仇氏の通譯を以て大畧左の如き演說をなせり。

余は斯く盛大なる基督敎信者及び青年會員の歡迎を受け互に意見を交換する機會を得たるを無上の光榮とす基督敎青年會は基督の正義人道博愛の精神に基き設立されたる者にして初め歐米に起りしが今や貴國にも我中國にも次第に隆盛とならんとす。想ふに往昔野蠻の時代には個人間にも未だ充分の道德起らざりしが文明の今日個人間には稍や道德の行はるゝあるも、文明の程度尚ほ優劣あるが故に國際的には未だ個人間に於ける如き道德の行はるゝを見ず。此時に際して獨り正義人道を重ずる基督敎のあるあり。全世界の平和を增進し正義の觀念を皷吹する多大の力を有す。且つ今日文明の學說も亦多く基督敎に胚胎す、又慈善、敎育、社會の事業に於ては青年會の貢獻甚だ多し。青年會は單り青年個人の道德を進むるのみならず、世界的精神と平和的思想を以て全世界を融和する上に於て寄與する所大なるべし。本日幸ひに米國（ママ）の兄弟姉妹と交懽するに當り余は中國民の平和的民族なることを明言せんとす孔子の敎は四海同胞、治國平天下を目的とする者、秦始皇の武力を以てして蒙古を防ぐに万里の長城を以てし敢て侵畧を試みざりき、近世西洋諸國に對しても亦之に同じ。貴國の文明も系統の上よりすれば中國と同一なれば、貴國民の平和主義も我國と同じからん。然るに近年盛に武備を張るに至れるは歐米の帝國主義に對する愛國心の發現たらずんばあらず。即ち同じく東洋に國を成せる日華兩國は益々提携して國力を增進し歐米人をして其帝國主義を用ゆるの餘地なからしむるは世界の平和を維持するに於て尤も肝要なりと信ず。願くは東洋に起りし基督敎をして東洋を變化せしめよ日華兩國の基督敎徒をして世界平和の維持者たらしめよ、大亞細亞主義は即ち世界の主義に外ならず、希くは共に戮力協同して此大責任を完ふせんことを。

滿場溢るゝばかりの聽衆は屢々柏手喝采を以て此演說を迎へ、孫氏は体を動かし手を振り滿身の精力を注いで滔々の雄辯を振へり。惜むべし通譯不充分にして趣意の徹底を欠けるも其精神と人格とは太く人心を感動せしめたり。再び女學校生徒□□□（編者注、三字は「の讃美」と推測）の歌あり、名出牧師の祝禱を以て此近來稀なる盛會を閉ぢたるが一行は滿場の萬歳聲裡に大阪ホテルの歡迎會に疾驅し去れり。

## ［05］神戸　基督教徒主催の孫逸仙氏歡迎會

『基督教世界』大正二年三月二十日　第壹千五百參拾九號　十面

神　戸

基督教徒主催の孫逸仙氏歡迎會

神戸市内諸教會及青年會聯合して孫逸仙氏を招待して十三日午後三時より青年會館に歡迎會を開催し。孫氏一行は自働車にて中華會館より來館、館内婦人室に於て小憩の後、講堂に臨み、赤川牧師司會にて開會、祈禱の後、森田金藏氏市内諸教會及青年會を代表して述べて曰く「孫中山閣下は夙に基督教倫理を道義の基本として民國の發展を企圖し、能く百難に耐へ遂に其宿昔の望を達せられたる其功績誠に偉大也。吾等此偉人を迎ふるに何物もあるなし。只基督の愛と望と信仰とあるのみ。信仰と信仰の結合を期すること是れ此歡迎會の趣旨に外ならず。天國を地上に建設するは基督教の本意也。先生に依つて建設せられたる中華民國は神の御旨の行はるゝ民國として天祐長へに民國と先生の上にあらんことを」と次いで孫逸仙氏は起つて大畧大阪基督教徒歡迎會に於けると同趣意の演說を試みられ、戴天仇氏は流暢なる日本語にて通譯せらる。會衆七百餘名なりき。終つて倶樂部室に於て茶葉《ママ》の饗應あり、暫時にして萬歳聲裡に國民黨支部に於ける歡迎會に赴けり。

## [06] 孫文氏並に同令夫人のお話

『兵庫県立神戸高等女学校同窓会報』一九号、二〇―二二頁

孫文氏並に同令夫人のお話（十一月廿八日）

五年生の一部は門前に並列して一行を出迎ふ。多数の民国人に擁せられたる孫氏同令夫人は校長の案内にて四階休憩室に入られやがて令夫人と共に議堂に臨み壇上の椅子に傍らる。校長先づ紹介の辞を述べられ、次で孫氏は温容を中央に進めて、戴天仇氏の通訳にて大要左の如く述べらる。

皆さんの熱誠な歓迎を深く感謝致します。私は、十数年目に再び日本に参りまして、凡てが大なる進歩をした事を感じました。そして其進歩は各方面の学校に於いて著しく思はれます。殊に女子教育に於いては非常な進歩である事は、斯様な大規模な建築を見ても知る事が出来ます。日本の今日の発達は数十年前に行はれた維新の結果であります。此頃我国に起つて居る戦争は、恰もお国の維新であつて、我国の基礎はこれに依つて定められるのであります。そして東洋の平和は日本と支那とが相提携し、互ひに助け合ふ事に依つて成し遂げられるのである事を確信します。

支那今日の革命は、支那将来の為であり、又東洋将来の為であります。日本国民の皆さんが日本で維新をした事を顧みて、民国の革命が徹底的に成功する様に同情して下されん事を希望して止まないのであります。

（鎌田、大野、岡村）

孫氏坐に復せらるゝや、校長進んで謝辞を述べられ更に塚本教諭の通訳にて令夫人に一言せられん事を乞はれしに快諾して温顔に微笑を含みつゝ、楚々として前に進み極めて流暢なる英語もて左の如く述べらる。

先程から前途有望なる元気な皆様の御顔を拝見して自分の学生時代を追想して一言御挨拶せずには居られなくなりました。今や国の東西を問はず、婦人だから女子だからとて此活動せる実社会に没交渉で居られなくなりました。婦人運動と申す事は

世界的になつて参りました。私は貴国の婦徳を深く讃美羨望する者で御座います其常識に富ませらるゝ点、単純を熱愛さゝる事、忍耐強き事。最後に大なる犠牲心の持主たる事、此等の美徳は大東洋の婦人運動の先覚者となり指導者たるに最もふさはしく且適当なる事を信んじて居ります。東洋にても彼のトルコ、インド、ペルシヤ、エヂプト等にても盛に政治上にも婦人が活動して居ります、御承知の通りトルコの現文部大臣は婦人であります、印度のクルデスタン州の長官も婦人であります、私は婦人等が必らず政界に勇飛なさる事を望む者ではありませんが世界の平和の為或は社会改善の為、出来る限り貢献出来る様、現在御修業の諸嬢は日夜怠りなく御勉学あらん事を願ふ次第であります。目醒ましき婦人の活動は決して唯欧米婦人の専有ではありません、教養を積み実力を深く蓄へたる婦人が多くなれば其時には自然に活躍の舞台が設けらるゝ事は疑ありません。若き女学生諸嬢等よ御自重御修業あらん事を。御国の女子は世界に於ても長所をお持になつて居るのですから此れを失はぬ様にして身心を御養ひ下さい貴国の為に一般婦人の為に。

附言　遜《ママ》夫人は名をロザモンド・シー・サン（Rosamonde C. Sun）と称され六年間米国合衆国ジョージャ州ウエスレー女子大学に留学せられ当時叔父君は公使として首府ワシントンに在住中にて常に交際社会へも出られたりと平民的愛嬌ある近づき易き婦人なりと。

（塚本ふじ）

## ［07］孫文のキリスト教理解と大亜細亜主義
### ―東京、大阪キリスト教青年会館での演説をめぐって―

蔣　海波

『孫文研究』一二三号、一―一六頁、抄録

はじめに

民国成立期、孫文は彼の宗教観、とくにキリスト教に関する認識について比較的多くのことを表明している。南京臨時政府を代表し孫文によって発せられた宣言や、指示の中で、また臨時大総統辞任後、各地における演説、談話、友人への書簡のなかでも、孫文は終始キリスト教に対する称揚の態度をとっていた。当然、キリスト教信者としての孫文は、初期の革命活動(1)、ロンドン受難(2)、そして後の二十年代の反キリスト教運動などの時期においても(3)、キリスト教に対する信仰を明確に告白していたのである。また、宮崎滔天との真摯なる友情(4)、宋慶齢との結婚、彼の葬儀などの事例のなかに反映された孫文の信仰は、確かな史実である。キリスト教に対する信仰と理解は、孫文思想の重要な一部分であるだけでなく(5)、ひいては大亜細亜主義の思想的な基礎の一つともいえるのである。

孫文におけるキリスト教精神と大亜細亜主義との関連につき、武田清子は「キリスト教的人間観、社会観、世界観を無意識の公分母」とする孫文と滔天の「革命主義の根底にはそのキリスト教信仰にもとづいた人道主義的世界同胞主義の強い信念が」、「ただ単に白人に圧迫されたアジア民族の解放という問題にとどまらないのであって、世界の人道の回復の課題なのである」と、孫文の提唱する大亜細亜主義におけるキリスト教精神が果たした思想的に重要な役割を指摘した。孫文にとって、キリスト教義の博愛主義、平和主義は、中国に土着した「四海皆兄弟、治国平天下」の平和主義と相通ずるものとして、大アジア主義の欠かせない構成部分となすものである。そして、その道徳的平和主義を核とする大アジア主義は、欧洲の「野蛮な文明主義」に抵抗するため、アジアをまもるだけではなく、世界の進歩にも欠かせない重要な第一歩である。武田清子は『大阪朝日新聞』（一九一三年三月一二日）の孫文の大阪キリスト教青年会館での講演にかんする記事（一九一三年三月一一日）を用い、その中に反映された「亜細亜人をして亜細亜を治めしめる」大亜細亜主義という理念の結晶を、「非常に重要かつ、興味深い」ものとして、問題を提起した(6)。

この意味では、孫文のこの講演は(7)、彼の大亜細亜主義における主軸であった中日提携論から、中日提携をひとつの基礎とする東洋における「野蛮な文明主義」すなわち帝国主義を排除する「大亜細亜主義」への転換の一連の文献のなかで、重要なものの一つである(8)。その演説の底本として使われるのは、依然として『大阪朝日新聞』の記事のみである。しかし、『大阪朝日新聞』の記事より信憑性のある記録が存在することを指摘しなければならない(9)。

（中略）

## 三、東京大阪キリスト教青年会での演説について

一九一三年春、孫文の訪日は、かれの革命活動の過程において、重要な意義を有する。[10]訪日の日程そのものは延期され、かつ短縮されたが、その結果については、孫文はある程度満足したようである。帰国の直後、孫文は「日本の朝野を問わず、政治関係者（原文では〝政客〟）は、みな世界的な視野と知識をもち、かつある種の大アジアの主義を持っている」といい、[11]日本で大亜細亜主義に関するある程度の同調を得られたような感想を持っていた。しかし、その同調を示した「在朝在野の政治関係者」とは、一体どのような人々を指すのか、孫文は明言しなかった。その日程を追跡すれば、ある程度把握できる。

それは（一）アジアに対する一定の関心と政策的な構想をもつ、しかも日本の政治に何らかの影響を与える人々、例えば東亜同文会に結集された人びと、（二）今までの「経済協力」の規模をさらに拡大して「漢冶萍公司」を中心事業とする日中合弁の「中日実業会社」の創立に携わる経済界の重鎮たち、とくに三井財閥と密接な関係を有する人々、[12]（三）華僑、留学生を含む在日中国人、（四）日本の思想界（とくにキリスト教界）に少なくない影響を持つひとびと、などである。孫文と日本のキリスト教界との交流は、[13]今回の訪日に東京、大阪、神戸、長崎などで、[14]青年会側の主催の歓迎講演会によって正式に実現されたのである。

しかし、孫文訪日の際、通訳を担当していた戴季陶の回顧によると、相互理解と信頼による孫文と桂太郎とが「東方民族の復興を中心とする世界政策」を語り合い、「互いに深い敬愛の念を抱いた」ようである。[15]戴季陶のこのような回顧の信憑性は別として、[16]ひとり桂太郎のみ孫文のよき理解者であるという印象が残る。そして、のちに孫文の秘書兼通訳を担当した戴季陶が、孫文思想の解釈者の立場で、中国伝統文化の「仁愛思想」は孫文の「大亜細亜主義」の哲学の基礎であり、この「仁愛の思想」は欧洲文化に対する「宣戦」であるというような解釈を展開し

た[17]。しかし、このような「東洋の伝統文化」と「西洋の伝来文化」との対立構図による「大亜細亜主義」の解釈は[18]、少なくともキリスト教義、あるいはキリスト教の中国における「本色化」の軌跡と役割に対する理解を欠いていたことによるものである。また、すでに指摘されたとおり、桂の心中に描き出された世界政策とは、日本の国際的な孤立の立場から打開しようとする国策のひとつに過ぎなかった[19]。孫文と桂太郎との共鳴は、おそらく両者がともに政策論における視野の広さを有することで説明されるのであろう[20]。

一九一三年春の孫文訪日の日程のなかで、戴季陶の回顧に全く言及されていない孫文の重要な講演は、東京大阪のキリスト教青年会の主催の歓迎会で行われた。戴季陶の通訳をもって行われた大阪の講演会で、孫文ははじめて「大亜細亜主義」という概念を使い、それに対する説明をも演説文の中に提示したのである。以下、この両演説文を紹介しながら、孫文のキリスト教精神の理解は大亜細亜主義の出発点の一つであることを論じたい。

東京キリスト教育年会館での演説は一九一三年二月二三日に行われた。その日の午前、孫文は神田美土代町の青年会館を会場とする中国留学生の歓迎会で演説を行った[21]。午後、同じ会館でＹＭＣＡが主催する歓迎会に出席し、その歓迎会の情景と演説文は『基督教世界』紙に記録された[22]。

演説の冒頭で、孫文が平和主義を打ち出し「世界人類の希望は平和其物也。基督教の理想は平和にして基督の生れし日は平和の発現なりと聖書に誌せり。支那の古聖人も其理想は平和にありき。而して之れは単に基督教のみならず、又古聖者のみならず、今日宗教、学術事業に携はる者の皆要求し理想する所也」と、平和こそはキリスト教と東洋の古聖人の共通の理想であることを力説した。孫文は世界の大勢を分析したうえで、国際間の要求の相違を解決する唯一の道として、平等に思想の統一によって平和主義の実現するほかないと提唱した。「今日世界の大勢を見るに各国は各々希望し要求する所異なるを以て、其理想とする平和は、世界人類の思想を平等にし統一せざれば之を望む能はず」。孫文にとって国際間の交渉の立脚点が、先ず平和主義にあることはここから見られる。つまり、ここでは、平和そのものが王道への実践であり、その道すじが孫文のいう「真の文明」なのでもある。

孫文は「最近五年間の形勢を見るに、戦争の熄みし日は殆どなき有様なり。斯くてはいかに物質文明発達するも真の文明は仲々来らざる也」と、真の文明の対立物として、他国を圧迫する覇道としての物質文明を捉えた。その物質文明とは、「武装的平和」であって、かりにこれを「他国の武力の圧迫を防ぐ為に武備をなす」としても、「姑息ながら之れ一面世界の平和の手段たる」ものにすぎないのであり、真の平和ではない。その「真の文明」を到来させるには、「此一時的平和を避けて真個の平和を企図せざるべからず」と孫文は強調したのである。ここに、「他国の武力の圧迫を防ぐ為に武備をなす」というような平和主義は孫文の「真の文明」から外されている。孫文は、平和によってはじめて実現しえる「真の文明」を基準にして、「世界文明中亜細亜文明より古きものはなし、之れ歴史上の事実也。しかも此の文明は干戈的文明、葛藤的文明にして真に人類のための文明にあらざりき」と中国、アジアの伝統文明のなか、「真の文明」に不適な部分である東洋の「干戈的文明」、すなわち武力によって他民族を征服するような「文明」にも批判を加えたのである。もちろん、その席においても、秦の始皇帝の長城を築く本意は野蛮な遊牧民の防御にすぎないことであると、孔子から一貫して受け継がれた「治国平天下」の思想を、その良い例として、中国伝統文明の中の平和主義と合致する部分に対し高い評価をあたえた。

孫文の秦の始皇帝に対する歴史認識の正確さは別として、要するに平和こそは洋の東西を、時の古今を問わず文明の発達に欠かせない先決条件であり、そこにたんなる「東洋と西洋の対立」の構想は「真の文明」のなかに見られない。かつて「尤も平和的の民族《ママ》」でありながらも、「進歩せざるのみならず寧ろ退歩」し、「実に世界の文明を阻害する」中国国民に対しても、「今日支那の改革は単に支那の政治、教育、文明の改革と云ふに止らず、引いては世界の平和を増進し保全する」目標を、孫文が見ていたのである。そして、孫文は「世界の平和は世界各国の協同事業」として、「世界人類の平和を増進する」「将来の幸福を増進すべき真文明を世界に来すは吾人亜細亜人の報償的責任と云うべし」と、アジア人全体の責任を明確にする。そのため、「東洋の平和、引いては世界の平和を完成するには貴国と提携せざるべからず」と、中日提携を訴える。その目標はやはり「東洋の平和、世界の平和」である。そのうえ、孫文は中日両国の各方面に従事する人士に「真の東洋の文明」に着目することを希望し、「両国が一致団結して、東亜の文明を図かり以て世界人類のために貢献せん」と、会場のキリスト教者、特に日中両国の青年に期待を託す。

以上のように東京での演説には、孫文は大亜細亜主義の基礎となる平和主義の文明観を展開しながら、「他国を武力で圧迫」する帝国主義的「物質文明」に対する懸念を表明したのである。そしてその「物質文明」の対立面として、いわゆる「精神文明」ではなく、「真の文明」「真の平和」「真の東洋の文明」のような表現で、王道の実践にもとづき大亜細亜主義を提唱したのである。

そもそも、キリスト教における「平和」とは多様な意義を有するものである。事物の正常な状態や、すべての人間に約束されている終末の目標、また魂の平安などの神学的な概念として、平和が使われているほか、人間は「神」との「緊張状態」つまり獣性から離脱し、次第に神との「和解」を達成することによって平和が実現される。その場合、人間同士における平和も重要視される。それはたんに「戦争」の反対語としてだけではなく、イエス・キリストにおいてすでに地上に実現された神と人との「和解」としての平和である。聖書においては、人と人、民族と民族、さらに国と国の平和は、その和解という根本的な平和に基づいて説明される。[23]

それとほぼ同様な意味で、孫文における「平和」とは、人間が無限の欲望による掠奪、殺戮などの獣性を克服する程度をはかる基準である。とりわけ文化概念である。のちに孫文がしきりに大亜細亜主義は「文化の問題」であることを強調したのも、[24]そのキリスト教の平和の意味から発想されるものである。この思想は儒教の人間性の向上を目指す「格物、致知、正心、誠意、修身、斉家、治国、平天下」の思想とも表裏が通ずる。

大阪での演説にかんしては、すでに指摘されたとおり、孫文の博愛主義、平和主義が強くおしだされたもののみならず、「大亜細亜主義」ということばが初めて公に使用されるものとしても注目される。[25]ただし、『大阪朝日新聞』と『基督教世界』との間に見られるいくつかの重要な相違点がある。それは、主に結論の部分である。

（a）されど東洋諸国に於て国力の増進完全の域に達せば欧米の帝国主義恐るゝに足らず日華両国提携して以て東洋の平和を保つべきのみ、かくして欧米の野蛮的文明主義ともいふべき帝国主義も力を加ふるに由なく其の平和を維持するを得ん、東洋をして進歩せしむるは東洋を防備する最善の方法なり於茲東洋の進歩は世界の進歩となるべくこの点に於て基督教青年会の使命や大なり亜細亜人をして亜細亜を治めしめよ吾が大亜細亜主義の達せらるゝ一々青年会の力に負う処多かるべし。（『大阪朝日新聞』）

（b）即ち同じく東洋に国を成せる日華両国は益々提携して国力を増進し欧米人をして其帝国主義を用ゆるの余地なからしむるは世界の平和を維持するに於て尤も肝要なりと信ず。願くは東洋に起りし基督教をして東洋を変化せしめよ、日華両国の基督教徒をして世界平和の維持者たらしめよ、大亜細亜主義は即ち世界の主義に外ならず、希くは共に戮力協同して此大責任を完ふせんを。（『基督教世界』）

ここに見られる両者の相違は概して以下の三点である。

（一）日中両国の提携の究極の目的とは、欧米の帝国主義にたいする東洋を防備するための「国力増進」し、「完全の域に達」する「最善の方法」として、「東洋の進歩」のために必要であるか、それとも欧米人の帝国主義を用いる余地を無くして、「世界の平和」を維持するためのものであるのか、という点において、（a）、（b）両者の記述がちがう。

（二）キリスト教者の責任として、「東洋に起りし基督教をして東洋を変化せしめ」るのみならず、「世界の平和の維持者たらしめる」にも大いに寄与すべき、という孫文の発想は、（a）にみられない。

（三）「亜細亜主義は即ち世界の主義に外ならず」という解釈に示されたとおり、亜細亜主義が単なる「亜細亜人をして亜細亜を治める」ものであるのか、それとも、世界における普遍的な意味を有するものであるのか、（a）（b）両者の差は歴然である。

総じて、『基督教世界』紙の記述では、大亜細亜主義は世界的な意味を有する「世界の主義」であり、「世界の平和を維持する」思想として提唱されたのである。そこには「東西文明の対立論」の基調となる展開が見られない。あえてそのような「対立論」の基調が孫文の大亜細亜主義に存在するとすれば、それは「東西文明の対立論」というより、むしろキリスト教の平和主義などを含む、世界のあらゆる「王道」とそれに反する「覇道」との「王覇文明の対立論」の思想であろう。[26]

また、ここから見られる相違点は日本のジャーナリストを含む一般大衆とキリスト教者とのあいだに、孫文の大亜細亜主義に対する関心と理解の差異が存在した事実を物語る一端として、興味深いものである。

（中略）

## まとめ

離日後、孫文は今回の訪日の成果について、以下のように語っている。「日本は三島によって国を立てており、地理的に中華と接近し、中華と唇歯相依るの利害関係があるので、もし中華が滅亡されたら、日本もまた生存に支障が出る」がゆえに、「日本人は自衛のために、形式上では中華民国を賛成するといった、事実上は即ちこれは日本帝国の維持のためにすぎない[27]」、と当時多数の日本人がもつ「日中提携論」の限界を指摘した。その後、中日関係と世界情勢の悪化につれ、孫文の大亜細亜主義における重点は次第に両国、あるいは周辺諸国の関係の修復、再構築といった具体的な政治外交の領域に限定されることを余儀なくされたのである。[28]その一因としては、孫文の大亜細亜主義に内包される「平和」という文化的な意味を、さかんに「アジア主義」を口にする数少ない日本人が理解を深められなかったことにあるのではないかと思われる。

民国成立期に生まれた政教関係の比較的正常な環境は、キリスト教の中国における「本色化」運動の展開、キリスト教青年会の中国、さらに東アジアにおける発展と共に、孫文のキリスト教の平和主義を基礎の一つとする大亜細亜主義の「真義」を宣揚する適切な場を提供した。孫文が提唱した大亜細亜主義には、もちろん儒教などの東洋固有の伝統思想が含まれている。と同時に、イエス・キリストが亜細亜の地に生まれたという史実から、キリスト教における「平和主義」などの人類共通の文化的な意味を再確認する重要な素材としても、孫文の大亜細亜主義の中で定位されるのである。キリスト教の平和思想を取り入れることによって、孫文の大亜細亜主義は当時の西洋に横行した他文化を異端視する偏見を克服し、偏狭な「キリスト教」教義による「黄禍論」にたいするある程度の清算をしえたのであるのみならず、東洋における種々の「アジア主義」の名のもとで行われた非行を阻む可能性もそこに提示されたのである。このキリスト教の「平和主義」と大亜細亜主義との繋がりに反映された文化的意味は、東京、大阪キリスト教青年会での孫文の演説から確認されるのである。

（1）林治平「国父孫中山先生大学畢業前与基督教的関係」『基督教与中国論集』、宇宙光出版社、一九九三年九月。李志剛「基督教徒対孫中山先生之認同新探」『基督教与近代中国文化論文集（二）』、宇宙光出版社、一九九三年九月。

（2）「倫敦被難記・第四章幽禁」『孫中山全集（以下『全集』と略称する）・第一巻』六〇―六四頁、中華書局。

（3）「就反基督教運動事発表談話」、陳旭麓ほか編『孫中山集外集』（以下『集外集』と略称する）二六六頁、上海人民出版社、一九九〇年七月。

（4）武田清子「孫文と滔天をつなぐもの」『孫文研究』第六号、一九八七年四月。

（5）中国においては、陳建明「孫中山与基督教」（中山大学学報編輯部編『孫中山研究論叢』第五集、一九八七年）、鄭永福、田海林「孫中山与基督教関係的歴史考察」（『辛亥革命与近代中国―紀念辛亥革命八十周年国際討論会文集』（下）』一三三一―一三二七頁、中華書局、一九九四年三月）などは、キリスト教信仰が孫文の革命事業における意味を評価しながら、主に孫文のキリスト教信仰と革命思想との「矛盾」を取り上げる。一方、方式光「評孫中山与基督教」（『紀念孫中山先生誕辰一三〇周年国際学術討論会』に提出された論文、広東省中山市、一九九六年一一月）は、キリスト教信仰が孫文の革命事業における積極的な意味を評価する。

（6）武田清子「アジア主義における孫文と滔天」『正統と異端の〝あいだ〟』三一四頁、東京大学出版会、一九七六年九月。

（7）現在見られるこの演説文のテキストは、『大阪朝日新聞』（一九一三年三月一二日）の記事と、日本基督教組合教会の機関紙『基督教世界』（一九一三年三月一三日）の記録とがある。両者の表現に差異がある。『大阪朝日新聞』の記事は武田清子前掲著書に引用されるほか、陳徳仁、安井三吉編『孫文・講演「大アジア主義」資料集』一九四―一九五頁（〇七四）（法律文化社、一九八九年九月、以下『講演資料集』と略称する）にも収録されている。中国語文は郝思盛主編『孫中山集外集補編』一一七―一一八頁（上海人民出版社、一九九四年七月、以下『集外集補編』と略称する）に部分訳された。

『基督教世界』の記録は会場の情景をおさめた写真とともに、滝口敏行編『大阪ＹＭＣＡ一〇〇年史』（一八二頁、大阪キリスト教青年会、一九八二年六月）に転載されている。その写真に、孫文、戴季陶、宋嘉樹そして司会者の宮川一男らと記録員の姿が映し出されている。また、孫文が東京キリスト教青年会館でも演説を行った（一九一三年二月二三日）。この演説文と講演情景も『基督教世界』（一九一三年二月二七日）に詳しく記録されている。

（8）　安井三吉『講演「大亜細亜問題」の成立とその構造』、前掲『講演資料集』一四頁。

（9）　拙稿「東京、大阪基督教会館での孫文演説文の発見」（『孫文研究』第一六号、一九九四年三月、八―一一頁）はその経緯を簡略に説明したが、その中に『基督教世界』誌の歴史にかんし、誤記がある。『日本キリスト教大事典』四二九頁（教文館、一九八八年二月）の「基督教世界」項（茂義樹撰）を参照されたい。なお、上記の『基督教世界』版の両文が陳鵬仁によって中国語に翻訳された（中国国民党中央委員会党史委員会編『近代中国』一九九五年一二月号）。

（10）　李吉奎『孫中山与日本』三三七―三五四頁、広東人民出版社、一九九六年一〇月。

（11）　「在上海国民党交通部宴会的演説」『全集』五一頁。

（12）　その交渉の経緯について、彭澤周『近代中日関係研究論集』（芸文印書館、一九七八年一〇月）、中村哲夫『移情閣遺聞：孫文と呉錦堂』阿吽社、一九九〇年三月）、李廷江「日本財界与辛亥革命」（中国社会科学出版社、一九九四年三月）などの研究がある。

（13）　孫文と日本キリスト教者との交流には、のちに同志社大学宗教主任となった堀貞一牧師との出会いがある。堀は一九〇六年ごろ日本亡命中の孫文を世話した。その後ハワイに滞在した（一九一〇年三―五月）孫文が日曜ごと教会の礼拝に出席したこともその頃ハワイの日本人教会の牧師であった堀氏に述懐された。溝口靖夫前掲著書、四三三頁。

（14）　東京大阪のほか、神戸（三月一三日）、長崎（同二二日、演題『基督教与世界平和』）の青年会館においても、孫文が演説を行ったがともにより詳しい記録は未見。（補注：長崎ＹＭＣＡでの講演に関する報道と講演の全文が『東洋日の出新聞』一九一三年三月二三日に掲載された。その中に孫文は「（中国の）「四海皆兄弟」「己の欲せざる処を人に施す事勿れ」と言えるが如き基督の教ふる博愛、平等の精神と其揆を一にせずや、之を以て余は思ふ支那人の思想は歴史的平和主義なり」と主張している。）

（15）　戴季陶著、市川宏訳『日本論』九六頁、社会思想社、一九七二年三月。

（16）　戴季陶は自分が「孫桂会談」を含む、今回孫文の訪日のすべての通訳を担当したといったが実際に何天炯、胡瑛らも通訳を担当したり、孫文の代表として謝辞を述べたことがある。また『基督教世界』の記事に「惜しむべし（戴の）通訳の不充分にして趣意の徹底を欠けるも其（孫文の）精神と人格とは太く人心を感動せしめたり」とあるように、当時戴季陶のキリスト教に関する知識を疑う余地が残る。

(17) 安井三吉「孫文の講演『大アジア主義』と戴天仇」、日本孫文研究会編『孫文とアジア』五三—六四頁、汲古書院、一九九三年六月。

(18) 李志剛「試論基督教徒対孫文主義之研究」、前記『紀念孫中山先生誕辰一三〇周年国際学術討論会』に提出された論文、広東省中山市、一九九六年一一月。

(19) 三宅正樹「日独関係の歴史的展開とソ連」、宇野重昭編『総合講座・日本の社会文化史七』三六二—四三一頁、講談社、一九七四年四月。

(20) 桂太郎がキリスト教に関心をもつ一人の政治家であり、小崎弘道の司る霊南坂教会の賛助者の一人であった。中村元、武田清子監修『近代日本哲学思想家辞典』二四一頁(小崎弘道)項(高橋昌郎撰)、東京書籍、一九八二年九月。

(21) 日華新報社編『孫文先生東游紀念写真帖』四頁、一九一三年五月。

(22) 『基督教世界』一九一三年二月二七日。この節の引用文は全てこれによる。

(23) 相浦忠雄ほか編『聖書事典』七二一頁、日本基督教団出版局、一九六一年九月。

(24) 中村哲夫「孫文のアジア観」、前掲『孫文とアジア』六五—八〇頁。彭鵬「試論孫中山『大亜洲主義』演講的文化取向」、広東省孫中山研究会編『「孫中山与亜洲」国際学術討論会論文集』三四一—三五九頁、中山大学出版社、一九九四年一〇月。

(25) 武田清子前掲著書、二八〇頁。

(26) 高綱博文「ワシントン体制と孫文の大アジア主義」(池田誠ほか編『世界のなかの日中関係』八四—一〇一頁、法律文化社、一九九六年四月)では、孫文の大阪青年会館での演説は、東西文明対立論を展開し、後の「大アジア主義」講演の「東方の王道」/「西方の覇道」と言い換えられて基調となっていると説明される。

(27) 「在上海国民党交通部宴会上的演説」『全集・第三巻』五一頁。

(28) 神戸での孫文の大亜細亜主義講演(一九二四年一一月)の真義をめぐり、高綱博文(「孫文の『大アジア主義』講演をめぐって」『歴史評論』一九九一年六月号)と安井三吉(「孫文・講演『大アジア主義』の研究を深めるために」同誌一九九一年一〇月号)との論争がある。筆者の問題関心に沿っていえば、孫文の大亜細亜主義には少なくとも二つ次元の異なる要素がある。キリスト教の「平和主義」思想、儒教の「治国平天下」思想などに代表される文化論の次元と、世界情勢と時期に応じて提唱される「中日提携論」、あるいは中日独墺(オーストリア)土(トルコ)」、「中日米」、「中日蘇」提携論などの政策論の次元とがある。近代日本の米州移民の出帆港である神戸での演説には、孫文が神戸の聴衆の反米情緒を考慮し、国際政治構造における「ワシントン体制」を打破するための「中日蘇提携」を一層強く打ち出したのは事実である。しかし、同じ演説の冒頭で「大亜細亜主義は文化的な問題である」という孫文の言葉には、やはり彼の大亜細亜主義における文化的な思想が表われているものとして看過できない。その文化的な思想とは、如何なる「譲歩」「利用」による国際間の「連合」「提携」を築こうとしても、他民族、他国を侵略、圧迫、詐取の意図と行動を放棄し、人間性、そして民族、国家の文明程度をはかる基準である「平和主義」「王道」のもとで行うべきとする考え方である。それは一九一三年春の時点ですでに東京、大阪キリスト教青年会館で孫文が提出し、一貫して堅持された思想である。

## [08]「東洋＝王道」「西洋＝覇道」の起源─王正廷・殷汝耕・孫文[1]

関　智英

『孫文研究』五九号、一─一三頁、抄録

### 一、はじめに─孫文の「大アジア主義演説」

一九二四年一一月、孫文は護法政府（南方政府）と北京政府の南北会議参加のため北京へ向かう途上神戸へ立ち寄った。この時孫文は後に大アジア主義講演として広く知られることになる演説を行う。同演説については、様々な角度から研究が行われているが[2]、その中でも印象的な部分が次の一節であろう。

……東方（東洋）の文化は王道であり西方（西洋）の文化は覇道である。王道を講ずるものは仁義道徳を主張し、覇道を講ずるものは功利強権を主張する。仁義道徳を講ずるものは正義と公理を用ゐて人を感化し、功利強権を講ずるものは鉄砲大砲を用ゐて人を圧迫する。[3]

孫文が大アジア主義演説を行った真意については諸説があるが、確実なことは同演説が「東洋＝王道、西洋＝覇道」のフレーズと共に、孫文歿後に中国社会でも広く知られるようになり、様々な立場から言及・解釈されてきた点である。とりわけ一九四〇年に重慶から南京に国民政府を「還都」させるという体裁で新政府（＝汪政権）を組織した汪精衛が、日本と提携する根拠の一つをこの大アジア主義演説に求めたことはよく知られている。[4] 日本との提携を唱える孫文の大アジア主義の主張は、東アジアに覇権を広げようとする日本にとっても都合の良いものだった。

汪政権にとってその主張は、政権の正統性を担保することはもちろん、同時に日本を牽制する意味も持っていた。とりわけ「東洋＝王道、西洋＝覇道」の主張は、その「西洋＝覇道」で、日本と提携して欧米に対抗することを示すことができると同時に、「東洋＝王道」で、少なくとも理論上は日本に対しても「覇道」ではなく、「王道」を要求できるものであった。日本占領地という制限下に置かれた汪政権にとって、大アジア主義演説は、こうした二つの役割を期待されていたのである。

## 二、「東洋＝王道」「西洋＝覇道」の組み合わせ

さて、本論文が注目したいのは、孫文の大アジア主義演説を象徴するフレーズである「東洋＝王道、西洋＝覇道」という議論の枠組みについてである。もちろん、「王道」「覇道」という言葉自体が『孟子』の梁恵王章句に由来することは改めて指摘するまでもない。ここで問わんとするのは、「東洋・西洋」と「王道・覇道」という、二つの二項対立を組み合わせた議論、さらにそこに西洋の覇道に対する東洋の王道の優位性を含ませた説明の仕方が登場した背景についてである。

結論を先に言えば、この説明の仕方は孫文の発案という可能性は完全には否定できないものの、孫文と関係のあった王正廷や殷汝耕による同時期の議論が何らかの形で孫文に齎された蓋然性が高いと考えられる。何故ならば大アジア演説（一九二四年一一月）以前の孫文や中国での言論に「東洋＝王道、西洋＝覇道」という説明の仕方が確認できないにも拘わらず、[5] 孫文の大アジア演説の五ヶ月前（一九二四年六月）に孫文と関係の深かった殷汝耕が、さ

【表】王正廷・殷汝耕・孫文の論点

| | 王正廷（1923年12月） | 殷汝耕（1924年６月） | 孫文（1924年11月） |
|---|---|---|---|
| 東　洋 | 孔孟の教え・尚文尚武。 | 世界大同主義の精神文明。 | 道徳仁義を中心とする文化。 |
| 西　洋 | 侵略主義・尚武のみ。 | 物質主義・国家主義。 | 物質的文化・武備武力によって現れる文化、武力鉄砲を中心とする文化。 |
| 日本への提言 | 東洋固有の文明（王道）を西洋に発揮するための東洋文化の研究。 | 欧米人の外交政策の模倣を戒める。アジア人聯盟のような覇道的行為の否定。日支親善・米国の日本移民排斥の黙殺。 | アジアは仁義道徳により聯合提携し、欧洲の圧迫に対抗する。 |

らにその半年前（一九二三年一二月）に王正廷が、それぞれ日本で「東洋＝王道、西洋＝覇道」の枠組みで議論を展開しているためである。

王正廷・孫文双方の議論についてはすでに横田豊が検討し、両者が「王道・覇道」という中国古典に由来する言葉をあてはめて現実の世界を新しく捉えなおした点、王道の覇道に対する優位性を説いている点、世界の趨勢が覇道より王道に向っており、日本に王道を選択することを求めている点で類似していることを指摘している。また横田は王正廷と孫文が構造の一致した議論を有するようになった理由を、両者が共に日本を欧米列強より切り離して、中国に対する圧力を少しでも減少させようとしていたためであるとしている。[6]ただこれにより両者が当時同様の考えを有していたことは窺えるものの、これをもって「東洋＝王道、西洋＝覇道」という説明の仕方までもが類似した理由とするには無理がある。

（中略）

## 三、孫文以前の二つの議論

（中略）

### （三）王正廷・殷汝耕・孫文の議論の比較

ただ殷汝耕の議論は王正廷の議論と大きく異なる点がある。それは王正廷が「西洋の主義は侵略主義」で「覇道を行ふものは衰滅に陥」り、「覇道に於ては出来るだけ弱者を虐待し、之を弄び消滅せしめてしまう」[7]と、「覇道」を否定的に捉えていると思われるのに対し、殷汝耕は、西洋は物質主義、東洋は文明主義のように、「王道・覇道」の違いを文明の違いとして捉えている点である。そして孫文もまた殷汝耕と同様に、大アジア主義演説は「東洋文化と西洋文化との比較問題」と述べ、その比喩として「王道・覇道」を用いたのである。

殷汝耕の議論には孫文との違いもある。殷汝耕は「吾人は所謂アジア人聯盟の如き覇道的のものを卻けて、精神主義の大旆を翳《かざ》し王道を以て相対す可き」とし、西洋に対抗するためにアジア人が聯盟すること、すなわち「暴に報ゆるに暴を以てする」「覇道」的なアジアの連帯については終始否定していた。そもそも殷汝耕は「大亜細亜主義」が「西洋人の為に圧迫され来つた復讐として被圧迫民族を糾合し、反撃するといふ事」を批判し、「境域をアジアに限り其民族結束して他の民族に敵対すべしと説く如きは、率直にいへば東洋思想の反逆者」であると述べていた[8]。

以上三者の議論を整理すると、「東洋＝王道、西洋＝覇道」という議論の枠組みは、管見の限りでは王正廷が最初に用い、その半年後に殷汝耕の議論に表れ（あるいは王の議論を援用）、さらにその五ヶ月後に孫文の大アジア主義演説で使った、ということになる。そして上述のように三者の議論には重なる部分もあるものの、違いもあったのである。三者の議論のポイントを整理すると前頁のようになる【表】。

（中略）

## 五．小結—孫文シンボル化の過程で

以上の事情を総合して考えると、「東洋＝王道、西洋＝覇道」という議論の枠組みは、王正廷の議論の枠組みが殷汝耕を介して、孫文に齎された蓋然性が高いと筆者は考えている。孫文の議論には王正廷の議論と重なる一方、文明の側面からの理解など、殷汝耕の主張とも共通性を持っているのである。

もちろん孫文は一九一七年一月の「日支親善の根本義」[9]で中国と日本との「道徳的結合、精神的結合」の必要性を唱えており、逆に殷汝耕がこうした孫文の議論に影響された可能性はある。インドの詩人タゴールが来日し「西方文明の批判」をし、「西洋文明では個人と国家、労働と資本、男性と女性等《ら》の詩的問題がまだ解決されずに居《ゐ》る。日本はこの提出された問題を解決して真と美と生命とを世界にも〔た〕らさねばならぬ」と演説したのもこの頃であった[10]。

また上に紹介した他にも、例えば北一輝が一九二一年に出版した『支那革命外史』の中で、日本の今後の外交の進むべき方向について、「白人投資の執達吏か東亜の盟主か」[11]というような二項対立で議論を提起しているように、こうした意識の在り方や論の立て方そのものが、日露戦争や第一次世界大戦による欧米世界の相対化、さらに欧米で高まりつつあった黄禍論や排日移民法（一九二四年五月成立）への反発も相俟って、当時普遍的に存在するものであった。日中の論壇で東西文明論が展開されたのも欧洲大戦前後のことである[12]。

筆者も孫文がそうした思考形態を持っていたことまで否定しようとは思わない。ただ、孫文の主張の中には、既存の枠組みを援用・組み合わせた議論も多く、一貫した理論が先にあったわけでは必ずしもない。また孫文が様々な問題について周囲の人間と相談していたことも確認されている[13]。孫文に近侍した殷汝耕は一六歳から日本に留学していたが[14]、その期間は「東洋・西洋」や「王道・覇道」の二項対立を用いた議論が日本で盛んになる時期と重なった。

こうしたことを考えると大アジア主義演説の「東洋＝王道、西洋＝覇道」という説明の仕方も、孫文の発案とするよりは、殷汝耕等を含めた周囲との関係の中で生まれたものであると考えた方が自然なように思われる。

もちろん実際の発案者が誰であったとしても、「東洋＝王道、西洋＝覇道」という議論が孫文の口を通して成された意味が損なわれるわけではない。孫文の大アジア主義演説が無ければ、「東洋＝王道、西洋＝覇道」の主張がこれほどまで人口に膾炙することはなかったであろう。しかし、そのことは逆にこの議論の枠組みが孫文首唱のものと目されることになり、この議論の枠組みが当時の世界情勢を背景に登場した新しいものであったことや、複数の知識人の意識の中に共通して存在し得るものであった、という事実を見えにくくすることにも繋がった。[15] この点を筆者は重視したいのである。

一九二五年に孫文は逝去するが、国民政府時期にはそのシンボル化が進み、日中戦争期には重慶・南京双方の国民政府から「国父」として祭り上げられた。[16] 一方、王正廷の王道論や、殷汝耕の大アジア主義に関する議論は、彼らが孫文同様「東洋＝王道」「西洋＝覇道」の議論を先に展開していながら、現在では忘れ去られている。とりわけ殷汝耕については、この議論から十年後に冀東防共自治政府の長官に就任し、戦後漢奸として処刑されたことも、その評価を難しくしていよう。[17]

（1）本論文は拙稿「孫文大アジア主義演説再考――「東洋＝王道」「西洋＝覇道」の起源」（三元社編集部編『竹村民郎著作集完結記念論集』三元社、二〇一五年）に、「日中歴史研究者との意見交換会」（日本国際問題研究所、二〇一六年三月一日）及び、国際日本文化研究センター共同研究会「比較のなかの東アジアの王権論と秩序構想――王朝・帝国・国家、または、思想・宗教・儀礼」（代表：伊東貴之、二〇一六年九月二四日）での議論を踏まえ、大幅に改稿したものである。

（2）近年の成果として、安井三吉「孫文「大アジア主義」講演と神戸」『孫文研究』五八号、二〇一六年六月、嵯峨隆『アジア主義と近代日中の思想的交錯』慶應義塾大学出版会、二〇一六年。安井は孫文の大アジア主義演説が日本帝国主義への批判を根底に抱きながら、なお日本政府への期待を残していたとする。嵯峨もまた、同演説には日中提携論としての要素が持続しており、根底には中国革命への支援の要請が込められていたとする（同書一七〇頁）。

（3）孫文「大亜細亜主義の意義と日支親善の唯一策」『改造』一九二五年三月号。

（4）汪政権の機関紙『中華日報』も、大アジア主義に関する文章を多数掲載した。「社評　大亜洲主義的核心」（一九三九年八月一九日、二頁）、周化人「実現大亜洲主義的時機」（一九四〇年四月二三日、一頁）、汪精衛「民族主義与大亜洲主義」（一九四〇年一一月一二日一頁）等多数。

（5）無かったことの証明は困難だが、試みに『申報』のデータベースでは、孫文の大アジア主義演説以前に「東洋＝王道、西洋＝覇道」、ないしはそれに類する記事は確認できない。

（6）横田豊「王正廷のもうひとつの「大アジア主義」」『歴史評論』五二一号、一九九三年九月、同「王正廷の「王道と覇道」と孫文の「大アジア主義」講演」青山学院大学東洋史論集編集委員会編『東アジア世界史の展開―青山学院大学東洋史論集』汲古書院、一九九四年。

（7）王正廷前掲「王道と覇道（三）」。

（8）殷汝耕「米国排日の対策―日支両国の共存共栄」（『読売新聞』一九二四年六月三〇日）、「大亜細亜主義とは何ぞや」『日本及日本人』一九二四年一〇月増刊号、五―一六頁。ちなみにこの文章では「東洋＝王道、西洋＝覇道」という議論は確認できない。殷汝耕のアジア主義論については古屋哲夫「アジア主義とその周辺」同編『近代日本のアジア認識』緑蔭書房、一九九六年、九四―九五頁。

（9）孫逸仙「日支親善の根本義」『東京朝日新聞』一九一七年一月一日三面。

（10）「印度から日本への使命　詩星《ママ》タゴール氏の大獅子吼」『読売新聞』一九一六年六月一二日五面。

（11）北一輝『支那革命外史』（増補版）内海文宏堂、一九三八年、二四二頁。

（12）石川禎浩「東西文明論と日中の論壇」古屋哲夫編前掲三九五―四四〇頁。

（13）拙稿「忘れられた革命家伍澄宇と日中戦争―日本占領地の将来構想」『中国研究月報』六九巻七号、二〇一五年。

（14）畠山清行「悲運の人殷汝耕」『東京兵団』（一　胎動篇）光風社、一九六三年、九四頁。

（15）例えば総理紀念週（国民党の週会）でも孫文の「王道・覇道」の議論に言及した講話が成されていた。「中央与国府之紀念週」『申報』一九三〇年五月二〇日七版。

（16）「尊称　総理　為中華民国国父―中央常会決議」『中央日報』一九四〇年三月二九日一張、「尊崇中華民国国父致敬辦法」（一九四一年五月二九日）、国民政府（汪政権）文官処『国民政府公報』一八二号（一九四一年六月二日）。

（17）南京市檔案館編『審訊汪偽漢奸筆録』鳳凰出版社、二〇〇四年、一一六二―一一七八頁。

## ［09］孫文の「中独ソ三国連合」構想と日本　一九一七―一九二四年

### ―「連ソ」路線および「大アジア主義」再考―

田嶋　信雄

『戦間期の東アジア国際政治』一三―三九頁

四　「連ソ」路線および「大アジア主義」演説と中独関係

陳炯明の反乱ののち、ドイツと並んで孫文が接近の対象としていた重要な国家は、もちろんソヴィエト・ロシア（一九二二年一二月三〇日よりソ連）であった。「連ソ」構想の一端が表明されたのは、周知のように、一九二三年一月二六日の上海における「孫文＝ヨッフェ宣言」であるが、その後二月二一日には孫文の権力掌握により第三次広東政府が組織され、六月には広州で中国共産党第三回全国代表大会が開かれて国民党との合作が決定された。さらに一〇月以降、ボリシェヴィズムの組織原則に基づく国民党の改組が共産党員を含めて展開されていく。「連ソ容共」路線は次第に実質化されつつあったのである。

しかしながら孫文・国民党は、対独接近と対ソ接近を別個に推進していたのではなく、曹亜伯や朱和中やヒンツェや鄧家彦の構想にあるように、それを中独ソ三国連合構想として一体的に推進していた。この面で注目されるのは、一九二三年秋に「孫逸仙博士代表団」を率いてソ連を訪問していた蔣介石の言動であろう。たとえば一九二三年一一月二六日、蔣介石はコミンテルン執行委員会（EKKI）で発言し、次のように彼の構想を述べていたのである。

ワシントン会議で英米仏日の四大資本主義国は東アジアを搾取する意図を明確に示した。資本主義列強は中国の軍閥を道具として用い、中国における地位を強固にし、有効な搾取を行おうとしている。国民党はロシア、ドイツ（もちろん革命成功後のドイツ）および中国（革命成功後の中国）の同盟を提案する。国民党は、全世界で資本主義の影響力と闘うため、この偉大な三国の同盟を提案する。ドイツ人民の学問的知識、中国の革命的成果、ロシアの同志の革命精神とロシアの農業生産をもってすれば、我々は容易に世界革命を成功に導くことができる。我々は全世界で資本主義体制を廃絶することができる。コミンテルンの同志はドイツ革命を支援して可及的速やかに勝利に導くべきである、と我々は考える。同時に我々は、コミンテルンが、東アジア、とりわけ中国革命に特別の関心を寄せるよう期待する。(1)

さらに二日後の一一月二八日、蔣介石はトロツキー（Лев Д. Троцкий）と会談し、中国革命の諸問題について議論を行った。会談自体は、「西北計画」(2)、すなわちソヴィエト赤軍の軍事的援助を得たモンゴルからの進軍を強く示唆する蔣介石と、孫文および蔣介石の軍事優先主義を批判し、「広範な人民大衆を長期にわたって粘り強く政治的に準備することが必要だ」と主張するトロツキーとの間でほとんど平行線をたどったが、極めて興味深いのは、約一時間にわたったトロツキーとの会談の最後に蔣介石が次のように述べていることである。「解放中国はロシアとドイツからなる社会主義ソヴィエト共和国のメンバーとなるだろう」(3)。すなわちここで蔣介石は、単に中国・ドイツ・ロシア三国を同盟させるに留まらず、この三国を主要な構成要素とする単一の「ソヴィエト社会主義共和国連邦」の結成を主張していたのだといえよう。

しかもこうした蔣介石の考えは、もちろん彼の独断ではあり得ず、孫文のものでもあった。蔣介石がコミンテルン執行委員会で発言したちょうど同じ日（一九二三年一一月二六日）、孫文は犬養毅宛に書簡を認め、次のように述べていたのである。

さて、ふたたび起こるであろう世界戦争について、論者の多くは黄色人種と白色人種との戦争にかならずなるであろうとか、あるいはヨーロッパとアジアとの戦争になるであろうといっておりますが、私はそれは間違いであるとあえて断言するものであります。それはかならず正義の論理と覇権の論理との戦いになるでありましょう。覇権を排除しようとする者は、もとよりアジアの抑圧された人民が多いのでありますが、ヨーロッパの抑圧された人民もまた少なくありません。この故に、抑圧された人民はまさに抑圧された人民と連合して、横暴なるものを排除すべきであります。このようになれば、ヨーロッパにおいては、ただロシアとドイツが被抑圧者の中核となり、イギリスとフランスが横暴者の中核となり、アジアにおいては、インドと中国が被抑圧者の中核となり、横暴者の中枢は同じくイギリスとフランスであります。ところで、アメリカはあるいは横暴者の仲間となるか、あるいは中立を守るかのいずれかでありますが、被抑圧者の友人には決してならないことだけは断言できるのであります。ただ日本だけが未知数であります。被抑圧者の友となるか、それとも被抑圧者の敵となるかについては、私は、先生の志が山本〔権兵衛〕内閣において実行されうるか否かによって、判断致します。(4)

ここにはのちの「大アジア主義」演説に連なる構想が示されている点で注目されるが、本章の観点から見てさらに興味深いのは、ヨーロッパにおける「被抑圧者」としてロシアとドイツの二国が挙げられており、将来ヨーロッパとアジアの「被抑圧者」の連合すなわち中独ソ（印）の連携の可能性が示唆されていたこと、しかも日本がそれに加入する余地が残されていたことであった。すなわちここでは「連ソ」「連独」の論理と「大アジア主義」の論理が架橋されていたのだといえよう。

しかしながら、すでに見てきたように、孫文の対外構想の中では「連独」工作よりも「連ソ」工作の方が先に進んでおり、孫文はひとまず「連ソ」単独での実現を優先せざるを得なかった。とはいえ、この時期に至っても孫文には「連独」構想への思いが強く残っていた。一九二四年一月一六日、着任挨拶のため大本営を非公式に訪れた広州駐在の新任ドイツ領事レミー（Erwin Remy）に対し、孫文は「ドイツから直接的ないし間接的に武器を購入することはできないだろうか」という「彼にとって最も関心のある問題」を語り始めたのである。孫文は、ヴェルサイユ条約の制約を意識した上で、「もしそれが不可能だとしても、ドイツの大規模武器工場は、ドイツの外で、例えば中国で、その技術を発揮できないだろうか」と執拗にドイツ軍需産業への関心を語ったのである。さらに孫文は続けて次のような「ファンタジー」（レミーの表現）を開陳していたのである。

あなた方ドイツは武装解除された。だからあなた方は中国を武装しなければならない。これがあなた方の唯一の救済策であることはほとんど明白である……

もし中国が圧倒的な人口を組織して武装することに成功するならば、そしてそれは三年以内に実現可能であろうが、そうなればドイツを拘束している諸条約を覆すことができるし、さらに、例えば安南におけるフランスを、またアジアにおけるイギリスを攻撃することができるであろう。(5)

この会談から四日後の一九二四年一月二〇日、広州で中国国民党第一回全国代表大会（一全大会）が開催されるのである。大会期間中の一月二七日、「三民主義講演・民族主義第一講」の中で孫文は、ロシア革命後のソヴィエト政権について「世界侵略の野心を持たないばかりか、強きをくじき弱きをたすけ、正義を主張している」と非常に高く評価したうえで、ドイツをも含めた国際情勢について以下のような分析を試みていたのである。

こんにちドイツは、ヨーロッパでの被圧迫国であり、アジアでは、日本をのぞいたすべての弱小民族が、強暴な圧政の下でさまざまな苦しみをなめている。かれらはたがいに同病相憐れみ、将来、かならず連合して強暴な国家に抵抗するだろう。これら被圧迫国の国家連合は、かならず強暴な国家に対して命がけで戦うにちがいない。そして、全世界はというと、将来かならず、公理を主張する白人と公理を主張する黄色人種とが連合し、強権を主張する白人と強権を主張する黄色人種もまた連合することになるだろう。この二大連合が成ったときには、どうしても一大戦争は避けられない。これこそ世界における将来の戦争の趨勢である。(6)

こうして孫文の国際情勢分析は、いわば「アジア・ヨーロッパをまたがる抑圧民族と被抑圧民族の闘争」という認識の中に集大成されたが、そのなかでドイツは、中国、ロシアと並び、被抑圧民族の中核としての位置を与えられたのである。このように見てくると、中国国民党の「連ソ」路線とは、中独ソ三国連合構想からドイツが一歩引いたところで成立した二国間提携路線であったということができよう。

しかし孫文は、一全大会における「連ソ」路線の確定後も「連独」路線を放棄する気配をいささかも見せなかった。一九二四年二月末にレミー領事が知り得た情報によれば、鄧家彦の帰国後、朱和中がふたたびドイツを訪問する計画を懐いていたといわれ、しかも朱和中は、ドイツ外務省が中独の軍事提携に及び腰であるのを見越し、今回は「民族主義的、極右的な志向」を持つグループに接近するつもりである、とされたのである。その際朱和中の重要な任務の一つは、「大規模な工場を広州に建設し、大小様々の携帯火器および弾薬を製造するだけでなく、手榴弾、榴弾、航空機搭載用爆弾、また火炎放射器、さらに毒ガスの製造をも可能にするため、ドイツ人専門家を確保すること」にあった(7)。

さらに一か月後の一九二四年三月末にレミー領事が知り得た情報によれば、孫文や広東政府の幹部達は、ドイツ人からなる以下のような陣容の「顧問団本部」の設立を計画していたという。「政治顧問—ヒンツェ提督〔元外相〕、経済顧問—シュラーマイアー枢密海軍顧問〔前青島総督〕、金融財政顧問—コルデス（Cordes）頭取、軍事顧問—某退役将校、航空顧問—ある有名なドイツ戦闘機部隊長、などなど(8)」。

実際、この時期、こうした孫文の計画に基づき一連のドイツ人専門家が広州入りを果たしていた。一九二四年五月一〇日、ドイツの外務当局が得た情報によれば、孫文がジーメンス社上海支社長のグスタフ・アーマン（Gustav Amann）を通じてシャルロッテンブルク陸軍大尉（Walter Charlotenburg）およびその他三人の航空将校を雇用し、のちに歩兵科将校一〇人が広州で活動を開始するというのであった。しかも爆撃機一機も搬入される予定とされた(9)。さらに、この間、前青島総督シュラーマイアー提督が広州に到着し、北京からはパウル・ミューラー陸軍少佐（Paul Müller）が警察顧問として着任した。さらに孫文らは化学者シェーペ（Schoepe）およびブース（Buhs）を広州兵器廠のため火薬技師として雇用し、ハース（Haas）という名の元飛行士をマカオから招聘した。さらにマッティル（Mattil）という名の元軍曹（専門不詳）を試験雇用しているというのであった(10)。

加えて「孫文とのつきあいが長く、その信用を得ている広州の会社社長」（おそらくグスタフ・アーマンであろう）によれば、孫文は面会の時に、「国際共同中国実業発展計画書」の中で展開した種々の計画について述べたあと、「特に気にかけている問題、すなわち中国でドイツ人に武器工場を設立させる問題」について語っていたのである(11)。

広州駐在ドイツ領事レミーは、中国における英米仏の立場、さらに北京政府の立場を考慮し、「こうしたドイツ人の雇用は中国におけるドイツの地位にとって極めて有害」との警告を発せざるを得なかった。しかしながらこうして広東にやってきたドイツ人顧問たちは、のちに「北伐」を果たした蔣介石政権において、初代ドイツ軍事顧問団長マックス・バウアー（Max Bauer, 一九二八年一一月任命）のもと、在華ドイツ軍事顧問団の一翼を担うこととなるのである[12]。

一九二四年一一月二八日、孫文は北上の途中、神戸でいわゆる「大アジア主義」演説を行った。そこで孫文は、アジア民族の大連合には王道を主張するソヴィエト・ロシアも参加しうると主張し、「連ソ」路線に忠実な発言を行った。さらに、明らかにドイツを念頭に置きつつ、「圧迫を受けている民族はアジアにだけあるのではなく、ヨーロッパの中にもあるのです」と述べ、一年前の犬養毅宛書簡とまったく同様の論理で「被圧迫民族」の連合の中にドイツが加わり得ることを示唆したのである。こうしてドイツは、孫文の「大アジア主義」演説の中に、いわば語られざるアクターとして措定されていたといえよう。さらに、これもまた犬養宛書簡とまったく同様の論理で、その最後に以下のような日本への呼びかけがなされたとされている。「〔日本が〕西方覇道の手先となるのか、それとも東方王道の干城となるのか、それはあなたがた日本国民が慎重にお選びになればよいことであります[13]」。

孫文の日本訪問に同行し、神戸での「大アジア主義」演説の通訳を務めた戴季陶は、帰国後『改造』に一文を寄稿し、「今日アメリカとイギリスの対東洋政策は単に日本に対する威圧であるのみならず、若し彼らの政策が果たして効果を挙げ成功を博した日は、東洋は全滅である」と英米の脅威を強調したのち、孫文の意図と重なる形で、以下のように日本の対外政策への注文を行ったのである。

ロシアと速に無条件にて国交を恢復し、独逸に対しては列強共同の独逸人民の経済的自由を剥奪し独逸の国家的復興を阻害する政策より独立して、日露間および日独間の自由なる合意的条約を結び、以って日露独の親善の機運を促進せしめ、日本の国家的孤立状態を除去す[14]。

これはまさしく日本に対し、英米アングロサクソン両大国による国際秩序すなわち「ヴェルサイユ＝ワシントン体制」から「独立」し、中独ソ三国を中核とする被抑圧民族の反帝国主義的な国際的統一戦線に加わるよう訴えかけるものであったといえよう。

（1）Стенографический Отчет о заседантии исполкома Коминтерна с участием делегации Партии Гоминьдан, 26.Ноября 1923 г., *ВКП(б)*, Т.1, Док. №. 96, С. 297-305. 蔣介石はのちにコミンテルンでの挨拶の一部を『蔣介石秘録』で再現しているが、この「中独ソ三国同盟構想」にはもちろん一言も触れていない。『蔣介石秘録』第六巻、「共産党の台頭」東京：サンケイ新聞社、一九七五年、五八頁。なお蔣介石はこの会合の開催日を「一一月二五日」としている。

（2）孫文の「西北計画」について、さしあたり、王永祥（土田哲夫訳）「一九二〇年代前半期ソ連・コミンテルンの対中国政策」中央大学人文科学研究所（編）『民国前期中国と東アジアの変動』東京：中央大学出版部、一九九九年、一五一―一七一頁、とりわけ一五八―一六〇頁、参照。

（3）Докладная Записка М. И. Барановского о посещении делегацией Партии Гоминьдан Л. Д. Троцкого. 27. Ноября 1923 г., *ВКП(б)*, Т.1, Док.№. 97,С.306-308.トロツキーとの会見について、前掲『蔣介石秘録』第六巻、六一―六二頁をも参照のこと。

（4）孫文の犬養毅宛書簡（一九二三年一一月一六日）『孫文選集』第三巻、東京：社会思想社、一九八九年、三二三―三二四頁。原文は致犬養毅書（一九二三年一一月一六日）『孫中山全集』第八巻、四〇一―四〇六頁。

（5）Der Generalkonsul in Kanton Remy an das AA vom 19. Januar 1924, in: *ADAP*, Serie A, Bd. IX, Dok. Nr. 105, S. 269-272.

（6）「民族主義」第一講、『孫文選集』第一巻、東京：社会思想社、一九八五年、三一頁（ただし、文体上の若干の変更を加えた）。原文は『孫中山全集』第九巻、一九三頁。

（7）Remy an das AA vom 27. Februar 1924, in: *ADAP*, Serie A, Bd. IX, Dok. Nr. 172, S. 460-464.

（8）Remy an das AA vom 27. März 1924, in: *ADAP*, Serie A, Bd. IX, S. 461, Anmerkung der Herausgeber (3).

（9）Boyé an das AA vom 10. Mai 1924, in: *ADAP*, Serie A, Bd. IX, S. 462, Anmerkung der Herausgeber (5).

（10）Remy an das AA vom 27. Februar 1924, in: *ADAP*, Serie A, Bd. IX, Dok. Nr. 172, S. 460-464.

（11）Boyé an das AA vom 10. Mai 1924, in: *ADAP*, Serie A, Bd. IX, S. 462, Anmerkung der Herausgeber(5).

（12）在華ドイツ軍事顧問団の活動の詳細については、Mehner, K. (1961), Die Rolle deutscher Militärberater als Interessenvertreter des deutschen Militarismus und Imperialismus in China 1928-1936. Unveröffentlichte Dissertation, Universität Leipzig: Martin, B. (Hrsg.) (1981), Die deutsche Beraterschaft in China. Miliär-Wirtschaft-Außenpolitik, Düsseldorf: Droste などを参照のこと。「連ソ」路線に基づくソ連の国民革命支援の実態については、富田武「中国国民革命とモスクワ 一九二四―二七年」『成蹊法学』第四九号（一九九九年三月）、三五七―四〇一頁を参照のこと。

（13）「在神戸各団体歓迎宴会的演説」（一九二四年一一月二八日）『孫中山全集』第一一巻、四一〇―四一六頁。兪辛焞前掲書、二〇一―二二五頁。陳徳仁・安井三吉（編）『孫文・講演「大アジア主義」資料集』京都：法律文化社、一九八九年、五五―六五頁（『民国日報』版）、とくに六五頁。孫文の「大アジア主義」演説については、この最後の引用が実際に述べられたか否か、という問題や、演説の趣旨、孫文の意図などをめぐって、高綱博文氏と安井三吉氏、藤井昇三氏らとの間で論争がある。参照、高綱博文「孫文の『大アジア主義』講演をめぐって」、安井三吉「孫文・講演『大アジア主義』の研究を深めるために」、藤井昇三「孫文の民族主義再論―アジア主義を中心に」、それぞれ『歴史評論』第四九四号（一九九一年六月）、六五―八〇頁、第四九八号（一九九一年一〇月）、七七―九〇頁、および第五四九号（一九九六年一月）、一六―二七頁。嵯峨隆「孫文のアジア主義と日本―『大アジア主義』講演との関連で」慶應大学『法学研究』第七九巻第四号（二〇〇六年四月）、二七―五九頁、をも参照のこと。孫文の対独態度の分析を課題とする本章ではこの論争に深く立ち入るつもりはないが、「抑圧民族対被抑圧民族闘争観」ともいうべき孫文の国際観を指摘する藤井昇三氏の説は、本章の論旨からも首肯し得るところである。

（14）戴天仇「日本の東洋政策について」陳徳仁・安井三吉前掲書、二一八―二二五頁。

## ［10］アジア主義とその周辺

古屋　哲夫

『近代日本のアジア認識』四七―一〇二頁、抄録

### はじめに

現在のアジア主義研究の出発点をつくったのは、一九六三年に書かれた竹内好の「アジア主義の展望」と題する一文であったと言ってよいであろう。この論文で竹内は、「アジア主義は多義的」であり、「一つの傾向性ともいう

べきもの」[1]であるとしたうえで、次のように述べている。

アジア主義は、前に暫定的に規定したように、それぞれ個性をもった「思想」に傾向性として付着するものであるから、独立して存在するものではないが、しかしどんなに割引きしても、アジア諸国の連帯（侵略を手段とすると否とを問わず）の志向を内包している点だけには共通性を認めないわけにはいかない。これが最小限に規定したアジア主義の属性である。[2]

竹内は、こうしたアジア主義の把握によって、その後の研究を「連帯の志向」を発掘する方向に導いたといってもよいであろう。そしてそこでの中心的な関心は、「侵略主義と連帯意識の微妙な分離と結合の状態」[3]に向けられることになった。

こうした研究の方向は、確かに、アジア主義の一つの側面を明らかにしたといえるかもしれない。しかし、問題の中心が「連帯と侵略」という軸に沿って展開されるとともに、アジア主義の「アジア」の側面、つまりそこで、何故に、どのような形で「アジア」が持ち出され、主張されてくるのかといった問題が後景にしりぞけられてしまうという結果が生じたのであった。極端にいえば、「アジア」という言葉が全く使われていなくても、アジアの何等かの地域の人々との連帯の指向が見られれば、それは、アジア主義だということになる。もちろん、そうした研究の意義を否定しようというのではない。しかし「アジア主義」を対象にする以上、「アジア」という言葉によって何が語られ、そこにどのようなイデオロギーが盛られているのか、という問題を基礎に置かなくてはならないように思われるのである。

大まかにいえば、イデオロギーを含んだ「アジア」という言葉は第一次大戦ごろから次第に多用され、満洲事変以後、第二次大戦に向かって氾濫するに至り、ついには、「大東亜共栄圏」に辿り着いたと見ることができる。つまり「アジア」という言葉が、氾濫すればするほど、連帯への指向は薄れ、指導＝支配の側面が濃厚になってくるように思われるのである。

従って、このような問題を明らかにしてゆくためには、一度、「連帯の指向」の発掘という立場を離れて、近代日本人の「アジア」という叫び声を取り上げ、それがその時点でどのような内容を持ち、誰を相手としていたのか、という角度から検討してみなくてはならないであろう。

（中略）

## 六　文明論・人種論とアジア主義

第一次大戦が終わると、欧米から認められることを期待したアジア・モンロー主義は姿を消してゆくことになり、大戦下では一部の少数の人々が唱えていたに過ぎなかった人種論的あるいは文明論的アジア主義の方が生き残ることになった。もっともそれは、最初から戦後の状況への対応を目的として論を立てていたから、そうなるのも自然であったかもしれない。この種のアジア主義の出発点は、大まかにいえば、戦後に大挙してアジアに復帰・殺到してくるであろう欧米勢力に対して、アジアの力を結集し対抗しようという発想に立つものであった。すでに大戦中からそうした準備をすべきだとする杉田定一は、「我外交と東亜聯盟」[4]で次のように言う。

日本の今取るべき所は、まづ日支の親善を図り、この力を以て、こゝに所謂亜細亜聯盟なるものを策するにあるのである。若し夫れ日支戮力以て印度の独立を援けんか、東西三億の回教徒は、必ずや起って此の運動を援くるであらう。幸なるかな日本は、仏教国として既に精神的連鎖を有して居る。故に此連鎖を利用して、印度、波斯、土耳古、アフガニスタン、ベルヂスタンの回教徒と相結ぶを得ば、天下の勢力何者か克く此同盟を圧するを得ん。さなきだに伊土戦争以来、著しく排欧的気分を鼓吹された東西の回教徒は、必ずや雙手を挙げて此同盟に加はるであらう。

この論は、仏教と回教の連鎖とは何かを問う以前に、「日支の親善」の取り上げ方からして安易である。これに対して、大谷光瑞の「帝国の危機」[5]は、「日支親善」こそが「至難」でありその実現のためには、「亜細亜主義」が必要だというのであった。彼は戦後の外患を、第一には海軍大軍拡を企てているアメリカの圧力に、第二には騒乱の止まない中国情勢のなかにみるのであり、それに対して「亜細亜主義は外患を治する妙用なり」とし、「大亜細亜主義の基礎の上に立ち、支那の完全なる独立をなさし」め、それによる「日支親善」でアメリカに対抗するというのが、彼が描いた構想であった。

その「亜細亜主義」については、「亜細亜人の平和と福祉を増進せしめ、他国の来て亜細亜を侵凌暴虐をなさんとするを禦ぐなり」としか述べられていないが、アジアの他の地域に問題を広げず、従来の親善を「虚偽の親善」として、より多く日本人の反省を求めるという姿勢を持つものであった。

この大谷の論を意識し、アジア主義を「欧米勢力を亜細亜に拒絶して、亜細亜人の亜細亜を建立せんとする」ものとして再規定しようとしたのが、若宮卯之助の「大亜細亜主義とは何ぞや」(6)であった。彼はまず「大アジア主義の建立を促さんとする間接の原因は、西洋文明の甚だ恃むに足らざる事、言ひ換へれば、其の一面に於て貪欲を性と為し、掠奪を主義と為して居る西洋文明の現実暴露である」とする。

西洋文明の精神は掠奪である、自然界の掠奪を移して直に之を人間界に用ふるは西洋文明の手段である。西洋文明は国民的暴利主義に依って他国を掠奪するが如く、集中的資本主義に依って労働階級を掠奪するを其の特色と為すものである。此に西洋文明の破綻がある。(中略)我が大亜細亜主義は此の弱点多き西洋文明に対抗して特殊の存立を保つもので無くてはならず、若くは之を凌駕して其の上に出づるもので無くてはならぬ。

こうした西洋文明への批判は、戦争そのものを防止出来なかったばかりでなく、新兵器による大量破壊を続けているという現実への批判を基底とするものであり、この点については、「彼等は現に此の驚異すべき発明と絶大なる組織と、他の多くの貴重なる物とを挙げて、悉く之を欧州自殺の大馬鹿骨頂の大戦争の犠牲に捧げて居るのである」と述べられている。

さらに彼は、「大亜細亜主義の建立を促さんとする直接の原因は、言うまでも無く、西洋勢力の亜細亜に対する不法なる包囲攻撃である」というが、その「攻撃」とは、「西洋人は苟も其の西洋的勢力の及ぶ限りに於て、飽くまで亜細亜人を排斥し尽くして必ず其の未来を奪はんとする」というような人種差別を指すものであった。そして大谷がアメリカとの対抗に力点を置いたのに対して、イギリスを主たる対象とし、「我が大亜細亜主義実現の予備条件は実に印度の管轄換である」として、イギリスから印度を切り離すことにアジア主義の未来を見ようとしていた。

それは表面では、アジアでの優越した地位を確立したと考え、インドにも関心を広げていた第一次大戦下の気分を現してはいたが、その底部は、人種的差別とくにアメリカにおける日本人移民排撃運動の拡大に対する不満や苛立ちが日本社会に充満していることに基礎をおくものであった。

日本政府もパリ講和会議において、人種差別撤廃の趣旨を国際聯盟規約のなかに取り入れることを提議して、こうした国内の不満に応えようとしていた。しかしこの提案は結局否決されてしまったばかりでなく、アメリカは聯盟に加盟せず、聯盟によってアメリカを拘束しようとする構想そのものが成り立たないこととなった。

講和会議を振り返って長島隆二は、「此の間に於て列国は各々其の立場々々に依って自ら守る策を立て、或いは将来相争ふの地歩を固むるに努めたけれども、日本は反対に世界の大勢から落伍し、東洋に於ては今日迄固め来った特殊の地位を失ひ、孤影煢然として東洋の一角に孤立するに至った」(7)と述べているが、その「孤立」の上に、アメリカの日本人移民排斥運動がさらに大きくのしかかってくることになるのであった。

第一次大戦直前の一九一三年に、カリフォルニア州で「アメリカの市民となることを得ない外国人」（当時帰化は白人とアフリカ人およびその子孫にしか認められておらず、日本人もこのなかに含まれる）の土地所有と三年以上の土地賃貸を認めないとの法律が制定されたのが「排日土地法」の最初であったが、大戦後にはこうした動きが各地に広がった。一九年にカリフォルニアでより強化された「排日土地法」が制定されると、翌年にはワシントン州、さらに二一年から二二年にかけては、西北部十一州で同様な法律が制定され、やがて連邦政府をも動かすこととなる。そして一九二四年には、それ以前から禁止していた日本人以外のアジア人に加えて、日本人の移民をも全面的に禁止する新移民法が連邦議会を通過成立した。

このことは、日本社会に大きな衝撃を与え、さまざまな反対運動が展開された。そしてその中で、大戦後忘れられた感のあったアジア主義が、再登場してくるのであり、それを先導したのは、雑誌『日本及日本人』であった。同誌二四（大正一三）年五月一日号は、社説ともいうべき「東西南北」欄に、「米国の暴戻に対する全亜細亜民族的興奮」という大見出しを立て、次の五月十五日号は、同欄を「眠れる大亜細亜の覚醒と白色侵掠の拒否」と題するとともに、「対米公憤号」として、二一本の関連論文を並べた。以後も「亜細亜主義」「亜細亜聯盟」「東亜」など題名にアジアを含む論文を、六月一日号六本、六月十五日号二本、九月一日号一本と掲載した後、十月五日の秋季増刊号には「大亜細亜主義」の特集として実に長短合わせて五十本の論文を集めている。

この他にも、大石正巳「アジア民族の総同盟を策せよ」（『太陽』二四年六月）、アール・ビー・ボース「東洋人聯盟の目標」（『改造』二四年六月）などがあるが、同時に『改造』二四年六月号には「東洋人聯盟批判」、『中央公論』二四年八月号には「米国の排日立法によって惹起された我国民の排外的気分の批判」という小特集が企画されている。

ところでここでの「亜細亜主義」「亜細亜聯盟」の前提となっているのは、アメリカが「先ず、印度人、支那人の帰化権と移住とを禁止し、遂には、日本民族の帰化権と移住とを絶対に不可能ならしめんとしている」ことは、「全亜細亜人種全体に関する重大な問題」だという認識である。そしてそれに基づいて、「支那、印度を味方として強力なる有色人聯盟を組織し、吾々有色人種の共同の敵たる白人種に対抗しなければならぬ」という主張を打ち出してくることとなる（前掲大石論文）。

ではそうした聯盟によって何をするのかといえば、この論文では、世界的な与論を形成して国際聯盟に提訴することが考えられている。アメリカは聯盟に加盟していないけれど、聯盟の審判に異議を唱えることは出来ないだろうというのである。しかしこのやり方が有効であるかどうかは疑問であり、一般的にいって、アメリカの移民政策を変えさせる決め手は見出だしがたい。そこで「亜細亜聯盟」論は、移民問題を離れて、白人に対する人種的結合の方向へ転じて行くこととなる。そのうち最も過激なものは次のように言う。[8]

吾人は亜細亜人の名において、亜細亜大陸より白色人の撤退せんことを要求す。（中略）無限の富源を有する米大陸を以って白人占有の享楽地とし、すべての有色人をしてこの地より去らしめんとする一方において、白色人種は自由に奔放に有色人種の郷土を荒らし、富源の分配に後れざらんことを競争す。天下豈斯くの如き横暴あらんや。斯くの如き不合理あらんや。

しかしこうした白人追い出し論は少数であり、他方では「亜細亜はたゞ奪はれたる権利を奪ひ還へして自立」すればよく「決して白人に対して鎖国を行はんとするものではない」[9]、「アメリカに於ける排日問題は正義人道の上から見て世界の痛恨事ではあるが、これをもって直ちに黄色人種対白色人種の抗争の一端と見るが如きは、問題の核心に触れない浅薄な見解だ」[10]、「亜細亜聯盟の動機は決して亜米利加の排日や欧羅巴の侵略主義に対する復讐であってはならぬ」[11]などといった人種論的観点に批判的な意見も有力であった。

結局のところ、ここでの「亜細亜主義・亜細亜聯盟論」の多くは、アジア諸民族の結合によるアジアの強化という問題を主張の中心に据えることになる。そしてその強化の方法を巡ってさまざまな論議が展開された。その一つは政治・社会的観点を基礎とするものであり、次のような例をあげることができる。[12]

亜細亜の独立、亜細亜の振興は印度を度外しては行はれぬ。印度の革命が行はるゝならば、支那の独立と改革も容易に行はれる。亜細亜に於て日本と支那と印度と相提携して進めば、世界に影響する所の働を為す事も出来る。将来はドウしてもこの三国が中心となって亜細亜の聯盟を策し、東洋の文化を以て西洋に対さねばならぬ。そしてそれには世界に向って人類平等、差別待遇撤廃を要求し、国際間の正義を主張する関係上、ドウしてもこの亜細亜聯盟の基調は之を階級打破に置かねばならぬ。

それは、「東洋の各国は先ず自国に於て社会的正義を徹底せしめ、各人の生存の権利を遂行させなくてはならぬ」「日本人は全亜細亜同盟を策する前に、深く深く反省して先ずその精神生活の根本的改造を行はなくてはならぬ」[13]といった主張と結び付き、さらには国家改造と対外発展を不可分のものとする新しい国家主義の流れに加わるものであったかもしれない。しかしアジアという観点からすれば、階級打破・社会正義・生存の権利といった内向きの課題によって、アジア諸民族を結び付けることは困難だということになろう。

そこでアジア主義論の多くは、西洋＝物質文明対東洋＝精神文明という図式を出発点としながら（必ずしもそれに賛成というわけではないが）、西洋文明の害悪を強調し、それに代わる東洋文明の価値とその再建を訴えるという構造を持つことになる。そして東洋文明の再建という課題が、アジア諸民族結合の核になるというわけであった。しかし西洋文明に対しては「暴力」「戦争」などの点からさまざまな批判がなされるのであるが、では東洋文明はどのように再建されるのかという点になると、答えは甚だ曖昧になってくる。例えば、儒教の「王道」を取り出してきて、「此天人地の大精神を一貫して立つ王者王道とは何を意味するかと云へば、矢張り全東洋を貫き覆ふ偉大なる仏心の体験発露と云ふべきである」などという理解困難な言説も登場する。さらにこの論[14]は、ガンディも王道論者にしたうえで、「印度人は支那の王道主義政治の換骨をなし、支那人は印度人の個人や国家や民族をも超越せし、あの大仏道に真実に帰順すべし」と続くのであるが、この不可解さは、東洋を一つにまとめた文明を考えることの難しさを物語るものであろう。しかしそのような東洋文明を考える以前の問題として、日本とアジア諸民族との結合の可能性はあるのかという疑問が出されていた。さきの『日本及日本人』の「大亜細亜主義」特集号も、反対論者の意見をも掲載しており、志賀重昂、信夫淳平らが反対論を述べているが、さらに「次第不同」とあるから順序に意味がないとしても、巻頭に「大亜細亜主義なるものは本質的にいっても又便宜的にいっても成り立たないと私は思ふ」という殷汝耕の「大亜細亜主義とは何ぞや」を載せているのが面白い。

そしてそこで殷は、「大亜細亜主義を高唱する人々と雖もいざ之が実行といふに考へ及ぶ時、其実日支提携に落ち着いて夫れ以上一歩も道む事が出来ぬ」と痛い所を突いている。つまり日本の「大亜細亜主義者」は安南にしろ印度にしろ中国以外には提携の手掛かりを持っていないではないか、それなら「大亜細亜主義」などというこけおどしの看板は降ろした方がよいというわけである。しかもその唯一の提携相手の中国に対しても、「驕慢度し難き態度」でアジアの盟主などと称しており、我々中国人は「日本人の口から指導統率と聞く」だけで「異様の不快感」を抱かざるを得ず「此の調子で行っては到底（アジア）聯盟は出来る見込はない」と殷は批判する。

この点では、志賀重昂の意見も同様であり、この特集に寄せた「見込無き亜細亜聯盟《日本が亜細亜聯盟を首倡すれば日本の自殺》」で、次のように述べている。

亜細亜州に於て……日本が提携し得べき国は、支那を措いて他には之を見出すことが出来ぬ……併し乍ら此の唯一の支那との提携に就いても、従来日本が支那に対して取っていた、さうして現在に於ても盛んに取りつゝある失礼千万な態度……を深く猛省して、徹底的に自らその非を悔いるにあらざれば到底不可能に属する。

この時期の中国では、排日運動が一層の展開を見せており、批判者の言うごとく、「亜細亜聯盟」の条件など全く見出すことが出来なかった。中国ではこの前年、一九二三年にはいわゆる二十一箇条条約がなければ、遼東半島租借権が満期になることから、「旅順・大連回収運動」が展開され、二四年になると、一月には広州で開かれた中国国民党第一回全国代表大会で国共合作が成立、五月には中ソ国交回復協定が調印されたのに対して、二五年に入ると日本資本家の中国人労働者弾圧に抗議する五・三〇運動が勃発するというように、中ソ関係が改善されるなかで、日中関係は悪化するという状況が進行していた。

アメリカの「排日移民法」を契機に盛り上がったアジア主義論は、人種論的観点から文明論的観点へと展開されたが、その壮大な構想を実現する現実的条件は存在せず、急速に消滅する運命にあったといえる。しかしこうした状況のもとで二四年十一月に来日した孫文が、「大アジア主義」に関する講演を行ったことは、日本人からは中国にもアジア主義に同調する可能性があることを示すものとして受け取られたであろう。

孫文の主張は、『改造』二五年一月号に掲載された「大亜細亜主義の意義」によれば、西洋の文化を「武力的文化」＝「覇道」、東洋の文化を仁義道徳によって人を感化する「王道」と対比し、王道に基ずくアジア民族の団結を求めるものであった。そして日本に対して次のような問題を投げ掛けて結んでいる。

日本民族は既に欧米覇道の文化に到達したのであるが、亜細亜王道の本質をも有している。今日以後に於て、日本が世界文化の前途に対して西方覇道の猟犬となるか、或ひは東方王道の干城となるかは、諸君日本人が慎重に考慮してその一を選ぶべきである。

しかし当時の日本人の多数は「武力」を民族発展の基礎としており、このような選択に関心を抱いた形跡はない。むしろ中国人をも引き付け得る点で「王道」に注目し、さらにそれに類するものとして「大同」をもとりあげたのではなかったであろうか。さきの殷汝耕論文は、「仁を本として個人と個人、団体と団体との闘争を絶たしめ、現在の世界を挙げて永久平和の殿堂、人類愛の道場たらしめ」る「世界大同主義」を唱えていた。

中国との関係の再建を前提としなければならなくなったアジア主義者にとって、「王道」「大同」を基礎として中国人の同調を得られるアジア文明論を構築することは、魅力的な課題であったに違いない。しかもそれは物質文化という面からだけでなく、政治文化の面からも欧米を否定することを可能にすると考えられた。

時流に敏感な評論家・室伏高信が、アジア主義の陣営に投じたのも、この様な観点からであったと思われる。彼は二六年五月号の『改造』に掲載された「亜細亜主義の勝利」においては、これまでの西洋文明＝物質文明という見方を排して、「西洋文明は一つの政治的、経済的、並に精神的文明であ」り、そのそれぞれの面で行詰まっていることを論じた。そしてとくに「近代欧羅巴の政治は民主政治に始まって独裁政治に終りつゝある」として「政治的民主主義の失敗」を強調している。さらにここではまだ抽象的にしか語られていない「亜細亜主義」の内容については、同年十二月から分冊の形で著書『亜細亜主義』の刊行を始めるのであるが、第一冊「欧羅巴的から亜細亜的へ」、第二冊「王道の思想」、第三冊「大同の理想」という題名からその内容をうかがうことが出来よう。[15]

アジア主義はここで、モンロー主義的アジア主義、人種論的アジア主義、文明論的アジア主義に、王道的アジア主義を加えたことになるが、それはまたアジア主義の帰結点を示すものでもあった。「王道」がまさに満洲国のイデオロギーとなったことに象徴されるように、アジア主義は「親日派」をつくり出すことを目標としながら、やがて戦争に向かって動き出した現実政治に追随して行くことになるのであり、そこではもはや新たな展開の可能性は失われたといってよいであろう。

## おわりに

満洲国をめぐって、日本が国際聯盟から脱退したすぐ後の時点で、横田喜三郎は『中央公論』一九三三（昭和八）年七月号に寄せた「アジア・モンロー主義批判」を次のような文章で書き起こしている。

> 満洲事件が起こるに及んで、急に、日本の言論界にアジア・モンロー主義の声が起った。いよいよ国際聯盟から脱退することに決定されると、今後の外交の指導原則として、アジア・モンロー主義を主張すべしとの論が盛になった。今、現に、盛である。

そしてそこでのアジア・モンロー主義の内容は、日本がアジアにおいて特殊権益を持ち、それを保障するために「一般には認められない特別の干渉を行ひ得る」ことや、「アジアの問題に関して、特に、その紛争に関して、ヨーロッパやアメリカの干渉を排斥」することを主張するものだとして、それは本来のモンロー主義の性格とは異なるものだと批判するのである。それはさらに言えば、すでにみたような第一次大戦期のアジア・モンロー主義からみても、逸脱であろう。

なぜそのようなことが起るかといえば、どのアジア主義の場合にも、国家の行動を規制するような原則を立てることが出来ず、逆に国家の要求を押し付けられてしまったからであり、それをさらにアジアの人々に押し付ける役割を果たす結果となるのであった。王道の場合も、王道とは何を為し何を拒否することなのかが明らかにされないままに、日本の擁護が王道であるかのごとく強弁されてしまったように思われるのである。

結局、日本のアジア主義は、アジアに対する日本の要求や期待を表明する段階を容易に抜け出すことが出来ず、従ってアジアとの提携の道を豊かにし、アジアに対する認識を深めるという点では、さしたる成果を挙げ得なかったといわねばならないであろう。そしてそれは、強力な国家をつくることが文明であるとするような、近代日本人の文明観の問題に連なっている筈である。

(1)「アジア主義の展望」『現代日本思想体系9　アジア主義』(筑摩書房、一九六三年)所収、一二頁。
(2) 同前、一四頁。
(3) 同前、一二頁。
(4)『日本及日本人』六七四号、一九一六年二月十一日発行。
(5)『中央公論』一九一七年三月号。
(6) 同前、一九一七年四月号。
(7)「日本の講和外交」『太陽』第二五巻一〇号、一九一九年七月一日発行。
(8)「東西南北」『日本及日本人』一九二四年五月十五日号。
(9) 満川亀太郎「明日の亜細亜問題」『日本及日本人』一九二四年六月一日号。
(10) 石坂養平「亜細亜文明の新生の為めに」『日本及日本人』一九二四年十月五日号。
(11) 和田三郎「亜細亜聯盟の基調」同前。
(12) 和田三郎「亜細亜聯盟の基調」同前。
(13) 片山孤村「盟主の資格」同前。
(14) 片山江村「吾人の大亜細亜主義」『日本及日本人』一九二四年六月一日号。
(15) 第一冊、一九二六年十二月十八日発行。第二冊、二七年一月二十一日発行。第三冊、二七年三月八日発行。批評社。二七年四月には第一冊の章名を「光は東より」と変更、第三冊の後ろに「小国寡民の思想」「亜細亜精神について」が加筆され、『光は東より』という一冊の著書にまとめられている。『室伏高信全集Ⅲ』(一九三七年九月、青年書房)所収。

## [11] 初期アジア主義についての史的考察(1)　序章　アジア主義とはなにか

狭間　直樹

『東亜』四一〇号、六八―七七頁、抄録

二十一世紀において、世界に占めるアジアの比重がいや増すであろうことは、だれしもの予想するところであろう。かつてアジア主義なるものがさかんに唱えられたことは、比較的よく知られたことではないかと思う。西洋文明を軸とする地球世界の近代的再編の段階において、アジア主義の誕生は不可避なものだった。ということは、それの誕生と変遷そのものの内に、近代におけるアジア、とくに東アジア〝文明〟圏の特質のある一面が映し出されていたということなのである。(1) 敗戦前のわが国において重要な思想潮流でありつづけたアジア主義を、歴史的に考察しておくことの必要性は、新しい世紀を迎えた今、より大きくなっていると考えられる。

### 一、アジア主義の成立基盤

現在では、アジアの地理的概念はだれしもにとって、疑問の余地なく明白なものであろう。それは、地球儀や世界地図などはもちろんのこととして、人工衛星から見た画像によっても、日々に人々の脳裏に焼き付けられている。しかし、地球を五大洲に区分して全的に把握するという世界認識の方法は、その出発点を大航海時代にまで遡りうるにしても、実際的には近代におけるヨーロッパの世界支配とともに始まり、ここ一、二世紀の間に定着したものなのである。

有史以来、地球上のそれぞれの地域は自分たちを中心とするそれぞれの〝世界《コスモス》〟をもっていた。辞典的知識によれば、アジアの語源は、アッシリア語のアスー（assu, 日の出、の意）、そしてヨーロッパの語源は、セム語のエレブ（ereb, 暗いあるいは日没、の意）から出たものだという。つまり、古代文明の中心である〝オリエント世界〟からして、日の没するところ（ギリシャの地域）がヨーロッパであり、それと相関する概念として日の昇るところ（アッシリアの地域）としてのアジアがあった。古代文明の中心である〝オリエント世界〟と、それに区別される〝暗い〟地域との区分が、今の地理的概念に拡大して用いられるようになったのである。

ゆえに、アフリカ洲・南北アメリカ洲・オセアニア洲が明確に他から区分された地形を持つものであるのにたいし、ユーラシア大陸だけは地上の線引きによって、アジア洲とヨーロッパ洲に分けられているのである。というより、両洲を載せる大陸が地形的には一つのものであることが自明なので、地理学的にユーラシアなる合成名称が必要になったわけなのである。

よく知られているように、近代以前の日本人にとって、世界はヤマト（大和）・カラ（唐）・テンジク（天竺）であり、中国人にとってのそれは即中華〝世界〟のことにほかならなかった。有名な話だが、清末の最高の知識人の一人である梁啓超でさえ、十八歳の時（一八九〇年）に上海で『瀛環志略』を買って読み、そこで初めて世界には「五大洲と諸国があることを知った」という。(2) 徐継畬の撰にかかる『瀛環志略』は、幕末の日本で翻刻され、魏源の『海国図志』とともに、維新に大きな影響をあたえた書物なのだが、他地域・他文明と対比して自己を相対化する過程において、〝アジア〟認識が明確化していったのである。

つまり、中国や日本がアジアの一員であるとの意識を持つにいたるのは、ヨーロッパ人が非ヨーロッパ人、ないし非キリスト教徒居住地域（ユーラシア大陸の東方部分）をアジアと区分し、近東からはじめて、しだいに極東にまでつぎつぎと圧迫をくわえてきたからである。ここにヨーロッパの進出（侵略）に迫られ自らの存在を認識させられたことにより、近代における〝アジア〟の概念が生み出されたのだった。その結果として、〝ヨーロッパ主義〟なるものの内容が問われることがないままに、ヨーロッパに対抗的に自らの存立を主張する〝アジア主義〟が形成されることとなった。日本や中国にとってのアジア主義の立脚基盤は、このように世界史の一定の発展段階とふかく結びついて誕生したものだったのである。

アジア主義が先進的なヨーロッパのアジアへの進出（侵略）と結びついたものだったとしたら、その根抵において必然的にヨーロッパに対抗しようとする思想的〝対立〟構造を内包するものとなるであろう。その〝対立〟権造の一方の極は、アジアの地縁的・文化的同質性における提携・連帯となるであろう。くわえて、進出（侵略）の結果としての滅亡を免れるためには、アジアはヨーロッパの先進性（富強）を摂取せねばならない。つまりアジアの側は、ヨーロッパにたいする地理的・空間的な対抗関係という基盤のうえに、ヨーロッパのもつ富強を将来において達成しようとする〝追随〟的路線を歩まねばならなかった。アジア主義は、そのような錯綜した二重の関係性のうえに、形成されねばならないものだったのである。

かくして、ヨーロッパに対抗し、団結・提携しようとする興亜の主義、いわゆるアジア主義が登場することになるが、このときに唱えられた団結・提携は、論理的にも実際的にも、アジア内部における対等の関係を前提にしたものでなければならなかった。出発点におけるアジア主義はこのようなものだったのである。

ところで、富強追求の路線においては、アジア諸国の団結・提携を維持しつつ、その路線をすすむのかどうかの問題が出てくる。したがって、早くに「維新」を達成した日本において「脱亜」による先駆けの論が唱えられたのは、ある意味で自然なことだった。問題は、先駆者が抑圧者になりかわるのかどうかにあったはずだが、日本のアジア主義はアジア諸国対等の団結・提携をなげすてて、基本的に日本の優越を軸にしてその進出（侵略）を支えるものになりかわっていくことになる。

## 二、アジア主義史の時期区分

アジア主義の史的展開の表面的な終末が、日本の「大東亜戦争」すなわち第二次世界大戦の敗北にあることは、ほぼ認められているのではないかと思う。しかし、その出発点をどこから説きおこすかはいささか難しい問題であろう。近代における西力東漸を発生基盤と位置づける本稿の立場からすれば、幕末における吉田松陰の海外雄飛論などから始めることも一つの方法である。しかし本稿では、そのような思想史的なアプローチをしばらく置き、明治十三（一八八〇）年のアジアの提携振興をめざす団体、興亜会の成立から始めることとする。そして、最初にその中心人物の一人である曽根俊虎と、興亜会の準備的組織の位置にある振亜社について考察をくわえることにする。ちなみに、興亜会はアジア全体を視野におさめて構想されたものだったが、実質は中国との関係を主とするものだった。くわえて、筆者の力量の問題もあって、本稿の考察が中国を中心としたものになることを、はじめにお断りしておく。

一八八〇年から一九四五年の敗戦まで、六十五年間のアジア主義の歴史を、本稿では、初期・中期・晩期の三時期に区分することにする。初期には、国家（とくに日清両国）間の関係が基本的に対等だったものが、中期には、列強間の協調の枠をまもりながら日本の優越を軸とするものに変わり、晩期には、日本を頂点とし日本の利益だけをめざすもの（その点では本来のアジア主義の本質を失っているのだが）へと変わっていく。

このような三時期の劃期は、大きくは政治状況の変化に対応したものである。初期から中期への劃期は一九〇〇年、義和団事件と八カ国連合軍の共同出兵である。その直前から始まっていた租借地獲得、勢力範囲分割（瓜分）合戦は、共同出兵と北京議定書（辛丑条約）締結で新段階をむかえ、日英同盟、ロシアの満州占拠、日露戦争へと推移していく。日清戦争という両国関係の根本的変化をもたらした大事件を劃期とせぬことを不審に思われるかもしれないので、具体的な説明はのちに譲ってここで一言断れば、アジア主義の変容には、他の諸事象と若干のタイムラグがあったのであって、そこに東アジア史の文明史的特色の一面を見ることになるだろう。

中期から晩期への移行の時期は、一九二八年の第二次山東出兵にもとめたい。このとき、在留邦人の安全のための緊急「自衛」措置として、出兵が現実に行われ、そこから済南事変の発生となったのだった。日本は国際法を無視して、みずからが必要とする場で、必要とする時に、中国にたいして「事変」と称する戦争を行い始めたのである。

これは日本の対華政策の質的飛躍を示すもので、列強との協調をも放棄してみずからの利益を求めようとしたものだった。一九三一年の「満州事変」と称する東北地方占領と傀儡国家の建設、一九三七年の「北支事変」から「支那事変」と称する全面戦争への突入はその延長線上にあった。このような状況下において、団結・提携をもとめるアジア主義が、ほとんど実質的な意味をもたぬ、コトバだけのものと化したことは、言うまでもない。

（中略）

四、アジア主義と大アジア主義

ここで本稿でのアジア主義の用語法について、説明しておこう。同類の語に大アジア主義、汎アジア主義がある。汎アジア主義の「汎」は Pan の訳語、その使用範囲は帝国主義的政策の方向へと限定的なのにたいし、大アジア主義はかなり無限定に使われてきた。

つまり、アジア主義と大アジア主義なる二つの術語は、「大」の字の有無にかかわらず、人によりさまざまに用いられてきたのであって、両者を区別しうる明確な語義的境界はない。したがって、竹内好氏が前掲の文章で、「大アジア主義」とよぼうと、「汎アジア主義」とよぼうと、その他何とよぼうと、その間に区別を認めることなく、全部一括して「アジア主義」とするとされるのは、一つの見識なのである。

しかし前述したように、同じくアジア主義と言っても、ヨーロッパへの対抗、アジアの振興という点での共通性はもちながら、富強追求路線においては、アジア諸国との対等の関係を前提とした提携路線をあゆもうとするものと、日本の優越を前提とした提携（即抑圧）路線をすすもうとするものとの区別があったことは、けっして否定することのできない歴史的な事実なのである。しかも、それら両者は上述の三時期に、どちらもがさまざまなバイアスをともなって登場しているのである。

ゆえに本稿では、前者すなわち対等の関係を前提とするものには、「大」の字のつかない「アジア主義」の語をもちい、後者すなわち日本の優越を前提とするものには「大アジア主義」の語をもちいることにする。つまり、「大アジア主義」の語を「汎アジア主義」とほぼ向じ内容に限定して使おうというのである。そして、本稿の題目に見られるように、両者を「アジア主義」でくくることにする。

この措置は、言うまでもなく、あくまで一つの術語が同一の文章中で場所によりちがった内容のものとして使われることから生じる誤解を、避けんがためのものにすぎない。もちろん、原作者の用法を変えることはしないから、それで混乱が生じうる場合には、適宜限定的な説明をくわえることにする。たとえば、原作者が「アジア主義」と言っても後者の場合なら「大アジア主義」的な「アジア主義」といった説明をくわえる。逆に、「大アジア主義」と言っても、前者の場合なら広義の大アジア主義と修飾することにより、原作者の用法と本稿での用語の統一をはかることにする。広義の大アジア主義の用例として、孫文が一九二四年に神戸で行った演説の題目「大アジア主義」はよく知られていようし、前掲の趙軍『大アジア主義と中国』なる書名での用法もその一例である。

（1）西洋近代文明との接触受容による東アジア〝世界〟の変容については、拙編『西洋近代文明と中華世界』（京都大学学術出版会、二〇〇一年）を参照されたい。
（2）梁啓超「三十自述」『飲冰室合集』文集、巻十一、十六頁。

『近代日本のアジア認識』三九五―四四〇頁、抄録

## ［12］東西文明論と日中の論壇

石川　禎浩

### はじめに

シュペングラー（Oswald Spengler, 一八八〇―一九三六）の『西洋の没落』によって、西洋にみなもとを発するいわゆる「文明史観」が第一次世界大戦期に大きな衝撃をうけたことはよく知られている。だが、かれの思惟は当時の世界において決して孤立したものではなく、いわゆる西洋文明にたいする危機意識は洋の東西を問わず、なかば

共有されていた。『西洋の没落』に先だつこと五年、奇しくも『欧洲文明の没落』（遠藤吉三郎著、富山房、一九一四年）なる奇書が日本において物議をかもしていたことはその一端を物語っている。文明史的にいって、もっとも進んでいると目された欧州の文明各国が大戦において、ほかならぬその「文明の利器」によって未曾有の惨禍をもたらされたことは、西洋のみならず、その「文明」の摂取に使命を見いだしていた非西洋の国々の知識人に再考をうながしたのである。

もちろん、西洋文明を崇高無上のものとする文明開化時期以来の認識は、日本人が東洋の代表者をもって自ら任じ、東西両文明の融合に資することこそ「国民的使命」[1]だと意識しはじめた日清、日露両戦争の時期において、すでに揺らぎをみせていたといえる。しかし、西洋文明の母胎たる欧州でのいつ果てるとも知れない大戦によって、東西文明の根本的見直し論がいよいよ勢いよく噴出する場をあたえられたことは、誰の目にもあきらかであった。

一方、中国においても、欧州大戦はその軍事的勝敗の帰趨をこえて、西洋文明そのものへの再検討をうながした。一九一五年から二〇年代をつうじて、断続的に続いたいわゆる「東西文化問題論戦」がそれである。落後の烙印を押されつつあった中国文明に代表される東洋文明は、西洋文明が危殆に瀕している状況を前になんらかの寄与をなしうるのか。いいかえれば、東洋文明には西洋文明の病弊を救い、それにとってかわりうる優越性があるのか、または両文明が相互補完的に融和されうるのかが大々的に論じられたのである。そして、その議論は東西文明とはそもそも何なのかという根源的な問いをはらみつつ、他方中国が取るべき道（「欧化」か「国粋」か、はたまたその調和か）をどこに求めるかというきわめて政治的な色彩を帯びながら展開されていった。[2]

（中略）

## 四　日中における東西文明認識の位相——むすびにかえて——

第一次大戦を契機として、大正デモクラシーの思想の内部には、吉野作造や福田徳三、大山郁夫にみられるように、近代西欧文明にたいする批判的省察がおもに国内における既成の社会秩序の階級的批判と連動して登場する。いわば、それは日本国内に目をむけ、硬直しつつある西洋文明にたいして批判をくわえながら、それを超克せんとする西欧の戦後潮流に共鳴しようとするコスモポリタンな視点をあくまでも保持しつづけるものであった。これにたいし東西文明融合論は、その壮志とはうらはらに日本中心主義におちいる危険性を多分に内包していたといわざるをえない。

第一次大戦前後に日本で再燃した東西文明論は、近代化に成功した日本による両文明の融合という基調をもっていたが、それはおりから高まりをみせた、いわゆる「アジア主義」に格好の理論的材料を供給するものであった。さらに、東西文明論は両文明の比較研究の域にとどまるよう自制するものではなく、つねに「アジア主義」を念頭においた東西文明融合論へと展開していく志向を有していたといえるだろう。これよりあと、『日本及日本人』が一九二四年秋季増刊として『大亜細亜主義』特集を組んでそのなかで疾呼したように、日本による東西文明融合の結果としてうまれるべき新文明体制をアジアに確立すること、それこそが「アジア主義」であり、その萌芽はすでに「東西文明論」のうちに見いだすことができるのである。

日本の東西文明論はそもそも出発点で、一方で西洋文明とそれに依拠する国際情勢の認識に異をとなえ、他方その西洋文明に抑圧され沈滞するままにあったインド、中国にたいする心理的優越感のうえに漠として構想されたものであった。ここで注意しなければならないのは、その構想において、明治維新以来の外来文化受容のなかで、「文明」なる訳語に包摂されたふたつの語義が西洋とアジアとにむかって、無意識のうちに都合よく振り分けられていたという事実である。つまり、西洋にたいしては、前章でのべたように西洋以外の地域で歴史的に形成された精神的、物質文化をも多元論的に「文明」と評価する明治後半以降の用法をもって、西洋を頂点とする一元的文明観を排しながら、他方アジアにたいしては、明治以来の日本の文明化＝「欧化」(日本によるアジア指導の根拠)が逆に暗に肯定され、大隈において顕著なように、「文明の低い」アジアの「文明化」という用法、すなわち文明開化時期より引きずってきた「文明＝開化」という一元論的文明観の用法がなおも執拗に適用されているのである。それはアジアと西洋双方にたいして、日本の優位性をなんとか確認しようとする「文明」のダブル・スタンダードであった。そして、それを側面からささえるものが、地理学の大理論とされた地理的決定論、環境決定論から導き出される日本の使命論である。

したがって、東西文明融合論がアジアに向けられるとき、それが「文明」の発展段階説にもとづく「東亜の開導」の使命を日本にあたえることはその必然的帰結であったといってもよかろう。この意味で、東西文明融合論はまぎれもなく、日本の対アジア使命感である「アジア主義」を意識的に構成する一要素であった。前述の若宮卯之助や『文明の世』（博文館、一九一五年）を著して東西文明融合を唱えた浮田和民が、同時に「アジア主義」を掲げる論客であったということはそのもっとも典型的な例である。

もちろん「東西文明融合論」やそれに依拠する「アジア主義」のすべてが対外拡張へと短絡的につながると考えることは早計にすぎる。たとえば、金子筑水などは融合論をとなえながらも、「戦前に予想したやうな東西文明の統一といふが如き積極的大事業は、まだまだ前途遼遠であるとしか考へられない。……戦後に於ても我々は当分尚欧米の天地から来たる外来思想を追つて進まなければなるまい[3]」と述べていたし、また浮田和民の「新アジア主義」のごとく、徳富蘇峰の「アジアモンロー主義」を排してアジア諸民族の合意とその自治独立を非軍事的に支えることを提唱し、中国語に翻訳されて[4]好評を博したものもないではなかった。しかし、その浮田にしても「我国現在の進運は支那印度の文明を基礎としながら支那印度の覆轍を踏むまじと挙国一致して努力した結果に外ならぬ[5]」として、日本があくまで「アジアの保護者」の地位にあることを譲っていない以上、アジアはやはり低い「文明」の段階にあるがゆえに教導される対象であり、その東西文明融合論とはアジアの日本への同調にほかならなかった。

このことは、日本における東西文明論の刺激をうけて勃興した中国の東西文明論の展開に屈折した影響をおよぼした。たしかに、中国における東西文明研究は、本稿で見てきたように、日中間に存在した思想的連環を媒介として、その問題意識あるいは基盤を日本と共有してはいたが、結論として東西文明の融合による新文明の建設をうたう論は、前述の李大釗をのぞけばきわめて少なかった。本稿でふれた杜亜泉らのうたう「調和」の中身も、じつは中国文明による西洋文明の救済であったし、この時期の「調和論」はあくまで中国国内での新旧両思想のあいだに構想され(6)、それが東西両文明にまで拡大することはまれであった。むろん、中国での新旧思想なるものがほぼ東西両文明に対応するものであることは自明の理であるが、融合、調和がまさに新旧両思想を対象として叫ばれ、それが東西文明を対象としたものになりえなかったことの意味は検討されなければならない。

それ自体まさに東洋文明の本体にほかならないという中国のおかれた条件が、東西両文明の融合によるあらたな文明の創造という東西文明融合論のテーゼに論理的に整合しがたかったという事情もたしかにあろうが、それにもましてかれらにとっては、田中王堂が指摘したように、ともすれば机上の空論に流れかねない東西文明の調和、融合なるものよりも、むしろ上は国家体制の理念から下は個人、家族の倫理まで、ぬきがたい呪縛となっている伝統思想とそれへのアンチテーゼとしての西洋新思想への実際的なスタンスの設定こそが喫緊の課題であったと解釈することができよう。そして、本稿の問題意識からすれば、さらにいまひとつの理由として、かれらは「東西文明融合論」が容易に日本のアジアにおける文明史的指導地位の是認につながることを察知し、それがはなつ「アジア主義」の臭いに敏感に気づいていたといってよい。たとえば、前記の常乃悳は日本の東西文明論の経緯を見すえつつ、次のように述べていた。

……日本の多くの思想家や学者はもっか、ちょうど二隻の船にまたがる（東西文明双方に立脚する——引用者注）にさいし、ひたすら東西両文明の調和者たらんと欲している。かくして、かれらのいう調和なる目標をなしとげるために、まず先に東西文明の対立局面なるものをこしらえざるを得なくなった(7)。

また、例外的に融合論にたっていた李大釗にしてからが、中国人こそが両文明融合の責務を担うべきだとして、若宮の「大アジア主義」や先の浮田の「新アジア主義」にたいし、その中国にたいする視角が旧来の西洋のそれと変わらないことを強く批判しているのである(8)。

かくして中国の東西文明論は大きくいってふたつの相反する見解に帰着する。すなわち、Ⅰ中国固有の文明の精華による西洋文明の救済あるいは克服を唱えるか、あるいはⅡ西洋文明の流れを保留つきながら必然とするか、である。それは梁漱溟の『東西文化及其哲学』にたいする評価の分岐にほぼ対応するといってよいだろう。Ⅰについては、梁漱溟の『東西文化及其哲学』、およびそれへの支持者をその代表ということができる。一九一五年以来の東西文明論を批判的に概括して梁漱溟は、「ここに、東西文化を調和融通して新たな局面を開き、世界の新文化にしようとする諸家の考えが結局のところ曖昧模糊とした希望にすぎず、明確な結論ではないことがあきらかになった[9]」として融合論を却下する。かれによれば、人類の文化の根源によこたわる「尽きざる意欲（没尽的意欲 will）」の発現形態の違いが東西文明の相違を引き起こすものであり、それが、①外界の物質世界に向かってあらわれたもの、②内に向かい自己を修正することによって自己を他者と調和させて満足を得る方向にあらわれたもの、③自然界の法則に従うように発現し、それが自己否定的な方向であらわれたものが、それぞれ①西洋文化（直覚が理知を運用したもの）、②中国文化（理知が直覚を運用したもの）、③インド文化（理知が現量すなわち直接感覚を運用したもの）なのであった[10]。梁漱溟は西洋文化にたいして現時点では全般的に承受するとしながらも、中国文化を西洋文化よりも高度なものとして、人類は西洋文化爛熟ののち将来的には中国文化の方向に（さらにはインド文化の方向に——梁漱溟は現時点でただちにインド文化を採ることは自殺行為であるとする——）進むであろうと結論していた。「将来的には」と保留をつけてはいるが、中国文化の優位性を確認していることは明白である。

一方、Ⅱはさらに二つに分かれるといえる。すなわち、東洋文明なるものは古代的文明にほかならず、中国の当面の課題はあくまでも近代西洋文明の精神を吸収することにある、とする胡適、常乃悳らに代表される一派[11]と、近代西洋文明を世界史の普遍的発展段階の近代段階と考え（したがって中国文明も早晩西洋的発展をたどることを承認する）ながらも、近代西洋文明を資本主義文明とみなしてそれを超えた社会主義文明こそ全人類が進もうとする新文明であるとするいわゆるマルキストの一派である。この両派は近代西洋文明の性質とそれにたいする評価において差異はあるものの、東西文明間の相違を性質の差ではなく時間的な差であるとする一元的文明観においては一致していた。前者の見解は、さきの常乃悳の表現をかりれば、「……世界においては古代文明と近世文明があるのみで、東洋文明と西洋文明の違いはない。現代西洋文明は、世界的なものであり一民族のものではないし、進化の途上において必ず通るものであって、東洋人だからといって適用されないものではない」[12]というものであったし、また後者もその代表格である瞿秋白の「東西文化の差異は実際は時間的なものにすぎない。……時間的に遅いか早いかであって、性質上の違いではない」[13]という言葉にみられるように、一元的な進歩史観であることに変わりはなかった。東西文明の調和ということに関していうならば、先の梁漱溟と同様に、両者ともこれを否定していることはいうまでもあるまい。要するに中国論壇の趨勢は、梁漱溟ら中国文明擁護派の間では多元的な文明間における彼我の優劣判定に、また常乃悳、瞿秋白ら西洋化必然派の間では一元的進歩史観の高唱に限定されて、ついにその「文明」の次元を異にしたままの議論に終始し[14]、世界大の文明の行方に展開することはなかったのである。

その意味では、日本の文明論の基本的枠組みをうけいれた多くの中国知識人のなかにあって、その融合という構想にくみした李大釗の思想的営為は、文明論による唯物史観や革命ロシアの理解というかれ独自の思想的発展を生んだとはいえ、論壇ではなかば孤立したものであったといってよいだろう。また、かれにしても、その融合の内実はアジア主義の実態をめぐる警戒感ゆえに、日本のそれと交わることはなかったのである。

そして最後にひとつ、本稿の課題である日中の東西文明論のあいだに横たわっていた溝にかんしてつけ加えるならば、当時の日本の論壇から見た場合、中国が「東洋文明」あるいは「アジア文明」のまさに代表選手であり、日本もまたそれを自称する資格があるとされたのにたいして、中国から見た場合には、日本が必ずしも「東洋文明」「アジア文明」のなかにはいっていないということは注意されてもよいだろう。梁漱溟の『東西文化及其哲学』が日本の文明研究をふまえながら、西洋的文明としても東洋的文明としてもついに日本にふれなかったことはそれを端的に示していよう。また、これより先、日本通として鳴らした戴季陶ですら

いったい日本の文明とは何であるのか。日本の学者はせっせとこじつけや粉飾につとめているが、もし日本の歴史文献から、

中国、インド、欧米の文化をそっくり取り去ってしまったらどうなるか。思うに、裸にされた日本に残る固有の本質は南洋の蛮人なみのものであろう。[15]

と述べてはばからなかったように、日本が東洋文明になした、あるいはなしうる貢献は論の外であった。こうした認識はそののちも、「日本民族は、世界の文化創造の歴史上、なんらの位置も占めえないでいる」[16]という形で中国人の日本観の一底流を形成してしまうことになる。両者の溝は、「アジアはひとつ」、あるいは「同文同種」というアジア主義で埋められるほど浅いものではなかったといえよう。ましてや、多元的文明観をひろく東と西との間にのみ設定し、アジアにおいては日本による「文明」化を強要するような文明のダブル・スタンダードが受け入れられるはずもなかった。かくして、二〇年代にはいってさらに継続された中国の東西文化問題論戦において、茅原華山ら日本論壇の東西文明融合論はその痕跡を絶つことになるのである。

（1）日本における「国民的使命」のなかに占める「東西文明調和論」の位置づけとその評価については、松本三之介「国民的使命観の歴史的変遷」（『近代日本思想史講座』8、筑摩書房、一九六一年）が示唆に富むすぐれた研究である。

（2）中国における「東西文化問題論戦」については、陳崧編『五四前後東西文化問題論戦文選』（増訂本、中国社会科学出版社、一九八九年）が多くの関連資料を収録し、論戦の概要を紹介しており、有用である。また、清末より一九三〇年代にいたる中国の東西文明にたいする認識を概観したものとしては、曽楽山『中西文化和哲学争論史』（華東師範大学出版社、一九八七年）と、鄭師渠、史革新『近代中西文化論争的反思』（高等教育出版社、一九九一年）がある。五四時期先進知識人の論戦における役割を探求したものとして、後藤延子「李大釗の東西文化論――東西文化論争中の位置と思想史的意義」（『人文科学論集（信州大学）』一一号、一九七七年）、莫志斌「五四時期東西文化問題論戦中的陳独秀」（『湖南師大社科学報』一九八九年五期）、譚双泉「李大釗與〝五四〟前後東西文化論戦」（中共中央党史研究室科研局編『李大釗研究文集』中共党史出版社、一九九一年）、張盾「早期馬克思主義者與五四時期的〝東西文化之争〟」（『求是学刊』一九九二年一期）等がある。

（3）金子筑水「世界文明の基礎的傾向」（『新時代』三巻一号、一九一九年一月）。

（4）浮田和民「新亜細亜主義――東洋モンロー主義の新解釈」（『太陽』二四巻九号、一九一八年七月）。翻訳は高労（杜亜泉）訳

「新亜細亜主義」（『東方雑誌』一五巻一一号、一九一八年十一月）。

（5）浮田和民「東西文明の代表者——飛行家スミスと詩聖タゴール」（『太陽』二二巻九号、一九一六年七月）。

（6）新旧思想の調和にかんしては、丸山松幸「民国初年の調和論」（『関西大学中国文学会紀要』二号、一九六九年、前掲『中国近代の革命思想』所収）参照。

（7）前掲常乃悳「東方文明與西方文明」。

（8）李大釗「大亜細亜主義」（『甲寅』一九一七年四月十八日号）、「大亜細亜主義與新亜細亜主義」（『国民』一巻二号、一九一九年二月）。「大亜細亜主義」は、若宮卯之助「大亜細亜主義とは何ぞや」（『中央公論』一九一七年四月号）にたいして書かれた反論である。若宮論文の発表から半月ほどでこれが書かれていることは、李の日本論壇への注目ぶりをうかがわせるものである。

（9）前掲梁漱溟「東西文化及其哲学」一三頁。

（10）梁漱溟の『東西文化及其哲学』にかんする研究は枚挙にいとまがないが、ここでは総合的な研究として、木村英一「梁漱溟の思想——『東西文化及其哲学』について——」（『東亜人文学報』三巻三号、一九四四年一月）と Guy S. Alitto, *The Last Confucian : Liang Shu-ming and the Chinese Dilemma of Modernity*, University of California Press, Berkeley, 1979. をあげるにとどめる。

（11）胡適の東西文明にたいする認識は、「読梁漱溟先生的『東西文化及其哲学』」（『読書雑誌』八号、一九二三年四月）、あるいはやや時代はくだるが、前掲「我們対於西洋近代文明的態度」に明瞭に述べられている。

（12）前掲常乃悳「東方文明與西方文明」。

（13）屈維它（瞿秋白）「東方文化與世界革命」（『新青年』（季刊）第一期、一九二三年六月）。

（14）両者の東西文明観の基盤そのものの齟齬を「古今の別」と「中外の異」ととらえる見解もある。たとえば、鄭大華「〝古今之別〟與〝中外之異〟——五四東西文化論争反思之一——」（『江漢論壇』一九九二年第一期）。

（15）李陶「我的日本観」（『建設』一巻一号、一九一九年八月）。

（16）謝晋青『日本民族性研究』（東方文庫、商務印書館、一九二三年）二七頁。

## ［13］孫文と朝鮮問題

森　悦子

『孫文研究』一三号、一－二四頁、抄録

はじめに

植民地朝鮮の有力紙『東亜日報』創刊号には、内外の有力人士の題詞や祝辞、談話が多数掲載されている。なかでも孫文肉筆の「東亜日報出版　天下為公　孫文」の揮毫は、一段と大きなスペースがとられている。[1]

また、一九二一年『東亜日報』創刊一周年記念特集に、世界各国人士をピックアップして写真を掲げ、若干の解説を付けた「過去一年間の人事」[2]という特集記事がある。そこに登場する人物は二十三名、第一に日本の皇太子（昭和天皇）の訪欧、第二に朝鮮李王皇太子の嘉礼、十番目にレーニン、二十番目にクロポトキンなど、錚々たる顔ぶれがそろっているが、その意図として考えられるのは、創刊からの一年間、その紙面をにぎわした政治家、権力者、軍人といった人々ではなく、第一次世界大戦後の新動向・新思潮を起こした人々を再確認することにあったのであろう。そのなかに、中国人で選ばれたのは顧維鈞と孫文であった。

顧維鈞に付けられた解説が「十九、国際連盟常任理事にアジア諸国を代表して選ばれた中国駐英公使、顧維鈞氏」であり、孫文に対しては「二十三、中国の聯省政治を実行しようとする孫文氏」であった。顧維鈞が選ばれた理由が「アジア諸国を代表して」国際連盟に選ばれた点に重点があるのに対し、孫文の場合は中国南方にあって弱小勢力ながらも自らの主義（ここでは「聯省政治を実行」することになっているが、そのこと自体はこの場合問題ではない）を推進しようとした点にあるのは明らかである。つまり、中国情勢欄に連日のように名を連ねた徐世昌、段祺瑞、曹錕といった軍閥の首領を退けて、孫文を選出したことに『東亜日報』がその点で孫文を積極的に評価し、中国の将来をどこにみいだそうとしたかを見ることができよう。

朝鮮ジャーナリズムが孫文に寄せた期待は大きかった。また孫文にとっても二〇年代に入って、日本に援助を頼る姿勢を変化させ、新たな方向を模索しはじめたときに、中日の提携を妨げるものとして、朝鮮問題が浮上してきたのである。

（中略）

## 五．『東亜日報』の〝連盟論〟と孫文「大亜洲主義」講演

孫文の朝鮮問題への考え方を検討する、もう一つの方法として、孫文の「大亜洲主義」講演を激しく批判した『東亜日報』の〝連盟論〟の展開と変遷を追うというやり方が考えられる。それによって、両者の相違ばかりでなく、孫文の朝鮮問題への観点の特徴が明らかになるであろう。

『東亜日報』は創刊数月後から、すでに日本では盛んに唱えられていた大アジア主義、アジア連盟論を通じて、アジアをとらえなおすための模索をし始めていた。まず、孫文の「大亜洲主義」講演までに、『東亜日報』に掲載された大アジア主義やアジア連盟論に関連する主な社説、英文欄のタイトル名をあげておこう。

一九二〇年八月二六日（社説）「正義と人道のためにアジアを解放せよ」
一九二三年一月三日（社説）「ダース氏の大アジア連盟論」
一九二四年一月八日（社説）「アジア連盟の提唱―インド国民大会の決議」
同年五月二日（社説）「にせのアジア連盟論」
同年六月六～八、一〇日（英文欄）"The Union of the Asiatic Peoples"（アジア連盟）全4回
同年六月八日（社説）「アジア連盟運動について」
同年七月一八日（社説）「中国人の大連盟運動」
同年七月二九日（社説）「汎太平洋国際連盟」

以上の『東亜日報』の論説をいくつかのポイントから整理してみよう。

第一に、日本の大アジア主義、アジア連盟論について。これについての『東亜日報』の評価は基本的にほとんど変動していない。アメリカの排日運動を機とする日本のアジア連盟論の喧伝を朝鮮の人々が受けいれようとしないのは、軍隊による領土拡張という時代遅れの思考を放棄しない日本が自らその盟主をもって任じているからであり[3]、また日本はアメリカの排日運動に猛反対する一方で、中国人に苛酷な要求をし朝鮮人を虐殺し、中国人や朝鮮人の日本への移民に対して厳しい制限をしている現実が存在するからでもあった[4]。だから『東亜日報』は、押収された「にせのアジア連盟論」において、日本の大アジア主義なるものが自らの前過を改悛せずに、アメリカの排日運動に対抗するためにアジア民族の大同団結を唆したものに過ぎないとし、日本を「アジア全民族の罪人[5]」と激しく罵ったのである。

ただし、『東亜日報』がアジア連盟論を頭から否定したわけではなかった。アジア連盟の実現によってもたらされる政治的・社会的安定、経済的発展、そして文化的活動における長所を認め[6]、アメリカの排日の背景に人種差別が存在し、それについては「私たちも中国とともに日本に同情を表し、人道と正義を無視するアメリカに対して反抗的態度を持つことが穏当なのであろう[7]」から、「多分、中国や朝鮮の国民ほど鋭敏にこのような連盟を必要と感じるものはないだろう[8]」と述べていることから、そういえるであろう。換言すれば、世界の大半を欧米が制覇する情勢の下で、アジアの各民族がアジア連盟論に対して持った素朴な共鳴があったからである。

スワラージ党を創設してガンジーの非協力運動とは異なる政治運動を推進したインドの一指導者、チットランジャン・ダースが提唱した大アジア連盟論はまさにそれであった。『東亜日報』は、ダースの大アジア連盟論について「専らアジアすべての民族で、現在抑圧をともにうける立場で、互いに団結[9]」しようとする理念をもっており、またインド国民大会が提唱したアジア連盟の理念は、全アジアの共存共栄のために不可欠なもの[10]と位置づけている。つまり、欧米対アジアという単純な対立の構図が描かれれば、たいした支障もなく、アジア連盟論が主張できたのであり、ダースやインドの国民大会のアジア連盟論も、インドを支配していたのが欧米の一国、イギリスであったからたやすかったのである。それゆえに、アジア連盟の必要を痛感している朝鮮や中国などで、ダースやインドの国民大会のような動きが実を結ばなかったのは、日本というアジアの一国家によって他のアジアの民族・国家が圧迫されている現実があったからに他ならない。

第二に、アジアと連帯できる国家及び運動について。第一次世界大戦後の朝鮮において、アメリカが提唱した民族自決主義が、大いなる期待をもってうけとめられ、それが三一運動の一原動力になったことは周知の如くである。しかし、戦後、時間の経過とともに、アジアの各民族は自らがアメリカの民族自決主義の適用外に置かれていることを覚り、これに替わって「アジアの各民族の民族運動に一気勢を加えたのは労農政府の赤化運動」[11]だったという。朝鮮人の期待がアメリカから労農ロシアに向けられるようになったことは、『東亜日報』が日本の大アジア主義、アジア連盟論に対抗する〝連盟論〟を構築するうえでの関鍵だったのである。

第三に、第一、第二の問題を踏まえて、いったいどういう方向の〝連盟〟を『東亜日報』が呈示したかということである。「にせのアジア連盟論」では「黄色人種、一般有色人種の大同団結」を、「アジア連盟運動について」では「民族的な範囲を超越して、人類全体とともに同一の理想をもった精神的親族関係」による連盟を提唱する。そして、二三年八月ごろにソウルに汎太平洋倶楽部を組織させた汎太平洋連盟についても言及した。そのなかで、同連盟は「ヨーロッパの干渉を受けない理想的な国際連盟を建設することにしていた」[12]にもかかわらず、実際には加盟国の中に植民地統治している国と植民地支配されている民族が同居しており、これでは植民地支配されている民族の参加は、植民地統治している国の許可があってはじめて認められることになり、結果として同連盟が標榜する侵略の排斥とはほど遠い、かえって弱小民族の束縛を強化するものになってしまうと批判している。

『東亜日報』は、この模索のすえ、一応の到達点とみなされる〝連盟論〟を二五年一月九日付「東陸連盟を提唱する」[13]において展開する。「東陸」とは東半球、つまりユーラシア大陸の東側をさす。ここで敢えて『東亜日報』が「東陸」と限定したのは、アフリカは地理関係から見ても連結するには多くの困難があり、さらに、その大半が英仏両国によって植民地化されているのに対して、「東陸」は「全世界の侵略国家の全勢力」が集中する地域であり、今後労農ロシアの支援を受けて激動する可能性を大いに秘めた地域でもあったからである。つまり、人種の別を問わない漠然とした弱者の連盟から、世界の帝国主義国家すべてに断固として立ち向かい、その際に労農ロシアの支援を受けいれられる弱小民族の連盟へと〝連盟論〟を具体化させ、発展させていったのである。

『東亜日報』の〝連盟論〟と、孫文の「大亜洲主義」講演を比較してはっきりしていることは、『東亜日報』がアジアということばを、日本がそのなかに含まれることになるので極力避けて〝連盟論〟を構成しようと努めていることと、それと表裏の関係において対決する対象を欧米列強と規定してしまって、〝連盟〟の設立意義を人種問題や侵略問題と混同させ、日本のアジア連盟論によって換骨奪胎されることのないように、「全世界の侵略国家の全勢力」を対決する対象とし、侵略と被侵略の関係から〝連盟論〟を構成していることの二点である。

さて、二四年一一月二八日神戸において孫文は「大亜洲主義」講演を行なった。『東亜日報』のこの講演に対する批判は、陳徳仁・安井三吉編『孫文・講演「大アジア主義」資料集』（法律文化社、一九八九年）に整理、再録されているので、ここでは要点のみを述べておくことにする。

『東亜日報』は、孫文の「大亜洲主義」の大要を、[14]日露戦争における日本の勝利がアジア人種を元気づけ、エジプト人、アラブ人、トルコ人、アフガン人、インド人の各独立運動の精神的支えになったこと、マキャベリズムと儒教との衝突の二点に整理して「日露戦争によったのでへつらい」「孔子と儒教の名によったからちぐはぐ」になったと述べる。とりわけ、前者に対して、孫文は「何度も何度も過去の日本の栄誉に感動させられたが、まさにその栄誉の犠牲を故意に無視し」、日露戦争における日本の勝利を高く評価したことを厳しく批判する。孫文のアジアの各独立運動への共鳴という場合のアジアとは、エジプト、アラブ、トルコ、アフガン、インドといった、極東から遠く離れた地域を指し、まさに眼前の朝鮮が彼の視野に入っておらず、朝鮮問題が解決を見ないままの日中の和合、アジアの和合を主張するものとして、『東亜日報』は反対したのである。

このように孫文の「大亜洲主義」講演に対する批判をし、前述のような〝連盟論〟を築きつつあった『東亜日報』が、孫文の「大亜洲主義」講演から約一か月後の一二月二四日「王覇の岐路」という社説で、「大亜洲主義」講演で用いられた王道と覇道の理論を用いて論じた。

訪日してアジア民族の大同団結を唱えた、「インドの哲人」タゴールや「中国の名士」孫文らの「大亜洲主義」「王道の文化」などの説に、日本の識者たちが「並唱和調」して、日本ではアジア連盟説、王道論が盛んであるが、その王道というものが、古来、いったいどのようなものだったかを述べる。[15]

古来、東洋の政治理想であった、いわゆる王道というものは、つまり仁義の徳を以て人をして感服悦従させる一種の哲人政治をいうものであり、その反対に表面では仁義を標榜しながら、内では自己の利益をはかる政治を覇道といったのである。つまり王道とは、利益の標準が人に在るのに反して、覇道とは我に利せんと仁を説くにすぎない。王覇の分岐となる点は、つまりこれなのである。だから孟子も徳を以て仁を行う者を王とし、力を以て仁を借りる者を覇とした。古から今に至るまで仁を借りて徳を説きながら豺狼の根性を充足させていた者がどれほどで、十字旗の下に平和と自由を標榜しながら、生霊を殺し国を奪った者がどれほどであるか、数をあげがたいが、今日の日本ははたして身を殺し仁を成す犠牲を惜しまず、その主張する「王道」を如実に敢行できるのだろうか。

このように王道の理想とそれを振りまわした者たちの現実を厳しく非難したうえで、日本が本気で王道を論じ、それをアジア連盟の根本に据えようとするならば、朝鮮人が要求し渇望する通りにふるまわなければならないという。朝鮮人の望むところは「朝鮮は朝鮮人の朝鮮」ということなのだから、「大アジア主義を高唱する前にまず朝鮮問題を探究しなければならないだろうし、王道を云々する前にまず朝鮮問題を完全に解決しなければならないのである」と、日本がアジア連盟論を提唱する前に、朝鮮問題の解決が必要だと主張するのである。

『東亜日報』は王道に反対したのではない。だが、実際に王道論を声高に唱える日本の統治下にあった朝鮮人にすれば、王道論ほど偽善に満ちた論議はなかった。王道をめぐる論議が政治や外交の場に出現するときは、歴史的にみても、決して実践を伴うものでないことを訴えていたのである。

このような朝鮮人の観点をもってすれば、たとえ、孫文が、日本人のなかにあるアジア人の精神を覚醒させることを意図として、王道論を持ち出したとしても、結果的には、それまでの日本の王道論、アジア連盟論を擁護するもの以外の何ものにも映らなかったのは、当然のことであった。したがって、『東亜日報』の痛烈な孫文の「大亜洲主義」講演批判は、孫文自身に向けられたというよりも、孫文の講演をとりまいていた日本の王道論、アジア連盟論に向けられ、むしろ、これらを批判するためのものだったというべきであろう。

ともにアジア解放の主張を意図としておりながら、『東亜日報』が敢えて孫文を激しく批判し、「東陸連盟」論を提唱するに至ったのは、孫文が持ち前の楽観主義から、細部にこだわらない大胆な「大亜洲主義」を論じたことが、逆に日本で大アジア主義やアジア連盟論を唱えていた者たちにつけこむすきを与えると敏感に感じ取り、その危険性をおさえこむことを主たる目的としていたと考えられよう。

## おわりに

孫文の日本訪問に対する朝鮮人の反応は、第4章で述べた通りである。ところが、ごく断片的な記事であるが、孫文の北上の過程で、従来の朝鮮と孫文の間になかった関係を象徴するような記事が、『東亜日報』にあらわれた。それは、孫文の上海出発を伝える一九二四年一一月二三日付の同紙の「孫文氏上海出発　朝鮮を経由する意向もある」[16]という見出しの小さな記事である。そのなかで、「孫文氏は今朝上海を出発したが、日本の長崎を経由して、天津に向かう予定であると同時に、この途中、朝鮮に立ち寄るかもしれない」[17]と伝えている。

孫文の日本訪問が、津浦鉄道不通による船便への客の集中、そのために日本を経由して天津・北京入りすることにした結果、たまたま実現したに過ぎないものであったにしても[18]、孫文が本当に日本訪問とともに、朝鮮訪問を予定のなかに組みこもうと考えたのならば、孫文の対朝鮮観、朝鮮問題に対する見解に大きな変化があったとみなければならないだろう。

だが、残念ながら、この記事の真偽を明らかにする史料はまだ発見できていない。ただ、二〇年代中ごろから、中国の名士の発言に朝鮮問題を意識したものがあらわれはじめることは事実である。

例えば、二五年一月一日付『東亜日報』には、「今年、朝鮮訪問　中国との史的関係を考察[19]」と題する胡適の談話や、「[朝鮮問題]中国と同時に落着[20]」と題する章炳麟の談話が掲載され、また同年三月一六日付同紙には「孫氏の逝去と国民党『朝鮮にとっても不幸だ[21]』」と見出しを付けた記事のなかで、梁啓超が「孫文氏の逝去は中国にとって大不幸であるが、朝鮮にとっても不幸だ[22]」という会見談をしたことを報じている。たとえ、これらの談話が朝鮮ジャーナリズムを意識しての発言であるにしても、取材にやってくる朝鮮人記者の目や朝鮮問題をもはや無視できない状況になっていたことは確実であろう。また朝鮮人記者が中国の名士の朝鮮問題に関する言葉のみを過大に報道したのだとしても、それが朝鮮人に与えた影響は小さくなかったと思われる。それはまさに、朝鮮の三一運動が中国にもたらした衝撃によって開かれた新たなる中朝関係史の一頁だったのである。

（1）『東亜日報』大正九年四月一日。
（2）『東亜日報』大正一〇年四月一日。
（3）"The Union of the Asiatic Peoples. 3"（『東亜日報』大正一三年六月八日）。
（4）"The Union of the Asiatic Peoples. 2"（『東亜日報』大正一三年六月七日）。
（5）「似而非的의　亜細亜聯盟論」（『東亜日報』大正一三年五月二日）。
（6）"The Union of the Asiatic Peoples. 3"（『東亜日報』大正一三年六月八日）。
（7）「亜細亜聯盟運動에　対하야」（『東亜日報』大正一三年六月八日）。
（8）"The Union of the Asiatic Peoples. 3"（『東亜日報』大正一三年六月八日）。
（9）「따소氏의　大亜細亜聯盟論　亜細亜各民族의 大同団結」（『東亜日報』大正一二年一月三日）。
（10）「亜細亜聯盟의　提唱　印度国民大会決議」（『東亜日報』大正一三年一月八日）。
（11）同右。
（12）「汎太平洋国際聯盟」（『東亜日報』大正一三年七月二九日）。以下の汎太平洋国際聯盟に関する内容もすべてこれによる。
（13）「東陸聯盟을　提唱함」（『東亜日報』大正一四年一月九日）東陸連盟に関する記述はすべてこれによる。

(14)　この段落の記述は "Dr. Sun Yat-sen's Speech."（孫中山氏의 演説）（上）（下）（『東亜日報』大正一三年一二月六日、七日）による。
(15)　「王覇의　岐路」（『東亜日報』大正一三年一二月二四日）。この段落の引用及び記述も同じ。
(16)　「孫文氏上海出発　朝鮮을　経由함　意嚮도잇다」（『東亜日報』大正一三年一一月二三日）。
(17)　同右。
(18)　堀川哲男『人類の知的遺産六三　孫文』（講談社　一九八三年）二四一―二四二頁。
(19)　「今年에　朝鮮訪問　中国과의　史的関係를　考察　北京大学教授胡適氏談」（『東亜日報』大正一四年一月一日）。
(20)　「朝鮮問題」「中国과　同時落着　文豪　章柄麟氏談」（『東亜日報』大正一四年一月一日）。
(21)　「孫氏逝去와　国民党『朝鮮에도　不幸이다』」（『東亜日報』大正一四年三月一六日）。
(22)　同右。

## 〔14〕今井嘉幸と李大釗

武藤　秀太郎

『孫文研究』五五号、一―一七頁、抄録

### はじめに

本論文の目的は、「支那通」「普選博士」として知られた今井嘉幸（一八七八―一九五一）と、中国共産党創設者の一人であった李大釗（一八八九―一九二七）の間にみられた思想的交流を明らかにすることにある。

今井嘉幸と李大釗、この二人の関係をたどってゆくと、北洋法政専門学堂につきあたる。北洋法政専門学堂は、袁世凱が一九〇六年一二月、新たな法律や政治を担う人材を養成するために、天津に設立した学校であった。李は、この学堂に第一期生で入学し、予科と正科の課程を終え、一九一三年六月に卒業した。これに対し、今井は一九〇八年二月、教師として赴任し、日本に帰国する一九一三年頭までその職をつとめた。二人は約五年間、北洋法政学堂で教師と学生の関係にあったことになる。
李大釗は後年、北洋法政学堂の頃をふりかえった際に、つぎのように語っていた。

当時、二人の日本教員がいた。一人は吉野作造で、もう一人は今井嘉幸である。本校で教授をし、のちに帰国した二人は、いずれも平民主義を大いに鼓吹し、民治思想を紹介した。民権運動をおこない、国民を教導した。日本国民は、彼らから大きな恩沢をうけたのである。(1)

ここで今井とともにあげられた吉野作造は、袁世凱から長男克定の家庭教師として招かれ、北洋法政学堂でも、開学した一九〇七年九月から一九〇九年一月に帰国するまで、講義を担当していた。

これまで、吉野と李大釗の間にみられる交流に関しては、日中両国で詳細な考察がなされてきた。(2)それに比べると、今井と李の関係についての研究は、中国人研究者によるエピソード的な紹介がみとめられるのみである。(3)だが、単純に李が接した期間をみても、今井との方が、より深い関係にあったといえるのではないか。

李大釗と親しく交際した清水安三が、彼の経歴を紹介した以下の一節は、これを裏づけるものといえよう。

北洋法政専門学校で六年間、勉強したのである。今井嘉幸、吉野作造は、彼の先生である。わけて今井嘉幸からは、直に教はり、天津時代の吉野作造からは講演に依つて、学んだそうである。(4)

この文章をみるかぎり、李は吉野の講義をうけなかったようである。他方、吉野との対比で、今井からは「直に」教わったとしている。

実際、北洋法政学堂在学時から、その後の日本留学にわたる李大釗の政治的主張をみると、今井から大きな思想的影響をうけたことが確認できる。また、北洋法政学堂を離れたのちに、軍務院の法律顧問となるなど、「支那通」として活躍した今井の背景にも、李との関わりがうかがえる。師弟関係にあった両者には、いかなる理念の共有、あるいは見解の相違があったのだろうか。

（中略）

## 三　容れられなかった「大亜細亜主義」

一九一七年はじめ、中国から帰国した今井は、まもなく第十三回衆議院議員総選挙に大阪市より立候補した。立候補した理由について、今井は政府の外交政策、とくに対中国外交に了解しがたい点が多かったことをあげていた[5]。三月三〇日に公表された政見要旨でも、外交問題へとりくむ意気ごみがつぎのように示されていた。

外政を刷新し殊に対支外交は大亜細亜主義に基く親善連盟を計るべし就中対支政策は東亜貿易の策源地たる我大阪市と最も密接の関係を有す且つ支那問題の解決は実に我帝国興廃の繋る所たり前半生の多くを此問題の為に捧げたる迂生の此地に候補たる亦私かに其意義あるものと信ず[6]。

北洋法政学堂の教師や軍務員の法律顧問など、大陸でさまざまな経験をつみ、中国法研究で博士号をとった今井の自負がよみとれよう。無所属で、「理想選挙」をかかげて戦った今井は、吉野作造らの応援をうけつつ、千七百八十三票を獲得し、第五位で当選した。

「大亜細亜主義に基く親善連盟」――この政見要旨にみられる語り口は、『建国後策』でも確認できる。日中両国をとりまく状況について、今井はこう分析する。「黄人」の郷土である東アジアの大半は「白人」の支配下に置かれ、いまや外交を論じあえるのが日本と中国のみである。さらに中国へと勢力をのばそうと、ロシア、イギリス、フランス、ドイツ、アメリカが、虎視眈々と機会をうかがっている。もっとも恐るべきが、彼らの「合同勢力」であり、欧州大戦終結後の「新十字軍」の襲来にそなえなければならない。

今井によれば、この「白人」が一体となり、中国で得ている最大の利権が租借地であった。「白人」のいう租借とは外交上のまやかしにすぎず、実際のところ領土割譲と変わらない。租借地以外にも、中国の主権は、裁判や徴税、鉄道敷設、鉱山開発、河川航行などに関わる「白人」の利権により大きく制限されてしまっている。

今井は、こうした中国の現状を憂えた上で、日中両国が互いに協力し、親善をはかっていくことを主張した。だが、日本の対朝鮮、満洲政策は一体、「白人」の植民地、租借地と何が異なるのか。この疑問に対し、今井はそれらがロシアの南下を防ぐ自衛上の措置で、「東亜」を保全する大義と合致し、中国にとっても有益であると説明した。「嗚呼、亜細亜は亜細亜人の亜細亜たらざる可からず」。今井は結びでこう唱え、日本でも中国との提携をよびかける決意を語っていた。

以上からうかがえるように、今井の「大亜細亜主義」論に特徴的なのが、「白人」の侵略に「黄人」で一致団結し、対抗するという人種主義的なスタンスである。『建国後策』の言葉通り、今井は帰国後もひきつづき、日本と中国が提携すべきことを、つぎのようにアピールしていた。


現在でこそ白人種は互ゐに砲火の間に相見えてゐるが、早晩、彼等は相倶に力を協せて異人種に向つて突進して来る可きは明かである。黄白人種の争闘は必然に来るべき事実問題である。これに対しては日支は到底相提携しなければならぬ運命を有してゐる。…来るべき人種的争闘に対して、支那と日本とが結合して白人の襲来に備へるのは、軈て是れ大亜細亜主義の真諦である。(7)


ここでも、日中両国が協力しあう必要性が、「白人種」と「黄白人種」の「来るべき人種的争闘」に求められているのが分かる。

今井は、このように日本と欧米列強における対中政策の差異を、人種主義的な観点から「同種」としての心情にうったえる形で正当化した。他方で、今井が日中の外交問題に関し、国際法上の原則論を貫くケースもみられた。たとえば、今井は第一次世界大戦で、軍事占領したドイツの膠州湾租借地について、「若し独逸が文句を言はず平和に之を引渡したらば或は支那に還付する云々の條件も尊重すべしと云ふ議論が立つかも知れぬけれども、独逸がこれに従はざりしもの故、日本は何にも之に拘束せらるゝ必要はない」との立場をとっていた。(8) すなわち、膠州湾を中国に還付するために、日本へ引き渡すべしとした勧告を、ドイツが無視したので、日本はこれを遵守する義務がない。また、膠州湾が実質上、ドイツの領土となっており、これを奪ったところで中国の承認を求める必要もないというのである。

興味深いことに、今井が「大亜細亜主義」をうちだすようになった頃、李大釗も「大亜細亜主義」と題した文章を執筆していた。その内容は、『中央公論』一九一七年四月号に掲載された若宮卯之助「大亜細亜主義とは何ぞや」を材料に、「大亜細亜主義」に対する自己の見解を示したものであった。「大亜細亜主義」とは「亜細亜の正当防衛である」、「亜細亜を認めて亜細亜人を認めざらんとする欧米的勢力を亜細亜に拒絶して、亜細亜人の亜細亜を建立せんとする、一の新なる理想である」[9]。「掠奪」を主義とし、今や破綻しつつあるとする「大西洋主義」に対し、若宮はこう「大亜細亜主義」を定義した。かつて日本は、同盟を結んだイギリスの極東における番犬にすぎなかった。だが、この日英同盟こそが、日中両国を離反させた元凶にほかならない。若宮は、日中親善を基礎とした「大亜細亜主義」を実現するために、まずイギリスをはじめとした「白人」のアジアにおける影響力を排除する必要性を説いていた。

これに対し、李大釗は、もし日本が「大亜細亜主義」の理想をうちたてる覚悟があるならば、まず地理的にも、歴史的にもアジアを代表する中国の地位をうけいれること、また外来勢力が侵犯しても加担せず、「同洲同種」の誼をもって相助け、真の世界的「道義」と平和をたもつことを条件にあげた[10]。反対に、帝国主義と変わらない偽「大亜細亜主義」の旗をかかげ、極東の覇権を奪いとるならば、必ずや「白人」の忌諱にふれ、禍をアジア全体の同胞におしつけることになる。そうならぬよう、日本人は十分に注意しなければならないというのである。

李大釗はまた、欧米人にも偏狭な「種族」観をすみやかに捨て、「世界人道」を拡充し、有色人種に対し「一視同仁」、分けへだてなく接することを求めた。そうなれば、「黄白戦争」の悲劇も起こらず、「大亜細亜主義」もまったく過去の幻影となる。李は、何より東西先覚の士が「東西人種の調和」をはかり、怨恨をとりのぞくことを望んでいた。

李大釗はこの「大亜細亜主義」で、今井について一言もふれていない。もちろん、『建国後策』を読んだ李は、今井の「大亜細亜主義」論も熟知していたであろう。人種主義にもとづく「大亜細亜主義」を、偏見と断じた李の批判は、そのまま今井の「大亜細亜主義」論にもあてはまるものであった。

こうした日本人が説く「大亜細亜主義」に対する李大釗の不信感は、北洋法政学校時代までさかのぼって確認することができる。一九一二年十二月、北洋法政学会はその2ヶ月前に出版された中島端『支那分割の運命』を翻訳し、各節ごとに内容を論駁した注釈や評語を付した『〈支那分割之運命〉駁議』を公刊した。菊版で三百頁あまりの分量があるこの本を、これだけ短期間に訳し終えたのは、複数の会員による共同作業だったからであろう。中でも、李は学会の編集部長をつとめ、翌年四月に重版された際、その「重印序」を執筆していることから、中心人物として関わったと考えられる[11]。

中島は『支那分割の運命』で、孫文や袁世凱に中国を一つにまとめるだけの力量がなく、共和政体も早晩に崩壊し、各省へと分裂する運命にあると主張した。この隣国に対し、日本は今後、どう対応してゆくべきか。「白人種」の尻馬に乗り、中国分割に与っても、日本が得られる利益はわずかで、「黄人種」の骨肉相食む事態をまねくにすぎない。だからといって関与せず、「白人種」による分割を放任していたら、地政的に日本の独立も危うくなってしまう。「分割の一事、我にして興らんも不利なり、興らざらんも不利なり」。中島は、中国分割を前提とした選択肢をしりぞけた上で、「我をして絶大の果断、絶大の力量、絶大の精神抱負あらしめば、我は進みて支那民族分割の運を挽回せんのみ。四万々生霊を水火塗炭の中に救はんのみ。更に進むこと一歩ならば、王道蕩々、我が日本民族の天職は、殆と是より始まらんか」と、日本主導による中国統一をよびかけていた[12]。

新しい共和国の将来に期待をよせた李大釗らにとって、この中島の見解は、到底うけいれられるものでなかった。上の内容をうけた注釈では、つぎのように記されていた。

近頃、日本人がさかんに唱えているのは、「亜洲モンロー主義」であり、「大亜細亜主義」である。その言葉をきけば、友朋である。その心をうかがえば、盗賊である。いわゆるこれらの主義は、日本が東亜を制覇しようともくろむ代名詞にすぎないのである[13]！

中島自身は「大亜細亜主義」という言葉を用いていないが、それに連なるものとして『支那分割の運命』がうけとめられたのである。

さて、議員となった今井は、選挙前の言葉通り、政府の対中国外交、とくに西原借款による段祺瑞援助政策を議会できびしく追及した[14]。議会外でも、「日支国民協会」の一員となり、頭山満や寺尾亨、宮崎滔天らとともに、援段政策に対する反対運動を展開した。日支国民協会は日中親善をかかげたが、その立場は明らかに、南北が対立した中国の南方派にあった。今井らは、反目しあった孫文と陸栄廷の陣営を融和させるため、関係者を頭山邸にまねき説得するなど、広東軍政府の改組にも一役買っていた[15]。

今井が当時、是とした対中政策の方針は、「支那をして支那自ら開発せしめよ」という中国保全論であった。ただ、その根底には「今や欧洲は大乱に際し東亜の天地は吾国の独舞台である」[16]、「現今は日本が東洋の天地を自由に左右し得る地位に在る」[17]との認識があった。すなわち、中国の自立は、あくまで日本のイニシアティブにより実現するものと想定されたのである。

一九一九年初頭、李大釗はまた、日本の「大亜細亜主義」に関する文章を発表した[18]。この文章では、「大亜細亜主義」が「中国併呑主義」の隠語、および「大日本主義」の変名であり、他の列強をさしおき、日本が単独で勢力を拡張しようと考案したにすぎないことがきびしく批判された。「大亜細亜主義」の代わりに李がかかげたのが、あらゆるアジアの民族を「民族自決主義」にもとづき、併呑状態から解放する「新亜細亜主義」であった。ここで、やり玉にあげられたのは、建部遯吾、大谷光瑞、徳富蘇峰、小寺謙吉らの説であるが、李のいう「大亜細亜主義」者の中には、今井の主張も含まれよう。

とはいえ、今井と李大釗の関係は、これにより破綻したわけではなかった。その一例として、黎明会での交流があげられる。黎明会は、吉野作造と福田徳三が中心となり、一九一八年十二月に結成された日本の知識人団体であった。結成当初からの会員であった今井は、一九一九年一月十八日に開かれた黎明会第一回講演会で、千五百人の聴衆を前に、議員として公約にかかげた普通選挙の実現をうったえた。これが、東京の集会で普通選挙が唱えられた最初といわれている。(19)

(1) 李大釗「十八年来之回顧」『李大釗全集』(全四巻、河北教育出版社、一九九九年)第四巻、三三三頁。
(2) 代表的なものとして、黄自進『吉野作造対近代中国的認識与評価 一九〇六―一九三二』中央研究院近代史研究所、一九九五年、一八六―二〇九頁、松尾尊兊『民本主義と帝国主義』みすず書房、一九九八年、五六―一二七頁、王暁秋『近代中国与日本 ―互動与影響』崑崙出版社、二〇〇五年、一九八―二一六頁。
(3) 劉民山『李大釗与天津』天津社会科学院出版社、一九八九年、二〇九―二一五頁、中共河北省委党史研究室・唐山市李大釗研究会編『李大釗人格風範』紅旗出版社、一九九九年、一五五―一六〇頁。
(4) 清水安三『支那当代新人物』大阪屋號書店、一九二四年、二一五頁。
(5) 「今井候補談」『大阪朝日新聞』一九一七年三月二十七日。
(6) 「選挙形勢 大阪府」『大阪朝日新聞』一九一七年三月三十一日。
(7) 今井嘉幸「人種的争闘を背景としての日支提携」『新公論』第三十二巻第九号、一九一七年八月、二三―二四頁。
(8) 今井嘉幸『支那に於ける列強の競争』冨山房、一九一四年、六三頁。
(9) 若宮卯之助「大亜細亜主義とは何ぞや」『中央公論』第三十二年第四号、一九一七年四月、三―四頁。
(10) 李大釗「大亜細亜主義」『李大釗全集』第二巻、六六二―六六四頁。
(11) 朱成甲『李大釗伝』上巻、中国社会科学出版社、二〇〇九年、一一九頁。
(12) 中島端『支那分割の運命』政教社、一九一二年、二三五頁。
(13) 「《支那分割之運命》駁議」『李大釗全集』第一巻、河北教育出版社、四七八―四七九頁。
(14) 松岡文平「今井嘉幸と中国」『近代史研究』第一九号、一九七七年十月、四七―四九頁。
(15) 「西南統一計画与日本人」『大公報』一九一八年五月二日。

(16) 今井嘉幸『支那に於ける列強の競争』一二〇頁。
(17) 今井嘉幸「人種的争闘を背景としての日支提携」、一二二頁。
(18) 李大釗「大亜細亜主義与新亜細亜主義」『李大釗全集』第三巻、一四六―一四八頁。
(19) 松尾尊兊『普通選挙制度成立史の研究』岩波書店、一九八九年、一三九頁。

## 〔15〕『大アジア主義と中国』

趙　軍

第六章「吾人之大亜細亜主義」における孫文の対日観――孫文と大アジア主義

一八九―一二三四頁、抄録

（前略）

### 1　孫文の「吾人之大亜細亜主義」

#### 大アジア主義への同調

大アジア主義は日本で生まれた思想であるが、孫文のアジア観と対日観の中にもこれを容易に受け入れる思想的な基盤があった。

革命運動を志した最初から、諸国の国際情勢の影響を受け、他国の援助も必要になると孫文は認識していた。日本は中国の隣国であるばかりでなく、近代史上においても中国と同じような運命を持っていたので日本の援助を得られれば中国革命にとって大変ありがたいことであった。一八九七年秋、横浜で宮崎滔天らと初めて会ったとき、孫文は「余は固く信ず、支那蒼生のため、亜州黄種のため、また世界人道のために、必らず天のわが党を祐助するあらんことを。君らの来たりてわが党に交を締せんとするは、すなわちこれなり、兆朕すでに発す、わが党発奮して諸君の好望に負かざるを努むべし。諸君もまた力をだして、わが党の志望を助けよ。支那四億万の蒼生を救い、亜東黄種の屈辱をすすぎ、宇内の人道を恢復し擁護するの道、ただ我が国の革命を成就するにあり、この一事にして成就せんか、而余の問題は刃を迎えて解けんのみ」（『三十三年の夢』、岩波文庫版、一八二―一八三頁）と述べた。これは確かに彼の本音であった。

中国革命の目標は、国内的には「韃虜を駆逐する」ことであり、国際的には欧米資本主義国からの植民地主義的抑圧を打倒することである。二つの目標は補完し合い、統一されている。これらの目標の完成のために中国に最も現実的な援助を提供できる国といえば、日本である。梅屋庄吉に対し、彼は「あなたがおっしゃったように、現在の状態を許せば、支那は西欧列強の植民地主義のため、分割されましょう。いや、支那だけではない、東洋すべてが、西欧の奴隷になりましょう。私の祖国と日本とは、不幸にも戦争をしましたが、ほんとうは手を結ばなくてはいけません。両国民があいたずさえて、支那の植民地化の危機をのり越えることこそ、東洋を守る第一歩ではないでしょうか」（陳旭麓・郝盛潮主編『孫中山集外集』上海人民出版社、一九九〇年、一二一頁。または車田譲治『日中友好秘録君ヨ革命ノ兵ヲ挙ゲヨ』六興出版、昭和五四年版、一六頁）と述べた。このような中日連合によって中国革命を達成させようとする思想は、彼が日本式大アジア主義を受け入れ得る基盤である。宮崎滔天も孫文のこの思想に大いに共鳴して、「東亜の珍宝」と孫文を称賛し、孫文の革命への援助を通じて、自分の目指す「支那革命主義」を実現しようとたちまち決意したのである（『宮崎滔天全集』第一巻、一一九―一二〇頁）。

孫文は終始、中国の革命運動を閉鎖的なシステムと見なさなかったので、彼のアジア革命思想は日本式アジア主義と共鳴しやすいものであった。とくに一八九七年から以降、日本が孫文の国外滞在が最も長い国、いわゆる「第二の母国」及び中国革命を計画する基地になった後、孫文は大勢の日本人のアジア主義者に接することができ、思想的な交流も多く行われ、アジア主義からいろいろな影響を受けた。それゆえ、孫文の日本滞在中のアジア情勢及び中日関係に関する言論などを調べれば、その中からアジア主義的な見方や主張を発見することは難しくない。たとえば一九一三年二月公式に日本を訪問した時、東亜同文会の主催で開かれた歓迎会の席で孫文は「アジアというものは、アジア人のアジアなり」「アジアの平和はアジア人が保持する義務を持つべき」「現在アジアにおける独立国というと、日本と中国の両国であり、現在の東アジアの平和を維護しようとすれば、なおさら日本に望まねばならぬ。日本と中国は実に兄弟の国柄である」などと述べた（『孫中山全集』第三巻、一三―一六頁）。また、同年三月、大阪商工業者と会見した時に、孫文も中日の連合・提携を欧米の侵略への対抗と結び付け、両国はこれから「ますます提携し、共に欧西列強の侵略を防禦し、わが東洋を東洋人の東洋にならせよう」と呼び掛けた（『孫中山全集』第三巻、四二頁）。このような話は殆ど日本の大アジア主義者の常套句と同じなものなので、彼らからかなりの賛同を得た。そのため、大アジア主義者・大陸浪人たちも事を共にすることができる人、あるいは「借用」できる「同道」の者と孫文を見なしていた。大アジア主義的構想を持っていたことは、孫文が日本の大アジア主義者と大陸浪人から様々な援助を受けることを可能にした最も重要な原因だと言えよう。

（中略）

「吾人之大亜細亜主義」

新しい大アジア主義の構想、すなわち「吾人之大亜細亜主義」は、一九二三年後半から一九二四年までに輪郭が大体出来た。「三民主義」や「大アジア主義」や「犬養毅への書簡」などの文献がそれぞれの側面からこの思想を論述している。その主な内容には次の三つの面がある。

一、中国の貧困、時代遅れ及び当面の内戦、内乱の原因は中国国内ではなく帝国主義の中国に対する侵略と干渉にあり、「軍閥及び軍閥を支持している帝国主義にあるのである」。「この二つのものを打破すれば、中国は初めて平和と統一を得、社会安定を長く得られるのである」（『孫中山全集』第十一巻、三三八頁）。外来の圧力を排除するには、「中国一国民の力だけでは、現在なお不可能で」（同上、三六一頁）、中国としてはどうしても日本と「提携」、合作しなければならない。「列強からの不法の圧迫に対抗するために、中日両国国民は真の理解のもとで中国を救って、東亜の平和を確立し、それと同時に黄色人種の団結を強固にしなければいけない」（同上、三一〇頁）。

二、日本とほかの列強には対中政策をめぐって利害が対立する関係にあるので、結局、中国革命に反対することは日本にとって自殺的行為である。日本はほかの列強の相棒になる必要はなく、逆に中国の革命運動を援助すべきだ。このため、孫文は「これから日本の上から下までの人々は着実に親善的対中国政策を表明し」「日本を列強の一つとしてみる観念を変えて」「中国を助けて不平等条約を廃止し、税関、租界及び領事裁判権を回収し」、中国の革命運動を支持し、「アジア民族の結束」を完成しなければならない。「アジア人種の大団結」というスローガンはそもそも日本人の口から出たもので、日本は自ら実行に努めるべきである。この問題では近視眼的で無謀な一文おしみの百知らずという結果にならないように孫文は繰り返し訴えた（『孫中山集外集』五五一―五五二頁）。

三、中国と日本の提携を基礎として、アジア民族の大団結をも図るべきである。一九二四年四月日本人記者にインタビューされたとき、孫文は「余はアジア民族の大同団結を謀って三十年も過ぎた。日本人に冷淡にされたので、今日になっても、まだ具体的に実現することが出来ない」（『孫中山全集』第十巻、一三四頁）。いま、欧米列強が既に帝国主義の連合戦線を設立したので、「同病相憐れ」んでいるアジア各弱小民族もなるべく早く「反帝連合戦線」を作って、それと戦わなければならない」（『孫中山全集』第九巻、一二三頁）。中国国民党はこの精神を吸収し、のちに公表された「国民党宣言」の中で、国民党の対外政策の基本方針として「世界の帝国主義の圧迫を受けている人民を一致連絡させ、共に行動をし、お互いに助け合い、世界中の被圧迫人民を解放することである」（同上、一一二六頁）と宣言した。

一九一九年以前、孫文はまだ侵略、拡張思想を柱とする日本式大アジア主義を打ち破ることはできなかったが、一九一九年以後には、状況はずいぶん変わった。第一次世界大戦前後の中国に対する日本帝国主義の赤裸々な侵略行為は、孫文の日本に対する満腔の希望を破り、日本の国権主義的大アジア主義の本質を認識させた。「吾人之大亜細亜主義」はこのような背景で生まれたものである。もちろん、この時期になっても、孫文は日本に対しまだ絶望してはいなかった。日本はまだ未知数で、アジアと世界の諸国の民族独立や自由をかち取るために有利な方向へ転換する可能性があるかも知れない。そのため彼はこの時期、日本に対し、厳しく批判しながら率直に諫める態度をとったのである。この段階において、孫文はついに大アジア主義について自分なりの見解を得、徐々に成熟させた。言うまでもなく、この第三段階で出現した「吾人之大亜細亜主義」の主張は孫文の大アジア主義思想の真の精華であり、日本への最後のメッセージでもあった。

（中略）

## 2　世界システム思想論における大アジア主義

（中略）

### 孫文思想の三段階

（中略）

一九一七年以前の第一段階では、孫文はしばしば中国革命と日本の密接な関係を強調した。孫文の考えによると、日本は明治維新によって近代化への転換を実現したので、中国も日本をモデルとして自国を近代化しなければならない。中国と日本は歴史上、文化上の兄弟国であるばかりではなく、近代化への道においても運命を共にするべき同伴者である。日本を訪問したとき、彼は何回も「貴国は余の第二の故郷で、貴国の人々はさらに余の良い先生であり、友人である」「日本の維新以来の年代が中国より長くて、全ての面に経験を持っているので、これからわが国の人々は日本の指導をずっと望んでいる」（『孫中山全集』第三巻、一五一―一七頁）と述べた。こうした認識に基づいて、孫文は中国が日本と提携し、合作の関係を結ぶべきであると強く主張し、日本の大アジア主義思想に対して積極的な評価を下した。どのような方法で合作関係を作るかについて、孫文は一部の人々の前で日中両国は「衝突を消滅し、誤解を解消し、共に東亜大陸の幸福を求め、共に東亜大陸の主人公になるべきだ」（同上、一二七頁）とだけ言った。謙虚な気持ちで日本に「弟子入り」して、中国革命への指導や援助を受けたいという彼の態度は、既にはっきり示されていた。歴史条件によって造られた差別が現実に存在している以上、中日提携、合作の関係の中で、日本は当然能動的、指導的地位を占めるべきだという態度も窺える。そのため、近衛篤麿、鍋島直大らが当然のように盟主の地位に立って提唱した「支那保全論」などの主張に対して、孫文も「熱意を持って東亜の幸福を図り」「貴国の人士の同文同種のことを愛する誠意を証明できる」などの言葉を用いて全面的賛成の意見を表明した（同上、一五一―三九頁）。

注意に値するのは、この時期、孫文が中国から一部の利権を提供することによって日本の支援を取りつける案を日本側との交渉中に提出したことである。例えば、一九一二年の初めに、孫文が南京臨時政府を代表して井上馨と三井物産代表の森恪の間で行った借款交渉や、一九一四年五月に大隈重信に宛てた書簡に書かれた中国は「全国の市場を開放し、日本の工商に恩恵を及ぼす」（『孫中山全集』第三巻、八四頁）という提案、また一九一五年二月に袁世凱を打倒する第三革命を発動するため日本側に提出した、中国の政治・軍事・経済的利権を日本へ「譲渡」するという「中日盟約」などのことである。これらの秘密交渉は主に戦術上として行われたものだが、この頃の孫文は、日本は中日提携の主役であり、中心的な依存相手と考えていたことが窺われる。孫文のこの段階の大アジア主義思想では、日本が盟主の地位にあることは明らかなものである。

一九一七―一八年の第二段階には、孫文は大アジア主義を一層強く強調すると同時に、日本側の「誠意」に対して疑惑を抱きはじめた。この時期、彼の日本依存の心理は少しも弱まっておらず、かえって強くなった。「中国は元より保守的で、国力も弱くて、それにも関わらず一時の安全をむさぼることができるのは、日本のお陰でないとはいえないのだ」「日本は中華民国の友邦で、日本の国民は中華民国の親友である。吾人は日本の朝野の人々に対して、中国国民の愛国、愛洲の精神及び叛逆を討伐し憲法を擁護することに、道徳的同情を与え、中華民国をしてより強固な基礎が造られるように協力してほしい。そうすれば、両国と両国国民の永久の提携は必ずこの道義の精神によってさらに固められて、しかも両国国民が念願していたアジアの共和と文明発展も実現できるのである」（『孫中山全集』第四巻、一二四頁）。

孫文は依然として日本政府の態度を中国革命の前途を左右するカギと見なしていた。中日提携及びアジア諸国の浮き沈みは、日本が大アジア主義を実現する決意を持っているかどうかによって決まる。従って、日本が盟主であることはやはり明らかなものであった。

事実上日本の盟主地位を認めていたので、第一、第二段階の孫文の大アジア主義構想は構造形式からみる限り宮崎滔天より、むしろ頭山満の主張と似ていた。主体型世界システム思想との相違を見出すことは困難なのである。しかし、第三段階になってから、孫文の大アジア主義の具体的な中身に激しい変化が現れた。同時に、アジア共同体の構造や形式という問題についてもそれまでとはっきりと違った思想を持つことになった。

一九二三年四、五月前後、孫文は広州大本営で鶴見祐輔と会見し、「日本は列国の意向を迎へすぎる。かくして、列国の政策に追従するの餘り、可惜東洋の盟主たる地位を放棄しつゝあるのである。私は、日本の二十年来の失敗外交の為に辛酸を嘗めつくした。それにも拘らず、自分は一度も日本を捨てたことは無い。それは何故であるか。自分は日本を愛するからである。自分の亡命時代、自分をかばってくれた日本人に感謝する。又東洋の擁護者として、日本を必要とする。しかるに、日本は自分自身の責任と位置とを自覚してゐない。自分が若し、日本を愛しない者であるならば、自分は日本を倒すこと易々たるものである。（中略）……しかも、自分は日本の政策を憤りつゝ、此策に出でざる所以のものは、自分が日本を愛するからである。自分は日本を亡ぼすに忍びない。又自分は飽くまでも、日本を以って東洋民族の盟主と為さんとするの宿志を捨てることが出来ない」（「広東大本営の孫文」、陳徳仁、安井三吉編『孫文講演「大アジア主義」資料集』法律文化社、一九八九年、三〇九－三一〇頁）と述べた。これは孫文が「日本を以って東洋民族の盟主とする」思想を持っていたことの他者への初めての表明であると同時に、実は、この思想に対する清算でもあった。なぜならば、日本が「列国の意向を迎へすぎ」て、自ら「東洋の盟主たる地位を放棄しつゝある」ので、アジア諸国人民は無条件に日本を東洋の盟主として擁することが出来なくなったのである。今後、日本が帝国主義政策を放棄し、アジアへ回帰し、アジア諸国の人民革命を支援すれば、初めてアジア人民の信任を得ることが出来るのである。もちろん、そのときの政治、経済の状況で、日本は再びアジアの盟主になることもでき、欧米帝国主義に抵抗する戦いの中で主導的役割を発揮することもできる。これが当時の孫文の基本的立場である。犬養毅への書簡に「もし日本がアジアを援助することを志として、ヨーロッパ帝国主義の後を追うことをやめたならば、アジア民族のすべてから敬慕され崇拝されることになるだろう」（『孫中山全集』第八巻、四〇一―四〇二頁）と記したことの真の意味もここにある。「大アジア主義」演説の中で行った、日本はこれから「西方の覇道の手先」にならず「東方王道の干城」になろうという呼び掛けも、同じ思想の現れである。「東洋民族の盟主」とか「東方王道の干城」とか、これらの概念が内包するものは、ヨーロッパ帝国主義の後を追い、列国の政策に追従することをやめ、アジア弱小国家への支援を志とするアジア民族の中堅、中核国家となることである。このような盟主は支配的地位を占める覇主とは違って、東方諸国家の柱となる友人であり、支配、統率する上位主体ではないのである。

また、アジア諸国人民間の関係について、孫文がこの時期力を込めて宣伝した中心点は、アジアの被圧迫民族が圧迫民族に対抗する「アジア人種大団結」あるいは「アジア大同盟」である。その基本的精神は「列強からの不法な圧迫と対抗できるために、東亜の平和を確立し、それと同時に黄色人種の大団結を固める」ことなのである（『孫中山全集』第十一巻、三一〇頁）。各国、各民族とりわけ中日両国の「連合」の具体的方法という問題について、孫文は一九二四年の日本訪問の際、次のようにはっきり言った（同上、三九二―三九三頁）。「東洋民族ひいては全世界被圧迫民族のために、両国の国民の全体が手をつないで国際的平等をかち取らなければならない。この目的から離れて両国の友好を論ずることは間違っていると思う。そのため、私は日本国民がもし日本を列強の一つと自認する観念を変えない限り、真正の中日友好に有益な思想を生み出すことは難しいだろうと確信している」。同じ時期、孫文はまた、日本は中国を助け不平等条約を廃止させ、中国革命を援助し、中国と「非侵略的、平等的」「中国国民の幸せを増進できる」経済提携をするべきだと主張した（『孫中山全集』第五巻、四六九頁）。ここから見ても分かるように、「吾人之大亜細亜主義」の段階で孫文が構想した「アジア大同盟」の基本的な着目点は、アジア諸国、諸民族が経済的に互いに協力し、政治、人道的に支援し合うことによって、アジアひいては全世界の「国際的平等」を実現させることにある。日本のような先頭を切って近代化を実現した国に対しても、「列強の一つ」と自惚れることなくアジアの他の弱小国を助け、植民地、半植民地の地位から抜け出させ、「アジア人種大団結」の中核としての役割を発揮するべきだと要求したのである。故に、「吾人之大亜細亜主義」という主張は、構造形式から盟主問題に触れた関係で主体型世界システム思想と若干似ていると見られがちだが、本質的には、やはり上位主体の存在を否定した非主体型世界システム思想だと言ってもよかろう。まさにこの特徴を持っているので、「吾人之大亜細亜主義」主張は初めてアジア人民の帝国主義の侵略に反対し、民族独立を求めようとした願望を表した代表的な政治思潮になったのである。

## [16]『アジア主義と近代日中の思想的交錯』

嵯峨　隆

一四五―一七七頁、抄録

第五章　孫文の「大アジア主義」講演をめぐって

アジア主義は日本を出自とする思想であるが、前章で見たように清末・民国初年に至って中国でも唱えられるようになる。量的に見てその言説は日本の論壇に現れたものと比べればかなり少ないが、特徴的であったことは、それを唱えたのが政治的変革を志向する反体制エリートたちであったということである。日本の論壇のアジア主義と最も対照をなすのは李大釗の「新アジア主義」であり、それはアジア民族の解放を基礎としてアジア全域の変革を志向するものであった。だが、彼の提起したアジア主義を継ぐ者は現れることはなかった。今一人、アジア主義を提唱した人物として知られるのは孫文である。彼のアジア主義という言説の用い方は、多分に日本からの影響によるものと考えられるが、一九一〇年代末に至るまでの内容を見ると、その実質はほとんど日中提携論の別名でしかなく、他のアジア諸民族の解放ということは視野に入っておらず、日本のアジア主義に対抗する意図を持ったものではなかった。そして、黄白人種闘争を唱えながらも、白人種の支配に取って代わろうとする国際システムの転換を意図する構想を持ったものでもなかったのである。

それにも拘らず、孫文には常にアジア主義者としてのイメージがつきまとう。その理由は、一九二四年一一月に神戸で行われた「大アジア主義」講演にある。そして、それについての一般的な評価では、孫文がアジア固有の伝統に基づいて諸民族が連帯する必要性を説くと同時に、日本の侵略的本質を見抜き失望し、これとの完全な訣別を図ったものと見なされてきた。そうした評価は、晩年の孫文の思想が著しく反帝国主義的民族解放の側に傾いたと見なすことから生じるものである。そこでは、いわば孫文思想の直線的な進化が念頭に置かれている[1]。しかし、それまでの孫文のアジア主義が自国中心主義であり、しかもそれが日本の言説の流れに乗ったものであったとすれば、晩年の立場はそうした状態から転換を果したと見るべきものなのであろうか。あるいは、それとは逆に従来からの持続の上にあったと評価すべきなのであろうか。

本章は、以上のことを考察するために、まず一九二四年時点における日本のアジア主義言説の特徴を概観し、次いで孫文の対日観が日本の思潮と噛み合う性質のものであったのかを見ていくことにする。そしてその上で、「大アジア主義」講演が意図したものは何であったか、そしてそれが彼の対日観ひいては思想全体の中でいかなる評価がなされるべきかを検討することとしたい。このことは、最終的には、孫文が実質を伴った「アジア主義者」であったかという問題にまで関わってくることであろう。

（中略）

## 第三節　日本滞在時期の孫文

（前略）

以上のことから、「大アジア主義」講演については次のようなことがいえる。まず、孫文は被抑圧民族の解放を述べてはいるが、それは必ずしも反帝国主義的立場に基づいてのものではなかったということである。そして、そこでは日本批判の姿勢も確認することができず、逆に日本に対する期待感が持続していたと理解する方が妥当であると考えられる。総じて、この講演は中国革命の達成を妨げている欧米列強に抗すべく、日中ソの三国の提携を呼び掛けたものである。さらに敷衍すれば、それはヴェルサイユ体制とワシントン体制から疎外されている国々を結集しようとするものであり、後に戴季陶によって提唱される「大陸同盟」の原点であると考えられる。この意味において、孫文の講演の主旨は、「大アジア主義」と銘打つものの、日本の論壇における受動的かつ日本主義に通ずるアジア主義と相容れるものではなかった。しかし、それはアジア民族の解放を唱えながらも、孫文の考えの中には、彼らと同一の地平に立とうとする発想はなく、従来からの特徴である強国依存の傾向が持続していたと考えられるのである。

日本を離れ天津に到着した後のインタビューで、孫文は「目下日本は世界の三大強国と誇ってゐるけれども思想その他の方面において尽く欧米人の後塵を拝しつゝあるではないか、これは日本人が脚下の亜細亜を忘れてゐるためであって日本はこの際速やかに亜細亜に帰らねばならぬ、而して第一着手に先づ露国を承認すべきだと思ふ(2)」と述べた。このことは、孫文が依然として日本への期待を捨てておらず、日中ソ三国の提携を望んでいたことを示していたのである。

本章では一九二〇年代半ばの日本論壇のアジア主義再燃を背景として、孫文がいかなる対外政策を展開したのかを踏まえ、「大アジア主義」講演の内容と特徴を検討してきた。本章で明らかにされたのは以下の諸点である。日本におけるアジア主義言説の再活発化は、アメリカの排日法案通過を契機とするものであったが、その内容は一九一〇年代のそれとほとんど変わるところはなく、むしろ「白人種憎し」という点では興奮の度合が一層高まったかのような印象を受けるものであった。この間の孫文の対外観を見ると、そこには以前と同様に日中提携の呼び掛けが持続していたが、新たにソ連との提携が加わり、三国による提携の構想が生じるに至った。また、孫文は当時の日本の論壇でのアジア主義再燃に対しては、アジア民族の団結の契機となることに若干の期待を見せたものの、その実態が結局は自らの考えるところと相容れないものであることを認識し、「われわれのアジア主義」をもってそれに対置させようとしたのである。彼がことさらに揚言して、それとの対決姿勢を見せなかったのは、中国革命を最優先する政治的配慮によるものであったろう。

神戸での「大アジア主義」講演とその前後の発言を見ると、そこには日中提携論が持続していたと考えられる。この点では、以前の傾向からの大きな転換はなかったといえる。また、孫文の従来のアジア主義の今一つの要素であった人種論は消滅したかに見えるが、それはソ連との提携の背後に隠れたと見るべきである。もし、「大アジア主義」講演に何らかの新しさを見出すとすれば、ソ連との提携を加えたことによって新たな国際システム創出の可能性を開いたということであろう。ただ、それも被抑圧民族の主体的抵抗と変革を基本に据えたものではなく、ましてやかつて李大釗が唱えた「新アジア主義」と同次元で論じ得るようなものではなかったのである。総じていえば、孫文の政治的生涯の中で唱えられたアジア主義とは、日本で生まれた「アジア主義」という言辞をもって、その時々の彼の外交姿勢を日本人に表明したものであって、その根底には常に中国革命への支援の要請が込められていたのである。その意味では、孫文のアジア主義はある意味では自国変革のための便宜的な概念として用いられていたと考えられるのである。

それでは、孫文の「大アジア主義」講演は日本でどのように受け止められたであろうか。いくつかの事例を挙げて、本章の締め括りとすることにしよう。

当時の日本で、最も積極的にアジア主義を論じていた雑誌『日本及日本人』には、孫文の「大アジア主義」講演に好意的な記事が掲載された。それは、講演が過去の日本が独立を果たし「亜細亜の先覚」となったことと日本のリーダーシップを示唆する箇所に言及し、これを「吾人の素論と符節を合するが如きものあり」と評価し、アジアはその本質に基づいた独創的文化を作るべきであって、欧米の文物に心酔しそれを謳歌することの非を説いたものであった。[3]この論説は、日本型アジア主義の本流からの断章取義的な評価であったといってよい。また、文明論と種族的観点から講演を評価するものもあった。例えば、『大阪毎日新聞』の記事は孫文の王道・覇道論を肯定的に捉え、問題は「向後吾等人類の永い生活において、いづれが最後の勝利者となるか」であるが、昨今のアジア民族の国家的自覚は将来を悲観するに及ばないとする有力なる証拠であると述べた。そして、アングロサクソン対アジア民族の対決が予想される将来に備えるためには、どうしても日本と中国の提携が必要であるとされたのである。[4]こうした評価は、孫文の講演を日本のアジア主義と質を同じくするとの前提に立ったものであるが、果たして孫文の真意を理解したものであったかは疑問である。

しかし、全体的に見れば、孫文の講演に対しては批判的な意見が多く見られた。まず、矢野仁一は歴史学者の立場から、朝貢に関する歴史的事実を歪めて自説を開陳した孫文を、白昼人を欺くもので寸毫の価値もないと断言した。[5]これを受けて、橘樸は孫文の王道思想が近代的国家観念とは相容れないものであるとし、孫文は「西洋勢力の下に呻いて居る弱小民族の不平と云ふ事と、亜細亜と云ふ一種の地理的観念とを非論理的に結び付けて居る嫌ひはないか」[6]と批判した。そして、孫文が中国統一の先決問題として軍閥打破を選ばず、反帝国主義を優先させたことを不合理なものと批判していた。この時点での橘は、孫文の国際戦略が中国革命の達成とリンクするものであることを理解していなかったのである。このほか、孫文の黄色人種同盟による白人種との対決の構想については理解をしつつも、彼の「理想家」的体質をもってしては主権回復の実現は困難であるため、現実的立場から国内の統一と整頓、経済の発展を図るべきであるとする意見、[7]また同じく内政優先の立場から、大アジア主義の主張は「六菖十菊」の譏りを免れず、革命のための手段としては「あまりに非時代的であり、空疎大葉」に過ぎるという批判がなされていた[8]。当時、孫文の戦略を最も適確に理解し、それを批判し得た人物は中野正剛であった。彼は、孫文の構想が「亜細亜を打て一丸となし、之に労農露西亜、独逸其他虐げられたる国々を連ねて、世界の覇者英米両国に対抗せんと[9]」するものであるのに対し、「日本の大亜細亜主義者は亜細亜を連ね、人種的色彩によりて白人に応戦し、日本を中心として白人の帝国主義に対抗すべく、別個の帝国主義を高調せんとする傾向がある[10]」。このように、両者の間には大きな相違があるにもかかわらず、孫文が日本のアジア主義者たちに期待をかけることは賢明な策ではないとされたのである。「支那人の支那」を前提に考える中野は、孫文と日本のアジア主義に対してバランスの取れた見方をしていた。しかし、こうした見方をする者は極めて少数であったといわなければならない。多くの人には、孫文の「大アジア主義」講演が意図した日中ソの三国提携策はほとんど理解されていなかったのである。

（1）例えば、藤井昇三は『孫文の研究―とくに民族主義理論の発展を中心として―』（勁草書房、一九六六年）以来一貫して、孫文が最終的に反日の立場に到達したと見なしている。
（2）「日本は亜細亜に帰れ」、『大阪毎日新聞』一九二四年一二月七日、『孫文・講演「大アジア主義」資料集』、一〇六頁。
（3）「孫文の亜細亜自覚論」、『日本及日本人』第六七号、一九二四年一二月一日、同右、一四七頁。
（4）「亜細亜民族の団結　日支提携の必要」、『大阪毎日新聞』一九二四年一二月二日、同右、一四〇―一四一頁。
（5）矢野仁一「共和政治の精神的破壊」、『外交時報』第四八二号、一九二五年一月一日、一四八頁。
（6）橘樸「孫文の東洋文化論及び中国観―大革命家の最後の努力―」、『月刊支那研究』第一巻第四号、一九二五年三月、一三七頁。
（7）小林俊三郎「孫段二氏の外交意見」、『外交時報』第四八二号、一九二五年一月一日、一三三頁。
（8）「支那に経済立国策を提唱す」、『改造』一九二五年一月、『孫文・講演「大アジア主義」資料集』、一五〇頁。
（9）二十六峰外史「孫文君の去来と亜細亜運動」、『我観』一九二五年一月、同右、一五二頁。
（10）同右、一五三頁。

# Ⅱ　孫文の神戸での動静（一九二四年一一月二四日～三〇日）

本篇には、解説（**資料17**）として、孫文の神戸滞在一週間の動静を「神戸新聞」など地元紙や「大阪朝日新聞」などの全国紙の報道を、六項目にわたって詳細に追跡した論考を収めた。神戸と孫文の一八九五年一一月以来の「民間交流」を支えた実態を彷彿とさせる記録といえよう。

なお、安井三吉氏には、本篇にも関連する五種類の「大亜洲主義」講演のテキスト異同比較研究がある（同氏「孫文『大亜洲主義』のテキストについて」『近代』64、一九八八年所収）。

# ［17］孫文「大アジア主義」講演と神戸

孫文記念館元館長（神戸大学名誉教授）　安井　三吉

『孫文研究』五八号、一―二〇頁

## はじめに

一九二四（大正一三）年一一月、孫文が神戸で行った「大アジア主義」講演については、これまで講演の主旨やその真意をめぐってさまざま見解が提示されてきた。(1) このような問題について論ずることはもちろん重要である。しかし、同時にほかならぬ神戸の市民が、あの時孫文をどう迎え、この講演をどう受けとめ、さらには今日にどう伝えてきたかということを理解することも重要である。講演の意義については、両者を合わせて検討する必要があろう。

今回は後者の問題に即して、以下の六点を中心にお話してみたい。第一に、孫文の神戸滞在の日程について。第二に、瀧川儀作神戸商業会議所会頭らが孫文に「大亜細亜問題」というテーマで講演を依頼した背景について。第三に、孫文来神に関する『神戸新聞』、『神戸又新日報』など地元紙の報道について。第四に、講演会場となった兵庫県立神戸高等女学校の孫文歓迎の様子について。第五に、「大アジア主義」講演会における神戸市民の熱狂振りについて。そして第六に、孫文の講演がその後神戸においてどのように語り継がれてきたのかについて。神戸から孫文を考える、ということである。

これらの点をめぐる検討を通じて、孫文の最後の来神と「大アジア主義」講演の九〇周年を迎える今日、その歴史的意義について再考するための基礎資料の一端を提供したい。

なお、以下において、『神戸新聞』は『神戸』、『神戸又新日報』は『又新』、『大阪朝日新聞』は『大朝』、『東京朝日新聞』は『東朝』、『大阪毎日新聞』は『大毎』、『東京日日新聞』（『大毎』の関東版）は『東日』と略記する。また、引用文の一部については適宜句読点を加えた。

## 一　孫文の神戸滞在の日程

一九二四年一一月一三日、孫文一行は、永豊艦に乗って広州を出発、北京での段祺瑞・張作霖との会談を目指して北上の途に就いた。一四日、香港着、春洋丸（東洋汽船）に乗り換えて香港を出発、一七日、上海に到着した。一八日、上海で孫文は、日本から戻ってきていた李烈鈞から孫文とその政策に対する日本の各界の反応について報告を受けた。(2) そこで孫文は日本経由で天津に行くことを決意し、李烈鈞を通じて矢田七太郎上海総領事に日本訪問の希望を伝え、日本政府の意向を打診した。(3) そして部下（幕僚）を通じて日本人記者に対し日本に行って朝野各界の人々と意見交換したいとの意向を表明した（『神戸』一一・二〇）二〇日、矢田総領事から孫文訪日の計画についての報告を受けた出渕勝次外務省亜細亜局長は、来日は可であるが東京に来て各界の人々と交流することには難色を示し、矢田にその旨伝達した。(4) おそらく李烈鈞を通じて日本政府のこのような意向を確認した孫文は、東京行きを断念して、神戸経由で天津に向かう日程を決定したものと思われる。なお、二二日、出渕との協議を経て、内務省警保局石原外事課長は平塚広義兵庫県知事に、孫文に対しては「一般亡命客トハ其ノ趣ヲ異ニスル」ので「特別ノ保護ト便宜」を与えるように指示した。(5)

一一月二一日

孫文は訪日に当たっての「声明書」を『大毎』と『東日』に託し、日本訪問の意図を両紙を通じて日本国民に対して表明するとともに、犬養毅、渋沢栄一、頭山満ら「朝野有力者」に打電して、「諸賢ト東亜ノ大局ニ付懇談シタシ、神戸迄御光来アラバ幸甚」(6) と神戸での懇談を要請した。

一一月二二日

午前八時、孫文一行、上海丸（日本郵船）にて上海出発。

一一月二三日（日）

正午、孫文一行、長崎着。五時、長崎出発、神戸に向かう。

一一月二四日（月）

○『大毎』社説「孫文氏来る」

○午後二時、孫文一行は神戸港第四突堤に到着、市民、華僑等千余の人々の盛大な歓迎を受けた。出迎えた人々の内で主な者は下記の通り。

中国人：柯鴻烈（神戸領事）、楊寿彭（中国国民党神戸支部長）、鄭祝三（神戸中華総商会会長）、華強学校生徒、留学生。

日本人：古島一雄（犬養毅の代理）、高見之通（政友本党、床次竹二郎の代理）、望月小太郎（憲政会）、砂田重政（革新倶楽部）、森田金蔵（実業同志会）、井上謙吉（李烈鈞顧問）、萱野長知、菊池良一、宮崎龍介、宮崎震作、山田純三郎、神尾茂（『大朝』）、三上豊夷、福本椿水（神戸商業会議所）。

兵庫県の車でオリエンタル・ホテル（海岸通六丁目）に向かう。孫文の居室は六九号、応接室は六五号。李烈鈞らは田中屋旅館（栄町一丁目）に投宿。一一月三〇日、北嶺丸で天津に向かうことが決まる。

一一月二五日（火）

○『大朝』社説「孫文氏に望む　神戸寄港を迎へて」

○正午、西川荘三神戸商業会議所副会頭、孫文を訪問、講演を依頼。
○午後三時一〇分、頭山満が『東朝』の藤本尚則記者と共に三宮駅着、直ちにオリエンタル・ホテルに向かう。応接室にて、約一時間半懇談。同席者は、戴天仇、大久保高明、辻鉄舟、藤本尚則、山田純三郎。
○『大朝』夕刊、孫文の講演会について報ず。
○午後九時より、オリエンタル・ホテルで、東京、横浜、大阪、神戸の中国国民党員主催の孫文歓迎会開催、(7) 頭山、大久保も出席、一〇時三〇分散会。
○主な訪問客：頭山満、内田嘉吉（前台湾総督）、望月小太郎（憲政会）、神田正雄（憲政会）、西岡竹次郎（中正倶楽部）、大久保高明、藤本尚則、今井嘉幸（弁護士）、西川荘三（神戸商業会議所）、大沢佳郎（渋沢栄一代理、第一銀行神戸支店）、奥村龍三（神戸基督教青年会）

一一月二六日（水）
○『神戸』、孫文の講演会開催を報じる。
○主な訪問客：頭山満、大久保高明、藤本尚則、井上雅二、森恪（政友会院外団）、斎藤藤四郎（中正倶楽部）、八木林作（兵庫県警）、雪沢千代治（兵庫県警外事課）、饒平（智太郎?、大毎）
☆郝兆先（華僑聯合会会長代理）、陳錦豫（同副会長）、楊睦鳳（同労工部長）

一一月二七日（木）
○『神戸』、『又新』、『大朝』、『大毎』の四紙、孫文の講演会に関する社告掲載。
○『大毎』、「孫文氏と其事業　戴天仇氏談」（〜一一・三〇）
○主な訪問客：福原俊丸（貴族院・研究会、青木信光の代理）、池田長康（貴族院・研究会、青木信光の代理）、梅垣長二（三井物産）、永島忠重、曽田定祐、寺島天園、松方幸次郎

☆尹洪烈（東亜日報）

一一月二八日（金）

○『神戸』社説「支那を援けよ　日支共栄の階梯」

『又新』社説「日支提携の一事　支那新政府の新対外策」

○『神戸』、『又新』、孫文の講演会に関する社告掲載

○午後一時一〇分、孫文は宋慶齢、李烈鈞、戴天仇（季陶）、兪詠胆を伴って、オリエンタル・ホテルを出発、自動車で兵庫県立神戸高等女学校正門に到着、篠原辰次郎校長、同校上級生の出迎えを受ける。休憩室で小憩後、一時三〇分、孫文と宋慶齢は大講堂で約一千名の女高生に対して短い講演、孫文の話は戴天仇が、宋慶齢の英語のスピーチは同校の塚本ふじ教諭が通訳した。

二時開門の予定だったが、聴衆が殺到、二時二〇分開門、三階の大講堂は忽ちあふれ、あふれた聴衆を一階の雨天体操場に収容。聴衆は二千とも三千とも(8)。

孫文はまず体操場に赴く。主催者を代表して瀧川儀作神戸商業会議所会頭が挨拶、続いて孫文が簡単な挨拶を行う。

大講堂でもまず瀧川が挨拶、孫文の講演は戴天仇が通訳、聴衆の拍手で何度も中断、西川荘三が閉会の辞、拍手と万歳の声で場内騒然五時、ようやく終了した。孫文一行、自動車でオリエンタル・ホテルに戻る。

○六時：オリエンタル・ホテルにて歓迎会

主催：神戸領事、神戸商業会議所、神戸日華実業協会、神戸華僑同人

孫文の講演：「日本は中国の不平等条約撤廃を援助すべきである」

来賓：孫文、宋慶齢、李烈鈞、戴天仇、耿鶴生、兪応麓、黄昌穀等

井上謙吉、菊池良一、萱野長知、山田純三郎、宮崎龍介、宮崎震作、島田経一

参加者：中国人六四名（招待者八三名）、日本人九五名（招待者一〇五名）

挨拶：瀧川儀作、草鹿甲子太郎、柯鴻烈

主な出席者：楊寿彭、鄭祝三、平塚広義（兵庫県知事）、八木林作、瀧川儀作、勝田銀次郎（神戸市会議長）、西川荘三、今井嘉幸、鹿島房次郎（元神戸市長）、成田惟忠（神戸地方裁判所々長）、草鹿甲子太郎（神戸日華実業協会）、岡崎藤吉（神戸岡崎銀行）(9)

○主な訪問客：林正耕（満鉄）、角田陸郎（日華実業協会）、岸一太（医学博士）、川崎万蔵（川崎造船所）、三上豊夷、北村隆光（大本教神戸道院）、遠矢平吉、津下紋太郎（日本製油）

☆徐基俊（朝鮮人協会東京本部総務）、金東赫（同会長）、朴興奎（同労工部長）、李善洪（在阪朝鮮人兄弟会会長）は面会できず、明日再度来訪の予定。

☆雷昺（中国国民党東京支部）

一一月二九日（土）

○『東朝』社説「対支外交の先導たれ」

○『又新』、「「大亜細亜主義」孫文氏講演（本社速記）」掲載（～一二・一）

○主な訪問客：藤村義朗（前逓相）、山口政二（立憲政友会）、蟻川五郎作（憲政会）、皆川芳造（東京商業会議所）、浜岡光哲（京都商業会議所）、末広重雄（京都大学）、篠原辰次郎（神戸高女）、横山賀前（神戸高女）、神谷忠雄（日本貿易）、佐藤知恭、相川小夜子（神戸日日新聞）、百崎俊雄、新谷畔（台湾総督府）

☆徐基俊、金東赫、ブレールス・フォード（ジャパン・クロニクル）

一一月三〇日（日）

○一〇時、第三突堤、孫文一行、北嶺丸（近海郵船）にて天津に向け出発。

九時二〇分、孫文一行、乗船。華僑の少年隊が「国民党総理孫先生」と大書した旗を打ち振り、国歌を斉唱。甲板上では、砂田代議士、雪沢外事課長、西川商業会議所副会頭、福本同書記長、小林水上署長、柯鴻烈領事、李家駟副領事らと握手、砂田の音頭で千人余、「孫先生万歳」を三唱して見送った。

一二月二日
○『大毎』社説「亜細亜民族の団結　日支提携の必要」

一二月三日
○『大毎』社説「治外法権の撤廃―支那国民の要求」
○『大毎』、「大アジア主義　神戸高女にて　孫文氏演説　戴天仇氏通訳」連載開始（〜一二・六）

一二月四日　孫文一行、天津着

一二月八日　『民国日報』（上海）：「孫先生「大亜洲主義」演説辞（黄昌穀）」

一九二五年一月　『改造』：「大亜細亜主義の意義と日支親善の唯一策」

三月一二日　孫文、北京にて死去。

二　瀧川儀作と神戸商業会議所

孫文の講演会は、神戸商業会議所[10]が孫文に講演を依頼、講演のテーマ「大亜細亜問題」も瀧川らの依頼に孫文が応じて実現したものである[11]。

一一月二五日、西川荘三神戸商業会議所副会頭は、オリエンタル・ホテルに孫文を訪ね、講演を依頼した。孫文の講演については、『大朝』の一一月二五日夕刊に短いがいち早く次のような記事が掲載されている。

「(孫文氏は)尚二十五日午後には旧知の神戸商業会議所副会頭西川荘三氏を自宅に訪問し同家に一泊の予定である。公開講演会　神戸滞在の孫文氏は二十八日午後二時より神戸商業会議所主催大毎、大朝両社後援の歓迎講演会に臨み、戴天仇氏の訳を介して『大アジアに就いて』と題する公開演説をなすことになった。会場は未定。」

孫文の講演については、同日、兵庫県も次のように把握していた。

「尚孫文は本月二十八日県立高等女学校楼上に於て神戸商業会議所主催大阪朝日、大阪毎日両社後援の講演会に臨み、「大亜細亜問題」と題し一場の講演を為す模様なり[12]」

『神戸』は、翌二六日、次のように報じている。

西川の名や後援の新聞社として『神戸』と『又新』の名が見えないが、その他の点では会場や演題も正確である。

「神戸商業会議所副会頭西川荘三氏は二十五日正午オリエンタルホテルに孫文氏を訪ひ、歓迎の挨拶を述べたる後、一場の講演を懇請して孫文氏の快諾を得たので、商業会議所では自ら主催となり、来る二十八日午後二時より講演会を開催する事に決したが場所は未定である。尚孫文氏の演題は『大亜細亜』と決定した。」(『神戸』一一・二六、第二面)

『神戸』は、同日の別面では、講演の日は三〇日とも報じていた。

「十一時に商業会議所の西川荘三さんが来てこの際是非神戸で講演をやって欲しいと頼み込んだ。孫文氏は軽き微笑にこれを受けて承諾する。即ち三十日午後二時から県立高女で開催することに話が纏まった。孫文氏の演題は「大亜細亜」といふ

デッカイものだ相な。」（『神戸』一一・二六、第七面）

西川荘三（一八六八～一九四五）は兵庫県宍粟郡山崎町の生まれ。一八九〇年、神戸師範学校卒業後、約二年間上海、香港に留学。帰国後、三上豊夷の下で海運業に従事、三上合資会社支配人となる。一九一三年八月、第二革命に敗北して日本亡命を企図した孫文を支援するため、三上の指示に基づき外務省に赴き、孫文の神戸上陸を許可するよう要請した。こうしたこともあってか、孫文は、二五日の真夜中、中山手通三丁目の西川邸を訪問して「心から感謝の意を表した。」[13]という言い伝えもある。

孫文が、二五日夜西川邸を訪問する予定、という前述の『大朝』の記事と関連するものと推測されるが、当時西川邸で料理人をしていたという山本岩治氏は次のような思い出を語っている。

「孫文先生が県立第一高女講堂で大亜細亜論を講演された大正十三年のことである。或る日「夜中の二時過ぎに来客があるから待機せよ」ということで待機していたら、深夜になって数人の来客があった。これが孫文先生の一行であった。[14]」

興味深いエピソードである。

瀧川儀作（一八七四～一九六三）は奈良県出身、瀧川辨三（一八五一～一九二五）の養子。良燧合資会社、東洋燐寸株式会社などマッチ産業で重きをなし、中国でも上海で燧生公司、青島、済南で青島燐寸株式会社を設立、また麦少彭、呉錦堂など神戸華僑ともマッチを通じて親交があった。一五年一一月から一七年三月、二一年三月から二五年三月、神戸商業会議所会頭を務め、二一年九月からは神戸日華実業協会の代表も務めるなど神戸実業界のリーダーの一人だった。[15]

二八日、瀧川は、まず第二会場（雨天体操場）で、孫文に先立って挨拶を行った。

「欧州大戦は終熄しヴェルサイユ条約に依って世界は今や平和に向ひつゝあり。而して東洋の平和は中華民国との完全なる対等同盟締結によって解決さる。中日両国は感情においては日一日と親善に向ひ、中国の内乱も人類を超越せる所の孫閣下並に孫閣下と意見を同じうする所の方々と大英断に依って今将に解決せんとしてゐる。東洋の平和は即ち世界人類の平和の確立にあり。時機は遂に至れり。解決の鍵鑰は孫閣下の手にあり。私は日本国民を代表して孫閣下に最高の敬意を払わんとす。」（『神戸』一一・二九）

瀧川は、中国の国名を、当時日本政府が使っていた支那共和国ではなく、あえて正式名称の中華民国と呼び、また孫文がこの時対外政策の喫緊の課題としていた不平等条約撤廃の要請に対して、東洋の平和はこの「中華民国との完全なる対等同盟締結によって解決さる」と応じた。そして、神戸市民だけでなく、「日本国民を代表」して孫文に向かい「最高の敬意」を表明した。これは、当時の神戸が日本全体で占めていた大きな位置を踏まえての発言だったと言える。第一会場の大講堂でも、瀧川は孫文の講演に先立って挨拶を行っている。

「今日世界的大偉人として我等の平常から敬服して已まない孫閣下の来神を機として、茲に親しく御高見に接するを得たるを喜ぶと共に、先づ以て閣下に深甚なる感謝の意を表したいのであります」（『又新』一一・二九）

ここには瀧川の孫文への尊敬の念が自然に吐露されている。

二時間に亘る演説会は、西川荘三神戸商業会議所副会頭の閉会の辞を以て終わった。

さて、瀧川儀作らが孫文を歓迎し、講演を依頼したこと、テーマを「大亜細亜問題」としたことの背景は興味深い問題である。とりわけ、それらが時の日本政府（加藤高明内閣）が上京を歓迎しないという事態の下で敢行されたことは、瀧川だけでなく神戸の覇気を感じさせるものである。以下、その背景についてまとめておこう。

第一は、当時の神戸商業会議所の指導部は会頭が瀧川儀作、副会頭が西川荘三、専務理事（書記長）が福本椿水で、三人とも一九一三年に孫文と会っていたという点である。瀧川と西川は、三月一四日の常盤花壇での歓迎会で、また西川と福本は八月の孫文の神戸上陸と諏訪山潜居を支援していた。三人は孫文とは旧知の間柄だったのである。

なお、瀧川と西川の任期は、一九二五年三月までとなっていた。（たとえ孫文が存命だったとしても）孫文来神の時期がもう少し遅れていたら、講演会は実現しなかったかもしれない。また、一一月八日には李烈鈞の来神に際し、神戸商業会議所において歓迎晩餐会が開催されていた。この集まりには、瀧川儀作を初めとして柯鴻烈領事、楊寿彭、鄭祝三、平塚広義兵庫県知事、草鹿甲子太郎、森田金蔵、成田惟忠等神戸の名士が出席していたが、この顔触れは一一月二八日夜の孫文歓迎会の主要メンバーと重なる。[16]八日の晩餐会で、孫文とその政策について李烈鈞がどのような話をしていたかは不明だが、ここで瀧川らは、孫文に関する最新の情報を得ていたものと思われ、このことは、孫文に講演を依頼することを決めるうえで重要な前提となっていたものと推測される。

第二は、当時の神戸の日本における位置、特に対外貿易に占める神戸の位置の大きさで、これは中央とは別に神戸独自の主張を展開する土台となっていた。たとえば、当時、日本全体に占める神戸港の対外貿易の取り扱い額は、輸出において三二・一%、輸入においては四八・〇%、総額で四一・三%を占めるなど大きな位置を占めていた。（これには前年の関東大震災で横浜港が大打撃を被っていたことも関係していたが。）

第三は、神戸商業会議所は、当然のことだが日中貿易の発展を願っており、中国の平和的統一、日中関係の安定はそれに資するものと位置づけられていた。瀧川個人としても「日華実業之聯盟」を求めていた。こうした点は、孫文の方向と通底していたと考えられる。[17]

第四は、明治以来の中国との関係、とくに神戸華僑との親密な関係が形成され、日中関係の曲折のなかそれが堅持されてきていたということである。瀧川個人としても、義父辨三の代から神戸華僑呉錦堂らと経営上の連携があった。一八九七年の神戸華僑と神戸の実業家たちとの「日清商人」の懇親会から始まり、一九一七年の日華実業協会の設立とその後の活動にみられるように神戸経済界と華僑との交流には長い歴史があった。[18]なお、一九二四年、日本在住中国人は一六、九〇二人、その内で兵庫県在住は五、〇二五人で全体の二九・七%も占めていた。（この数字には台湾人は含まれていない）これは神戸華僑の位置の大きさを示している。

第五は、以上のような華僑との交流を基盤にして、たとえば一九一三年三月の孫文の来神に際して、神戸の実業家と華僑とが県・市と共同で歓迎会を開催してきたという点である。

第六は、当時日本では、一九二四年五月に議会で可決されアメリカの排日移民法に対する反発が強く、反米＝アジア回帰、「大アジア主義」への共感が高まっていたという点である。(19) 神戸では、六月、『神戸』の後援により「亜細亜人同盟　時事問題大講演会」が開催され、二千もの市民が集まったという（『神戸』一九二四・六・五）。

## 三　『神戸新聞』と『神戸又新日報』

一一月二七日の『神戸』『又新』『大朝』『大毎』の朝刊には、孫文の講演会に関する社告が一斉に掲載された。主催者は神戸商業会議所、日時は一一月二八日、午後二時、会場は兵庫県立神戸高等女学校と大きく報じられた。『神戸』と『又新』には後援新聞社として四社名が列挙されているが、『大朝』と『大毎』の社告には、『大朝』と『大毎』の二社のみで『神戸』と『又新』の名がない。ただし、『大朝』「神戸付録」の社告では後援団体として『神戸』と『又新』も加えて四社名すべてを掲載している。また、演題は、『神戸』と『又新』は「大亜細亜問題」としているが『大朝』と『大毎』は「大アジヤ」と片仮名で表記している。『神戸』と『又新』には、さらに講演会の趣旨について左記のような宣伝文が掲載されていた。

「支那革命の先覚であり、東亜聯盟の唱首であり、日支親善の楔子である孫文氏は支那新政一方の指導者として北京に赴く途次、我国民の諒解を求めんが為に特に来神せられ茲に親しく壇頭に起って市民諸君と見えんとす。有志諸君は請ふ来って此の風雲児の獅子吼を聞き日支親善と亜細亜民族の聯盟に向つて百尺竿頭一歩を進むるの途をたづねよ」

この宣伝文には、当時の神戸の人々の孫文観が凝縮されていた。『大朝』と『大毎』の社告にはこの一文がない。『神戸』と『又新』は、講演当日の28日にも同文の社告を第1面に掲載している。さらに『又新』は同社告に「来聴随意」として次のような案内を加えている。

「尚本日孫文氏は夫人を同伴し午後一時ホテルから会場高女校に到着校内を参観、同二時より約三時間に亘り長口舌を揮ふ予定、又一般来聴は随意であるが混雑を避ける為に案内状持参の向きは同校東の正門から、一般聴講者は電車道沿ひ裏門から入場され度いとのこと」

『神戸』と『又新』の孫文の来神と講演会に関する報道については、以下のような点に注目したい。

第一に、両紙は、神戸商業会議所の求めに応じて孫文の講演会を後援し、社告を通じて兵庫県下の多数の人々に参加を呼びかけた。

第二に、「大アジア主義」講演の内容を、紙面上で詳細に紹介し、後世に記録として残した。特に『又新』は、講演会翌日の一一月二九日から一二月一日まで三日にわたり「大亜細亜主義　孫文氏講演（本社速記）」を連載発表した。これは、孫文の講演原稿が残っていない現在、「大アジア主義」講演の最もオリジナルな資料といえる。おそらく、戴天仇の通訳を速記したものであろう、その点でも貴重である[20]。

第三に、神戸滞在中の孫文の言動だけでなく、孫文を迎えた人々、訪問した人々の名を記録し、また送迎の様子、特に講演会の状況を生きいきと報じている。これは神戸の市民や華僑の孫文への反応を活写していて、この点でも貴重な記録となっている。

第四に、両紙の社説である。講演会当日、『神戸』の「支那を援けよ　日支共栄の階梯」は、段祺瑞を「支那当代の第一人者」ととらえ、「此際段氏を援助して、其政治的根底を鞏固ならしめ、段氏をして縦横の経綸を如実たらしむるは、また驄て氏と宿縁ある我国を利する所以であって、日支共栄の方便はその間に存するであらう。」として、直隷派時代＝英米の「（独）壇場」、という観点から段祺瑞支持を訴えているが孫文については一言もない。一方、『又新』の社説「日支提携の一事　支那新政府の新対外策」は、段祺瑞の「新政府」の対外政策は「日支提携の一事に始まらなければならない」としつつ、主に孫文にスポットを当て、、従来「極端な偏理家」「変通に乏しき迂闊政治家」などとみなされてきた孫文が「漸次老熟に近づいて来た」ことを歓迎し、

「孫文が支那新政一方の指導者として、国家の大計を案ずるに方り、先づその歩を吾国に向け、朝野の有志と打解けて意見交換を行ほうとすることは、慥かに着眼の宜しきを得たもので、殊に今度の来神を機会に亜細亜問題を捉へて、吾神戸市民に見えんとするその遣□は、これを孫文氏渡日の目的に徴して無論大いに歓迎に値ひすべき次第と解して可い。」

と述べていることは、『神戸』とちがって孫文とその主張である日支提携、アジア問題に着目して、孫文の問題提起に応答しようとしている点で積極的であった。

第五に、『神戸』、『又新』と『大朝』、『大毎』との比較である。

講演会の報道という点でいえば、第一面トップに七段にわたって講演会と講演内容を詳細に報じた『神戸』が第一であり、『大朝』も第一面下段に講演会と講演内容を報じたという点、「神戸付録」でさらにより詳細に関連記事を載せているという点で講演を重視していたことが分かる。又『又新』も第2面トップに先述のように「大亜細亜主義　孫文氏講演（本社速記）」を載せ、第七面ではあるが、講演会の様子を生きいきと伝えている点で講演会を大きく報じていたと言えよう。これらに比較して『大毎』の報道はやや簡単に過ぎるという印象は否めない。ただし『大毎』は、戴天仇の談話「孫文氏と其事業」を一一月二七日から一一月三〇日まで、そしてやや遅れてではあるが一二月三日から六日まで孫文の講演「速記」を連載しており、孫文の神戸での足跡を記録したという点で貴重な役割を果したといえよう。

第六に、『大朝』と『東朝』、『大毎』と『東日』をそれぞれ比較してみる。関西と関東の比較でもある。

『大朝』に比べて『東朝』の報道は至極簡単である。二九日第三面の八段目に「孫文氏講演会　大毎大朝主催」と題して、「神戸電話」としてわずか一二行の記事を載せるのみであった。

次に『大毎』と『東日』の比較という点で重要なことは、『大毎』が講演の「速記」を連載したのに対して、『東日』には講演の「速記」は掲載されなかったという点である。ただし、戴天仇の「孫文氏と其事業」は、『東日』でも夕刊だが一一月二九日から一二月五日まで、「支那革命」と題して連載されている。

ところで一九二四年の『朝日』と『毎日』の発行部数は左記の通りである。

朝日新聞・毎日新聞の発行部数（一九二四年）

| | 大阪 | 東京 | 合計 |
|---|---|---|---|
| 朝日新聞 | 六九〇、〇〇〇 | 四一〇、二二一 | 一、一〇〇、二二一 |
| 毎日新聞 | 一、一一一、四五九 | 七〇九、〇八一 | 一、八二〇、五四〇 |

（朝日新聞は、『朝日新聞社史』資料編、一九九五年、毎日新聞は『毎日新聞七十年』、一九五二年）

この表で『朝日新聞』は、大阪＝『大朝』、東京＝『東朝』、『毎日新聞』は、大阪＝『大毎』、東京＝『東日』をそれぞれ指す。ただし実際の購読者数はこれより少なかったといわれるが、ラジオも録音もなかった時代にあって、[21]『朝日』、『毎日』は、両紙合わせると合計三〇〇万部にもなりその全国紙としての伝播力は大きかった。[22]

## 四　兵庫県立神戸高等女学校

講演会の会場となった兵庫県立神戸高等女学校は、一八九九年、兵庫県会で設置が可決され、一九〇〇年四月五日、文部省告示により設置が公布され、一九〇一年五月一日授業を開始した。初め兵庫県高等女学校、一九〇一年四月、兵庫県立高等女学校、一九〇九年一〇月、兵庫県立神戸高等女学校と改称され、さらに一九二五年三月一三日、兵庫県立第一神戸高等女学校と改称した。孫文の講演が行われた時期の校名は兵庫県立神戸高等女学校である。学校は下山手通五丁目にあり、大講堂は電車道に面した海側の三階に、雨天体操場は運動場に接し、一階西側に位置していた。当時の校長は篠原辰次郎（在職：一九〇三〜一九二九）である。

講演会場として同校が選ばれた理由は明かではないが、たまたま二四年四月に同校新校舎が完成したばかりで、千を越える市民を一堂に収容する施設としてその大講堂が選ばれたのではないかと推察される。

同校は、戦後兵庫県立第一神戸高等学校（旧神戸一中）と合併して、一九四八年九月、兵庫県立神戸高等学校となり現在に至る。当時の校舎は、戦災は免れたが後に解体され、現在は兵庫県庁第一号庁舎の前庭となっている。[23]
次に講演会当日の学校と孫文・宋慶齢夫妻との交流の様子について『神戸』の紙面により見ておこう。

「午後一時十分孫氏は夫人と同乗、オリエンタル・ホテルを出発同校に向った。同校ではこの東亜聯盟の唱首である孫氏夫妻を迎へるべく校門に日華大国旗を交叉し待ち受けた。午後一時二十分、黒い支那服に茶の中折れを被った孫氏は洋装華やかな夫人と携へ、李烈鈞氏、俞中将、戴天仇氏等を随へ篠原校長職員等出迎への中をニコヤカに階上応接室に通った。軈て女生徒の手から今を盛りと咲き乱れた菊花の束を夫人に贈ると若く華やかな夫人は立上がり流暢な英語で「ありがたう」と満面微笑を泛せつ、これを受けた。夫妻は少憩の後特に同校生徒のために一場の演説をするべく講堂に通る。講堂には一千に近い同校生徒がギッシリ詰まって待受けた。夫妻の姿が壇上に現れるや割れるやうな拍手で歓迎する。孫氏の太く黒い眉の下には愛しみの眼が輝き、夫人の顔には期せず歓びの情が溢れ切った。二人は慇懃な答礼をする。篠原校長が孫氏夫妻を迎へた光栄を感謝すると続いて孫氏は壇上に進み出で戴氏の通訳で

「今日かく盛に歓迎して戴くことは誠に有難う御座ゐます。先年私がお国を訪れました時から見ると御国の文化は驚くべく進歩致して居ります。殊に学校方面の進歩は驚くべきものです。これは明治維新の賜物です。わが民国に於いても遅蒔きながらこのお国の維新に倣って今その運動を起しています。さうして将来この亜細亜□の日華両国は東洋確保のため十分な提携をして行きたいと思ひ、日本国民諸君の援助が受けたい。」

と述べ終る。次で夫人は

「この皆様方の盛大な歓迎を受けまして又妾（わたし）が女学生時代を回顧致しまして、妾はどうしても一言申し上げなければならぬ気になりました。今や婦人の使命は重大であります。トルコでは既に婦人の文部大臣を出しその他の諸国に於いては州長を出し或は政治上有用な婦人を沢山出して居ります。日本の将来は皆さん方婦人に負ふ処が多いと信じます。この意味に於いて日華両国の婦人は益々目醒め、東洋確保のため手をひき合って十分進歩して行きたいと思ひます。」

との意味を流暢な英語で滔々十分間に亘って述べ、同校塚本教諭が之れを通訳した。生徒からは又もや万雷の如き拍手が起る。

夫人はこれをつゝましく受けた。篠原校長感謝の辞を述べ同校生徒に対する講演を終って一先休憩した。夫人は米国ジョーヂア州ウェスレー女子大学で学んだ民国婦人界の花形である。」（『神戸』一一・二九）

通訳の塚本ふじ教諭については、同校『創立三十周年記念誌』に次のような紹介がある。

「故塚本ふじ氏　勤続二十三年余、少にして英語を修め後米国ウイルスン大学その他を卒業し、留学5個年にして帰る。学徳兼備且義侠心に富み、人の為社会の為貢献せし処少からず。教授懇切にして生徒悦服し、今猶其徳を慕ふ者頗多し。昭和二年突然病を得て逝去し、其の功績と芳名を永く本校に留むるのみ嗚呼。[24]」

なお、宋慶齢の演説は、“A Nation Rises No Higher Than The Status of Its Women” というタイトルで、“The Osaka Mainichi” (December 4, 1924) に収録されている。[25]

## 五　熱狂する市民

一一月二九日、『神戸』は一面トップに「熱狂する聴衆を前に　大亜細亜問題講演　風雲児孫文氏「王道文化」を提唱す」というキャプションの下、六段抜きで会場の様子と孫文の講演写真、講演の詳細を報じた。『大毎』の講演「速記」には、聴衆が拍手した個所が記されていてこれにより市民が講演のどのような点に共鳴していたかを一定理解することができる。この点については、以前にまとめたものだが参考までに再録しておくことにする。

「講演速記に「拍手」と書かれているところは、全部で一九個所ある。それらは、ⓐ日本賛美（五個所）、ⓑアジア賛美（六個所）、ⓒ中国賛美（四個所）、ⓓ欧米批判（四個所）と大別できる。このうち、ⓐは主に、条約改正と日露戦争に関する部分であり、ⓑはアジアの文化、ⓒは往時の中国と周辺諸国との関係、ⓓはアジアに対する欧米の民族抑圧への批判を展開した個所である。すなわち、孫文の講演を欧米列強のアジア民族への侵略を批判し、それに先頭に立って闘った日本の栄光を讃え、さらに日中の提携を核にしてアジア民族の団結をはかり、その力によって欧米列強の侵略をはねのけようという訴えとして受けとめ、それに対して共感の拍手を送ったということである。[26]」

孫文は、この講演で、二一か条要求以来の日本の対中国政策、朝鮮併合、台湾の植民地統治について言及しなかったが、これは日本の不特定多数の一般市民に対する講演ということでの「自主規制」によるものであった。

次に、聴衆の熱狂振りを『神戸』（第七面）の記事によって見ておこう。

「孫氏夫妻が午後一時未だ会場に到着せぬ前から県立高等女学校付近には、この支那革命の先覚であり、日支親善の楔子である氏を見んと群衆蝟集し待受け、警察当局では場内外に亘って多数警官を派遣し厳重な警戒網を張った。

かくて孫氏一行が到着し同校生徒のために講演してゐる頃には正門、裏門とも人の黒山を築き遠く電車通りに溢れて実に物凄い光景を呈した。午後二時二十分開門するや殺到したこれ等群衆は我勝ちにと会場さして雪崩れ込み、将に命懸けの混雑を来たし、瞬く間に会場は溢れ盡した。然し孫氏の一咳に接せんとする群衆は刻一刻その数を増し、窓から壇上に盛れ上って尚盡きず。その数三千名を超へ孫氏の通路もなく、主催者は声を嗄らして場内の整理をしやうとしたが到底及びもつかず。熱し切った聴衆の間には□や阿鼻叫喚の混雑をさへ演じた。こゝで司会者は特に孫氏に乞ひ、二回講演の労を願った処氏も快く承諾し、直ちに階下雨天体操場で第一回講演をなした。此間本会場では大朝神尾茂氏が孫文氏の経歴その他に就いて説明し、会場は漸く静粛に帰ったが、一つ椅子に二人三人と重なり合ふ寿□詰めの盛況さである。

定刻より遅れること一時間余、孫氏は第二会場の講演を終り姿を現す。「万歳」の声と拍手は暫時堂を揺るがし、孫氏は歓喜に堪へぬ気な面持ちで帽子を打振りこれに答ふ。次で瀧川商議会頭は氏の中国に於ける功労を称へ、今日の出演を感謝して開会の辞に代ふるや、氏は再び万雷の拍手に迎へられ、戴天仇氏の明快な通訳で「今日此盛大なる歓迎を心から感謝する」と冒頭し、別項所載の如く「大亜細亜問題」と題して滔々雄弁を揮った。絶へず温容人を魅する微笑を泛べ、一言一句は大亜細亜民族のため肺腑を貫き、氏又熱してはその温顔に紅潮を呈す。要所要所に到りては聴衆皆心からなる感激の拍手を送ってこれに酬ゆるのであった。かくて二時間余に亘る長講を続け、「亜細亜民族の本領とする正義と人道によって東亜民族は団結し西洋の圧迫に堪へなければならぬ」と結び講演を終る。聴衆一同帽子を打振り「万歳」と連呼して送れば、氏亦帽子を振ってこれに対へ、夫人同伴、李烈鈞氏等と共に退場。同夜、オリエンタル・ホテルで開かれた慰労晩餐会に臨んだ。」（『神戸』一一・二九、□は判読不能の文字）

対日批判を抑えるという孫文自身による「自主規制」があったが、孫文が日本の不特定の一般市民、それも千を越える市民を対象として自己の所信を語ったもので、このような講演会は前後九年に及ぶ日本滞在中最初で最後のことだった。おそらく、世界を何度も回った孫文にしても、華僑華人ではなく外国のこれほど多数の一般（不特定の）市民を相手に講演を行ったことはないのではないだろうか。

## 六　語り継がれる孫文と「大アジア主義」講演

講演「大アジア主義」が、神戸の人々にどう受け止められ、伝承されてきたかを見るために、講演会の主催者だった神戸商業会議所会頭の瀧川儀作を初めとして講演を聴いた人々の思い出を拾っておきたい。

### （一）瀧川儀作（一八七四～一九六三）

講演が、神戸の人々の記憶の底から再び呼び戻されるのは、日中戦争の最中の一九四〇（昭和一五）年、汪精衛政権の樹立に伴ってである。

孫文に講演を依頼した神戸商業会議所会頭瀧川儀作は、一九四〇年三月五日、講演を冊子としてまとめ、関係者に配布している。いうまでもなく「汪精衛政権」樹立を目前にしてのことであり、次のような「序」を付している。

「聴衆立錐の余地なし、中山先生、言々句々憂国の熱情面に溢れ警世の獅々吼舌端に迸る、説き来たり説き去る満場酔へるが如し、これを訳するものは戴天仇氏なりき。

余頃来之を追憶しつゝ、現時の日支関係に及ぶ、感慨更に切なるものあり、因って当時の筆録を上梓し同憂諸賢に付す、即ち本冊子なり、敢えて清鑑を冀ふ[27]」

戦後瀧川は、一九五七年一月、再度、孫文の講演を神戸日華実業協会会誌『日華』五号に収録しているが、上述の「『孫中山先生の大亜細亜論』序」はそのまま付されている。瀧川は、これを一九五九年六月、パンフレットとして関係者に配布するが、新たに「再録のことば」を加え、その中で「……就中数千年歴史はもとより地理的関係上、最も親善を要する中日両国の現状を思うとき、まことに憂慮にたえない事を痛感するものである」として次のように書いている。

「こゝに於いて私は三十有六年の昔し《ママ》孫中山先生を迎えて、その英姿に接し且警世、愛アジアの大講演を拝聴した往時を偲んで感慨更に新たなるものを覚える。今こゝに先生の教訓を追憶し重ねて当時の筆録を上梓し同憂の諸賢に付し敢えて清鑑を希う所以であります。」

一九四〇年、一九五七年そして一九五九年と時代背景は全く異なるが、瀧川にとって孫文の講演は忘れがたい思い出としていつまでも心に刻まれていた。瀧川は、孫文に講演を依頼したいきさつについて次のように述懐している。

「神戸を訪ねた先生は、いわば失意の身であった訳であるが烈々の闘志まことに敬服すべきものがあった。わたしは当時神戸商工会議所の会頭をしていたが、この大人物の抱く思想に接する意義を考え、ここに出席されている福本（椿水）理事とともに、現在の神戸小学校《ママ》の講堂で大講演会を開催し、その講演概要をパンフレットとして関係各方面に配布した[28]。」

瀧川は、一九四八年三月一二日、神戸で開催された「孫文先生紀念会」の講師として招かれ[29]、また、一九五七年、神戸中華同文学校の移転と新校舎建築にも尽力した。

瀧川没後、神戸日華実業協会では一九七五年、講演を会誌『日華』に再録している。収録に際して、沖豊治会長はその「はしがき」において、その理由を次のように記している。

「追憶の情により、大正十三年秋、孫文逝去の前年に日本に来訪された時の生存中の最後の大演説の遺稿を読み返して見たら、その言々句々、現在の時勢に照らしても経世の大卓見であることを知り、血のにじむ苦心と努力の革命により築き上げられた近代民族主義中国の発展を心より祝福する意味で、国父孫文の残された『大亜細亜論』の名言を会員各位に再びご披露することも無意義ではあるまいかと思う。(30)」

一九七五年という「現在の時勢に照らしても経世の大卓見」との認識であった。

(二)「孫文最後の演説を聴く会」

一九四一年六月二五日、新大阪ホテルで汪精衛歓迎晩餐会が開かれた。終了後、甲子園ホテルに戻った汪精衛を囲んで、宣伝部長林柏生の招待で「孫文最後の演説会を聴く会」が開かれた。集まったのは、孫文に講演を依頼した西川荘三（当時、神戸商業会議所副会頭）、篠原辰次郎（当時、神戸高等女学校校長）、それに神尾茂（当時、大阪朝日新聞支那部長、講演会の司会者）の三人である。

「この夜篠原氏は当日演説会場の溢れんばかりの熱狂ぶりを語り、神尾氏は孫文最後の演説である「大アジア主義」の講演内容を詳細に語り、最後に西川氏は当時の写真を見せながら亡命の孫文氏と神戸の関係について述べた。

林柏生氏は三氏の語る言葉に感激しながらこれを筆記し、帰国後印刷して「第二の大アジア主義」の指針とすることになってゐる。なおこれら三氏たちによって孫文と最も関係の深い神戸区中山手四丁目、常盤花壇の別荘、県立女学校の三個所に記念碑を建設する計画が進められており、碑文は汪主席が筆を執るはずである。」（『朝日』一九四一・六・二六）

林柏生は汪政権の宣伝部長、戦後一九四六年一〇月、国民政府により「漢奸」として処刑された。

（三）福本椿水（一八八七〜一九六二）

福本は、山口県萩市の人、一九一三年八月、孫文の「夜陰に紛れて」の神戸上陸の際、神戸水上署長だった。ランチに同乗して孫文を川崎造船所から上陸させ、諏訪山まで送り届けたという。(31) 福本は、一九二四年一一月当時、神戸商業会議所専務理事（書記長）。一九五七年、『日華』に一文を寄せ、そのなかで、次のように記している。

「孫中山先生が日本に亡命されて居た折（大正一三年秋）、当時神戸商工会議所会頭であった瀧川儀作さんと同専務理事だった私し《ママ》は同志の協力を得て孫先生夫妻を神戸にお招きして県立第一高等女学校（現県庁）で大講演会を開催した。即ちそれが有名な大亜細亜論である。その時在神華僑は勿論、中日両国人の孫先生に対する熱誠なる歓迎は物凄く、会場は正に立錐の余地なく場外に溢れた聴衆の為に孫先生は三回《ママ》に及んだ講演をされた。

あれから星霜流れて三十三年、中国と日本の間にも色々と嫌な問題があったが、今や孫中山先生の訓に帰一して、中国は勿論和をもって一つとなりアジア延いては世界平和の為に努力せねばならぬ秋と痛感する。

（中略）

私しは今三十有余年を追憶しながら孫中山先生の面影を偲んで居り、遠く南京の中山陵に眠る先生の冥福を祈り、私しの為に遺された「天下為公」の王筆と最後の書簡を拝しながら彼の日の感激が一日も早く中日両国の間に訪れることを念じ敢えて世の人々に奮起を望むものであります。(32)」

（四）中井一夫（一八八九〜一九九一）

戦後最初の神戸市長（一九四五・八〜四七・二）となった中井一夫は、一九二四年一一月、兵庫県会議員として孫文の講演を会場で聞いた。「強烈な感動を受けました(33)」と自伝に記している。ちなみ、この日の午後、兵庫県議会は講演のために休会とされていた。現在大倉山公園に立っている孫文の胸像の碑文は中井のもので、下記の通りである。

「孫文先生　中国ノ偉大ナル革命家　三民主義ヲ掲ゲテ中華民国ヲ樹立シ　自由平等博愛ヲ信念トシテ　一九二四年十一月

二八日　神戸ヲ訪レ　有名ナル「大アジア主義」ト題シテ講演　東洋ノ王道文化ヲモッテ立国ノ基トスヘキコトヲ強調シ日本ノ朝野ニ多大ノ感銘ヲ与エタ

西暦一九八六年十一月

第十代神戸市長中井一夫書」

この孫文像は、もともと一九六五年、孫文生誕一〇〇周年[34]に際して建立されたもので、一九八六年、生誕一二〇周年に際して新たに建立されたものである。[35]なお、中井は、神戸市長時代、戦争で校舎を失った神戸中華同文学校のために大開小学校の校舎の一部を提供したり、一九五七年、同校が現在の地に新築移転するに際しても尽力し、校舎新築を祝して同校に「中日友好天下和平」の書を贈っている。

（五）杉村伸（一九〇四～一九九九）

杉村は、一九二四年当時神戸高等商業学校の学生だった。会場に潜り込み、演壇直下で講演を聞いていたという。[36]杉村は神戸の熊内八幡宮司であり、日華実業協会会長も務めた。瀧川儀作を回想した文章の中で、次のように書いている。長文になるが、孫文の「講演」と当時の神戸の勢いとを関連させ記していて、講演の背景としての神戸を理解するうえで役立つと思われるので、煩を厭わず紹介しておきたい。

「故瀧川儀作先生の数々の御業績の中でも、アジアの歴史と共に、永遠に残るものの一は、孫中山先生を招かれて神戸での大演説会である。当時二〇才の青年学生として此の大演説を親しく拝聴し、生涯の感銘を受けた私にとっては、此の機会を与えて下さった瀧川先生に特に深い感謝を捧げるものである。

当時の中日の国情からして、孫中山先生に対する待遇は、甚だ微妙な事柄であったので、日本に於て、大演説会を開く事は困難な事であったのであった。時の政府の消極的な態度に憤慨して，断乎として、神戸商工会議所の主催として此の大演説会を開かれた事は、翁ならでは決断出来ぬ所であり、同時に亦当時神戸商工会議所の会頭以下の会員が海運界を中心として、日本の経済界に君臨して居た実力を示すものであろう。

実に当時の兵庫県知事、当時の神戸商工会議所会頭の指導力は、中央の大臣諸公を凌ぐものがあったので、一地方斜陽都市の力弱き地方団体になり下った現状から見る時、凡そ今昔の感に堪えないものがある。

当時の神戸は、経済的にも日本を支配して居たが、文化的にも、国際間の往来は必ず神戸港よりであり、今日の東京空港の果たす地位を神戸は持って居たので、神戸は常に文化の尖端を行って居たのであり、殆ど文化活動も社会活動も神戸に始まったのである。[37]」

杉村は、戦中南京の中山陵を三度も拝謁している。[38] 戦後間もなく、一九四八年三月一二日、「孫文先生紀念会」の開催に尽力し、また一九五八年三月、関帝廟で開催された「孫中山先生追慕の会」の呼びかけ人には、作家の今東光、兵庫県知事の阪本勝なども名を連ねていたが、杉村はその責任者だった。この会には、「大正十三年秋来日した孫文が神戸の県立一女（現県庁）で〝大アジア主義〟の講演を行った当時から孫文にゆかりのある人たち約四十人」が参加した。[39]「追慕の会」は、一九四六年以来、毎年三月一二日に開催してきたという。[40]

（六）池田豊（?～?）と陳徳仁（一九一七～一九九八）

一九四八年一一月、池田豊と陳徳仁は、相協力して、各界の人々、中華民国駐日代表団阪神僑務分処代表の劉増華などの支援を得て、移情閣前に記念碑を建立した。碑文は、孫文が、一九二四年一一月に神戸で講演した際、会場となった神戸高等女学校に対して揮毫した「天下為公」の書を神戸高校から借りて写し記念碑としたものである。池田は、当時神戸市湊川で民論社という出版社を経営する傍ら，賀川豊彦とも交流し、世界連邦運動に参加していた。池田は、上述の「孫中山先生追慕の会」欠席の返事を杉村伸宛に送っているが、その手紙に次のように記している。[41]

「世界連邦も神戸で盛になり、また舞子に建てた孫中山先生記念碑も中共にも知られ…辛苦のかひはあったと至誠は永く遺ることを感謝しています。清貧乍ら決意丈けはやりあげる強硬さは鬢辺の白髪ともなり、苦心苦闘丈けはいつも御認め被下難有く存じます。孫中山先生の「天下為公」の碑は今では中外に知られる処となりましたが、昭和二十三年十一月十二日除幕をするまでの苦労はやがて真実を御承知下さることを祈って止みません。」

ここには、孫文を通じての杉村と池田との交流の一端が垣間見えるようだ。

陳徳仁は、戦争直後に結成した神戸中華青年会の幹事として、呉錦堂の遺族から委託されて移情閣を管理していた。なぜ池田と共同するようになったのかは不明だが、戦後間もない時期に、日中の二人が孫文を記念する碑の建立のため資金集めなどに奔走していたことは、孫文と神戸との繋がりの蘇えりと継承の貴重なエピソードとして記録しておきたい。またこの記念碑建立の過程で、将来孫文記念館を作ろうという構想が生まれていたことも注目される。[42] 陳徳仁は、一九六六年、林同春（一九二五～二〇〇九）と共に、移情閣を孫中山紀念館にするための建設委員会を立ち上げ、さらに一九七九年、神戸中華総商会ビル落成とともに神戸華僑歴史博物館を設置、華僑だけでなく孫文に関する資料を収集、展示した。これは、やがて一九八四年の孫中山記念館（現在の孫文記念館）開館に際しての資料提供へとつながっていった。このように陳徳仁は、神戸華僑歴史博物館と孫中山記念館の開館に尽力したが、同時に華僑や孫文に関する資料を独自に、長期にわたって収集していた。それらの中には今日ではもはや探すことのできないものが少なくない。陳徳仁のこうした地道な資料収集がなされていなかったら、「孫文と神戸」を再現することははるかに困難だったにちがいない。

むすび

孫文の生涯にわたる膨大な発言の中で、多くの日本人に記憶され、事に臨んでしばしば思い起されるのは、「大アジア主義」講演の掉尾を飾った次の有名な一節、

「これから後、世界文化の前途に対して、一体西方覇道の鷹犬となるのかそれとも東方王道の干城となるかは、ほかならぬあなたがた日本国民が慎重に検討し、選択することにかかっています。」

である。この言葉を、孫文が一九二四年一一月二八日、神戸高等女学校講堂で千余の神戸市民に向けて実際に語ったかどうかについては今日なお議論がある。[43] ただ、この一節が、中国語として初めて発表されたのは、一九二四年一二月八日の『民国日報』（上海）においてであり、日本語の初出は、雑誌『改造』一九二五年新年号[44]においてであることについては異論はない。その後、この講演は、「西方覇道の鷹犬」か「東方王道の干城」かの一節を含むテキストとして中国では胡漢民編『総理全集』（民智書局、一九三〇年）等に、日本語としては一九三五年に日本外務省調査部編『孫文主義』（一九三九年に『孫文全集』と改題）に収録されることで一般化され、人々の間に定着していった。講演をその耳で聴いた神戸市民もこの経過について特に違和感を訴えているわけではない。これは、彼らにあってはその耳で聴いたこととテキストとが矛盾するものではなく、むしろ会場で受けた印象の記憶をより鮮明化するものとなったと解することもできる。いずれにせよ孫文が日本人に遺した遺産のなかで、まさに「遺言」となった「大アジア主義」講演の掉尾のこの設問は最大のものの一つといってよいだろう。

一九二四年一一月二八日、千余の神戸市民が、孫文その人に接し、肉声をその表情とともに直接聴くことができた。これは日本人にとっては稀有な体験である。「大アジア主義」講演は感動をもって受け止められた。戴天仇の通訳もすばらしかったと伝えられている。

「大アジア主義」講演の受容、解釈には曲折した過程があり、それ自身日中関係の歴史を物語っているともいえる。この歴史についてはそれなりの整理が求められるだろう。そのことはともかく、また東洋、西洋という区分は別として、「王道」か「覇道」かという問題設定は、21世紀の世界を築いていくうえで今日なお重要な示唆を内包している。神戸は、孫文がそのような問題提起を（ひとり日本人だけでなく）広く後世に向けて発するという歴史の舞台を提供したのである。

（1）　拙稿「講演「大亜細亜問題」について―孫文と神戸（一九二四年）―」（『近代』六一号、一九八五・三）、陳徳仁・安井三吉編『孫文・講演「大アジア主義」資料集　一九二四年一一月　日本と中国の岐路』（法律文化社、一九八九、以下『資料集』と略記）参照。
（2）　徐輝琪編『李烈鈞文集』（江西人民出版社、一九八八、八三八頁）、李吉奎『孫中山与日本』（広東人民出版社、一九九六、五八五頁）、山口一郎「孫文の「大亜洲主義」と「亜洲大同盟」」（『関西大学中国文学会紀要』Ⅱ部二号、一九八五・三）
（3）　「在上海矢田総領事ヨリ幣原喜重郎外務大臣宛」（一九二四・一一・一九、『日本外交文書』大正一三年第二冊、一九八一、五六二頁）。孫文は、佐藤知恭に対して「日本政府ノ了解ヲ求ムヘク来邦シタル次第ナルモ政府当局者ヨリ東上ハ見合セヨトノコトナリシニ依リ神戸ニ滞在スルコトトナリシナリ」（『平塚広義兵庫県知事ヨリ若槻礼次郎内務大臣等宛』一九二四・一一・一、『資料集』、二〇六頁）と述べていた。
（4）　「孫逸仙来訪ニ関スル件」（『江浙並ニ奉直紛擾関係一件』、以下、『江浙・奉直紛擾』と略記、『資料集』二一一―二一四頁）、「平塚兵庫県知事ヨリ若槻内務大臣等宛」（一九二四・一一・一、『江浙・奉直紛擾』、『資料集』、二〇六頁）参照。
（5）　前掲「孫逸仙来訪ニ関スル件」。
（6）　『渋沢栄一伝記資料』第三八巻（一九六一、『資料集』、三三六頁）、頭山宛の無線電信については藤本尚則『巨人頭山満翁』（山水書房社、一九三〇、『資料集』、二二六頁）
（7）　中華会館で神戸華僑全体の孫文歓迎会が開かれなかったのは、一〇月に起きた広東商団事件の影響による広東系華僑の一部に孫文批判の声があったためと思われる。（「平塚兵庫県知事ヨリ若槻内務大臣等宛」一一・二二、『江浙・奉直紛擾』、『資料集』、一八三～一八四頁、等）。
（8）　「平塚兵庫県知事ヨリ若槻内務大臣等宛」（一九二四・一一・二八、前掲『江浙・奉直紛擾』、『資料集』、二〇一頁）。
（9）　「平塚兵庫県知事ヨリ若槻内務大臣等宛」（一九二四・一一・二九、前掲『江浙・奉直紛擾』、『資料集』、二〇三頁）。
（10）　神戸商業会議所は一九二九年、神戸商工会議所に改称する。
（11）　沢村幸夫は、「私は彼の神戸寄港に確定すると同時に、大阪で講演会を開きたいとの交渉を始め、すでに彼に承諾を得てゐ、また彼の希望によって大阪朝日新聞社と共同することにしてゐた。」（「孫文送迎手記」『支那』一九三七・八、『資料集』、二四一頁）と書いているが、他に証言もなく詳細は不明。

(12)「平塚兵庫県ヨリ若槻内務大臣等宛」（一九二四・一一・二五、前掲『江浙・奉直紛擾』、『資料集』、一九〇頁）

(13)「西川荘三」（のじぎく文庫『兵庫県人物事典』中巻、一九六七）

(14) 中林寅一「孫文先生ご在神中の片鱗」（『日華』一四号、一九六六、三六頁）

(15) 横田健一『日本のマッチ工業と瀧川儀作翁』（同書刊行会、一九六三）

(16)「平塚兵庫県知事ヨリ若槻内務大臣等宛」（一一・一〇、『江浙・奉直紛擾』、『資料集』、一七九―一八一頁）

(17)「瀧川会頭之中国談」（『日華実業』一号、一九二三・九、一七頁）、「支那統一の鍵は不平等条約の撤廃」（『中外商業新報』一九二四・一一・二、『資料集』、九四頁）

(18) 拙稿「大正時代の神戸華僑―呉錦堂・王敬祥・楊寿彭を中心として」（陶徳民・藤田高夫編『近代日中関係人物史研究の新しい地平』雄松堂出版、二〇〇八）

(19) 三輪公忠「一九二四年排日移民法の成立と米貨ボイコット」（細谷千博編『太平洋・アジア圏の国際経済紛争史一九二二～一九四五』東京大学出版会、一九八三、一五二―一六八頁）

(20) 沢村幸夫は「大阪毎日のために速記をとり、また、神戸滞在中にその原稿をもらひ受けて速記録と対照した。その原稿は、惜しいことに間もなく、不徳義極まる一雑誌記者に借り去られ、遂ひに私の手には戻らなかったが、速記の方は新聞に載せたのが残っている。」（沢村前掲、『資料集』二四四頁）。講演の写真を見るかぎり、孫文は原稿なしで講演しているように見えるが詳細不明。

(21) 萱野長知は、孫文に最後に会った際、講演に対する日本人の反応を聞かれて「あの演説はラジオでも放送されるし、……」と答えていた（『中華民国革命秘笈』皇国青年教育協会、一九四一、『資料集』三四四頁）が、ラジオの試験放送開始は、一九二五年三月一日のことである。

(22) 一九二四年当時の『神戸』、『又新』の発行部数は不明。一九二四年当時、『神戸』は約一万、『又新』は五万だったという（西松五郎「『神戸又新日報』略史」『歴史と神戸』一八-二、一九七九・四、二一頁）

(23) 兵庫県立第一神戸高等女学校・校友会・欽松会編『創立三十周年記念誌』（一九三二）、神戸高校一〇〇年史編集委員会編『神戸高校百年史　学校編』（一九九七）

(24) 前掲兵庫県立第一神戸高等女学校等編『創立三十周年記念誌』（一九三二、五三七頁）

(25) 女高生に対する孫文と宋慶齢の演説は、第一神戸高等女学校同窓会会誌『欽松』第一九号（一九二四・一二、前掲『神戸高校百年史　学校編』、「孫文、宋慶齢の講演文」『孫文研究』三七、二〇〇五・一）にも収録されている。
(26) 拙稿「講演「大亜細亜問題」の成立とその構造」（『資料集』、一〇頁）
(27) 神戸日華実業協会『孫中山先生の大亜細亜論』序（一九五六・六、『資料集』、二四六―二四七頁）。「筆録」とあるが、これは外務省調査部第三課編訳『孫文主義』上巻（一九三五、『明治百年史叢書』原書房、一九六七）所収のものと同一。なおこの訳文は、一九四〇年八月刊の外務省調査部編訳『孫文全集』第三巻（第一公論社）に再録されている。
(28) 瀧川明臨（儀作）「神戸での孫中山先生」（『日華』四号、一九五六・一、三二頁）
(29) 国際日報社神戸支局主催の講演会（会場は生田神社前の西井美術館）、講師は瀧川のほか、今井嘉幸、曽廣煜、李万之。この会については、久保純太郎「資料室だより　孫文先生紀念講演会（一九四八年三月）のポスターについて」（神戸華僑歴史博物館『通信』六六、二〇〇五・一二）参照。
(30) 沖豊治「はしがき」（『日華』二三号、一九七五、一〇頁）
(31) 兵庫県人物事典』中巻（一九六七年）
(32) 「追慕孫中山先生」（『日華』五号、一九五七・一、一一頁）
(33) 中井一夫伝編集委員会編『百年を生きる』（一九八五、八七頁）
(34) 安達房治「孫文先生生誕百周年記念神戸慶祝会記」（『神戸史談』二二二、一九六六・二）参照。
(35) 安福重人「中井一夫」（『孫文研究』四二、二〇〇七・九）参照。
(36) 『熊』（一九五六・一〇・一、陳徳仁コレクション、神戸華僑歴史博物館蔵）
(37) 杉村伸「孫中山先生と瀧川翁」（『日華』一二号、一九六四・一・一、二六頁）
(38) 杉村伸「孫文先生にかへれ」（『熊』一九五六・一〇・一、陳徳仁コレクション）
(39) 『神港新聞』（一九五八・三・一三、陳徳仁コレクション）
(40) 杉村伸「式辞」、陳徳仁コレクション）
(41) 池田豊の杉村伸宛書簡（陳徳仁コレクション）
(42) 池田豊「孫文先生記念碑建立趣旨書」（一九四八・九、陳徳仁コレクション）
(43) 拙稿「孫文「大亜洲主義」のテキストについて」（『近代』六四号、一九八八・六）

(44) 『改造』の当時の発行部数は二、三万(『雑誌『改造』の四十年』、一九七七、八八頁)

〈付記〉

本稿は、神戸大学国際交流推進機構アジア総合学術センター・公益財団法人孫中山記念会・神戸商工会議所共催「孫文「大アジア主義」講演九〇周年記念国際シンポジウム・講演会」(二〇一四年一一月)の第二日(一一月二九日)、孫文記念館で行った講演に一部修正加えたものである。

# Ⅲ　天津『益世報』、上海『申報』に見る孫文離日後の報道

一九二四年一一月一三日の孫文「北上宣言」は、直前に勃発した一〇月二三日の直隷派軍人・馮玉祥による「北京政変」（直隷派大総統・曹錕を監禁し一一月二日に辞任させ、北京政府を支配した）を経たもとで、新たな中華民国政治体制（国民会議召集）を構想する重要な転換点となった。二四年一月の中国国民党第一次全国代表大会宣言をふまえた、国民革命の目的である軍閥とそれを支える帝国主義打倒運動の新段階であった。

こうした中華民国政治の一九二四年段階の変容過程について、中国の主流メディアはどのように論評していたかを分析した楊瑞論文はこう述べている。馮玉祥は「孫文北上歓迎」世論を積極的に準備し、一一月初に孫文宛に「先生は党国の偉人、革命の先駆者、即日北上いただき、すべてを指導いただきたい」と依頼し、一一月五日には旧清朝宣統帝を故宮から退出させた。これとの対比で、馮玉祥の「北京政変」を批判する『天津益世報』（天津ローマ天主教の機関紙）一一月一日などは「第二の張勲」だと論じ、中国共産党機関誌『嚮導』第八九期（一〇月二九日）の蔡和森による論評は「英米帝国主義の寵児・馮玉祥」として論評していた（楊瑞「一九二四年孫中山北上的〝本事〟与〝叙述〟」『歴史研究』二〇一八年を参照）。『益世報』一二月四日付けでは、「孫文北上」は中国の「ロシア化」を図るものだと批判を展開した康有為の見解を掲載していた。同じその日に北京公使団（英・米・日・仏・伊など）は、孫文などが主張する「不平等条約撤廃論」や巷間流布する「中国政府の赤化可能性」などに対する緊急対策会議を開催している。『晨報』一二月六日付け記事は、孫文の「大アジア主義」による欧米勢力の排除論は欧米人に「孫文を憎み、ロシアを憎悪する」社会的心理風潮を生み出していたとする。『順天時報』一二月一三日付け記事では、孫文が張作霖宛書簡で、「中露国交」は希望するが「共産主義には絶対賛成できない」と表明していることが報じられた。この段階のグローバルな国際政治空間の磁場が、中国政治に影響を与えつつある現実の反映でもあった。

さて（**資料18**）は『益世報』一二月五日付で、一二月四日天津港に接岸した時の孫文「歓迎」状況と、張作霖との二時間会談、さらに夜八時の国民飯店での八〇余の諸団体による歓迎会（孫科、汪精衛、許世英ら）では「胃病」で欠席した孫文を代表して、汪精衛が謝辞を述べ、段祺瑞を代表して許世英も「中山先生の北京入り後、救国大計を協議したい」と発言していた。

（**資料19**）も、『益世報』一二月五日付「社論」で孫文を「革命の巨人」「共和の元勲」「不良の政治を改革し」「平民国家を創出する」人物と論じつつ、「赤化を提唱し、ロシアの党と結びつく」可能性と政治的危険性にもふれていた。

（**資料20**）は、孫文日本滞在中の日本側新聞報道を紹介しつつ、「孫中山が列国の対華抑圧を排撃しているのは、中国の平和的統一の障害となっているからで、中国革命は華人の自力による実現をはかり、外国人の干渉は不用だ」と記録している。とくに中日関係は「歯唇相輔の国であり、常に共存の可能性がある」と論評する。

（**資料21**）は、『益世報』一二月八日付で、日本の新聞メディアに表われた孫文の主張する「治外法権および一切の不平等条約の廃止論」についてとりあげ、それは「理論に偏しており」「先ずは内政を整理する必要があり」、21カ条をめぐる外交問題解決は、「国力を拡充すること」からはじまることが強調される。

また（**資料22**）は、上海の『申報』一二月一二日付記事「国外要聞」として、孫中山来日の印象を、毎日新聞、朝日新聞、および仏教徒の「願望書」からとりあげている。『毎日新聞』の評論は孫文の対内的軍閥打倒による国家統一（民権確立と人民の自由の保障）と、対外的独立自由の確保政策を紹介しつつ、「満腔の敬意」を表しているとする。『朝日新聞』は、日本人の中国観は数年前とは「大いなる変化」があり、「中日両国国民は、両国合すれば共に立ち、分かれればともに倒れるという原理」を理解しはじめているとし、孫文が「中国国民の指導者」としての役割を果たしつつあると評価する。仏教徒の『願望書』は、「中日両国民間」の相互理解の重要性を指摘しつつ、孫先生のような虚心坦懐さで東洋の文化を広め、世界の平和、人類の福祉のために尽力すべきことを提言していた。日本側の新聞メディアの動向を伝えていたといえよう。

（**資料23**）は、『益世報』一二月一三日の記事で、英字新聞から段祺瑞と張作霖の関係の不安定性が伝えられているが、密接な関係を維持しており、孫文と張作霖も密接な関係にあるとする「段・張・孫」の一体性を強調している。「三角同盟」が成功しているとされた。

（資料24）は、『益世報』一二月一五日の報道で、ソビエト・ロシアの政治的影響について汪精衛や孫科は、孫中山を代表して「赤化賛成論者ではない」ことを表明していた。たしかにソビエトの動向が北京政治に作用しつつある現実を反映していた。

（資料25）は、上海『申報』一二月一九日報道で、孫文の参謀長李烈鈞が天津で日本人記者と会談し、孫文の北京入りは「共産主義を実施しようとしているとの疑惑が出ている」が、孫文は中露の国交には異議はないが中国で共産主義を実施することには反対だと表明しているとした。あわせて、東方通信社一八日北京電では、李烈鈞の政局解説として「段張孫の三巨頭会議」が「善後会議」を代行していると指摘し、北京政府レベルの政治的動向が伝えられた。

（資料26）は、『益世報』一二月一九日付で、天津の英文紙『華北明星報』記者の孫科への取材では、「吾父（孫文）は国民会議の召集」により、全国の民意をもって一一月二四日に組織された段祺瑞の新執政府の合法化をはかるべきだとする意見を紹介している。さらに、一二月一八日のある新聞記者による孫文を代理した広州大本営・参軍の趙超への取材では、今回の孫文の「北上は、主義の宣伝であり、（段祺瑞と）『権利』を争奪する意図はない」と伝えた。

（資料27）は、一九二五年三月一五日付『益世報』で、孫文の死を報道するなかで、国民党内への政治的衝激によって重心を失ったもとで「共産党系」と「非共産党系」に分裂する可能性を示唆していた。

（資料28）の三月一六日付『申報』報道では、段祺瑞の「国葬」か、民党の「党葬」か、あるいは「国民葬」かという議論があるとされ、すぐに三月八日に組織された「右派民党」による「国民党同志倶楽部」（張継ら）と、それを否認する中央執行委員会の「左派民党」（汪精衛ら）に分立しているとする。

（資料29）は、三月一七日付の『申報』で、日本の世論と中国時局観を、東京朝日新聞、東京日日新聞、東京時事新報などから紹介する。『東京朝日新聞』は、国民党内を急進派（胡漢民、許崇智、廖仲愷ら）、穏健派（戴天仇、汪兆銘、孫科ら）、左傾学者派（陳独秀、李石曽ら）、軍人派（李烈鈞、譚延闓ら）に区分しつつ政局の動向を把握する。『東京日日新聞』はやはり中国中央の政局の段祺瑞と国民党との不安定化を強調し、『東京時事新報』も、第一に党首の後継者争いが政局の焦点になることを主張していた。一九二五年三月段階の中国政局はなど不透明な状態にあると判断していたといえよう。

## [18]　孫中山到津歡迎紀

孫中山所乘北嶺丸、前夜已泊塘沽、昨（四日）早八點由塘沽轉津、赴塘迎迓之孫科汪精衛等亦折回東站、趕赴日船碼頭、船抵岸時、歡迎者八十餘團體、孫氏面龐消瘦、不似外間照片之豐碩、登岸即乘汽車往張園、用午膳、二時赴曹家花園訪張作霖、談兩小時、回张園後、覺肝氣發痛、即電請德醫診視、據云係因在船上勞頓、食物不消、以致胃痛、肝部因之而腫、須靜養廿四小時云云、當晚六點有天津各界代表齊集國民飯店、開歡迎會、乃法國領事、堅不許可、査其原因、係上午在碼頭歡迎時、有鐵路工人聯合會、散發傳單、反封共產黨陳獨秀、法捕疑係散布過激派傳單、言語衝突所致、後經代省長楊以德面見法領、遂允止許致歡迎辭答辭、不許演說、至八時孫科汪精衛許世英楊以德等蒞場、席間由許世英代表段執政致歡迎辭、略謂中山先生、國家泰斗、此次北來、極端歡迎、合肥本擬到津迎迓、因政務羈身、未果、故派世英代表、請中山先生入京共商救國大計、敢敬一杯、爲中山壽、衆鼓掌、后汪精衛起立發言、略謂中山先生因胃病不果來、令鄙人代表、蒙諸君盛意歡迎、至深感級、擬於七日赴京、與合肥共商治國方法、將來到津、再與諸君暢談、云云、至九時二十分盡歡而散、又聞今（五日）日午後兩點大舞台之中山先生講演會、改爲六日舉行、各界代表亦定於六日早十時往見、晚八時在南開大學演講云、

作日（四日）本埠英文華北明星報、對於中山之來津、有短評一則、其言頗中肯、特譯其全文如下、吾人對於今日來津之孫中山、亦思以心中所欲言者加諸其徒衆之狂熱聲中以表歡迎、吾人於中山先生、殊不願以崇拜偶像之態度進阿諛之言、吾人之所欲言者、乃本良心之自由、而貢獻衷耳、就以往之事實觀之、孫中山殊不愧稱爲世界之偉大人物、彼本高尚之愛國熱誠、犧牲其第一任之中華民國大總統、而彼在任時、又未嘗發生任何事變、實爲中國各大總統之特色、中國人之名震全球者、亦唯中山一人、在今日之中国人中、爲國民所竭誠擁戴者、除中山外、殆無他人、中山堅持其所抱之主義、故一斑自私者因其有害於彼輩、故視爲敵人、多方宣傳、謀所以中傷之、然皆徒勞而無功、蓋善意的宣傳、固足以揚名、但苟其人之地位已確定於羣衆之心目中、雖有人謀所以毀謗之、亦不能也、吾人觀歷史上

之偉大人物、即可知之、此次孫中山之來津、其關係重要之點固不僅一端、然其與張作霖之晤面、以其謀中國之統一、實其尤要者、中山與合肥同爲中國之偉大人物、然頗多不同之點、但此次相會於北京、其結果必將有大有利於中華民族與國家、可斷言也、

《益世報》（天津）一九二四年十二月五日

## [19] 社論 爲孫中山進一言（讜）

天津爲我國著名商埠、其實爲我國政樞之衝要、凡各界偉人、莫不於此暫住襜帷、而送往迎來、固已司空見慣、若昨日孫中山之蒞津、殆爲近日歡迎之極盛者歟、蓋其他要人之來、從事於歡迎者、官場而已、軍警而已、與來者有關係之一派人而已、於市民無與焉、歡迎中山者、則於上列各類以外、大多数爲全埠之市民、其未來也、望眼欲穿、籌備不遺餘力、其既來也、萬人空巷、趨謁惟恐或後、熙熙攘攘、如湧怒潮、咄彼孫氏、果何修而得此耶、夫人民之所以熱烈歡迎者、非震於其名位之高、非懾於其權威之大、實爲其爲革命巨子也、爲其爲共和元勳也、爲其抱有改革不良政治之宏願也、爲其具有製造平民國家之魄力也、爲其有周歷各國之經驗、能淹貫中外之治體也、故歡迎之意、不類於官場之具文、而出於人民之心理、第孫氏此來、果將何以饜人民之望、而大有裨益於國家者、諒不致仍以空言虛氣、唐塞一般人之觀聽也、

孫氏自民國以來、所經過之歷史、業已言盡人所能道、何庸贅述、而其屢蹶屢起、始終不撓之強毅精神、致足令人欽佩、惟年來迭遭失敗、困鬪嶺南、頗有日暮途遠倒行逆施之概、有如扣商團械、屠廣州市、使桑梓横罹塗炭、曾是矢志救民者而爲之乎、傾向過激、提倡赤化、與俄黨結合契約、會是高談愛國者而爲之乎、以故國人之封於孫氏、漸由敬仰而入懷疑、是則不能不爲孫氏深惜者、今日之熱烈歡迎中、一般有識者之思想、未必不含有窺測其舉動是否有變化、言論是否有覺悟、以爲論定其人之標準、而吾人則深望孫氏、確能拋棄其一時之錯見、毅然趨改革政治之正當途徑、出其偉腕、挽此狂瀾、庶幾孫氏無負此行、民國建元十三稔、所謂共和國家、僅化君主專制而爲軍閥專制、若云

民治國之真諦尚苦去題千里、孫氏所標榜之三民主義、固覺一蹴難幾、然本其研究民治之根柢、順從民意、斟酌國情、爲醉心武力者、痛下切當之針砭、引之於公正和平之軌道、凡一切不適於民主共和之治理者、悉舉而掃除之、病根既去、則國家基礎可以鞏固、國際地位亦易增進、孫氏此來、方足以慰其數十年爲國奔走之苦衷、而善葆其民國第一偉人之令譽、若仍挾異邦之危險種子、思自南而北、遍播而廣植之、以害於而家、凶於而國、則孫氏之北來爲多事、而亦甚非吾人今日歡迎之本意焉、

《益世報》（天津）一九二四年十二月五日

## 〔20〕東報論中國之外交前途

對中山訪日甚滿意

日報載稱段祺瑞入京以來、屢次聲明以和平方法、收拾時局、張作霖已允離京返奉、馮玉祥亦擬辭職外游、民國元勳之孫中山氏、不久亦可入京、與段氏協商國政、凡此種種、或可使國内政局、苟安一時、但不過僅在内政範圍、就目下中國政局觀察、即能收拾内部殘局、仍難遽抱樂觀、北京政府雖政已潦草成立、但對外交涉、可稱由此開幕、中国即不向列國積極提議借款、而列國亦將以中國爲世界問題而加以審慎之考慮無疑、蓋列國間盛倡共營中國之說、由來已久、將向中國提出如何條件、實難預料、但新政府之承認問題、即難免發生糾紛、此亦應特別注意之一點、孫中山氏痛言列國之對華壓迫、寶爲中國和平統一之障礙、極願中國之革命、由華人自力爲之、無須外人干涉云云、吾人（日人自稱、不能不稱其爲快語、蓋孫氏之革命事業、被英國壓迫者屢矣、遂使其建國計畫、未能快愉進行、殊屬遺憾、再就中日關係論、一部分人士、不無誤解之念、且有云中日萬難並立者、此種觀念、關係於中日邦交前途者甚力、不得不望兩國之智識階級、設法交換意見、除去一切誤會、蓋中日邦交之能否圓滿、不但影響遠東之和平、即與世界問題、亦有莫大之關係、中日爲齒唇相輔之邦、當有兩立之可能、孫中山氏此次訪日、頗與日人以極深刻之印

象、此後雙方當可以公平之態度、爲遠東和平計、而謀永久之誠意的親善云、

《益世報》（天津）一九二四年十二月五日

## ［21］東報之孫中山入京觀

謂須先整理內政

日報載稱、孫中山進京、將與段祺瑞如何商榷國政、固難預料、但就中國之現況觀察、頗有和平統一之希望、吳佩孚既鑒大勢所趨、不容反抗而引退、孫段兩氏急宜乘此時機、捨小異而就大同、順應世界潮流、樹立國家根本之大計、應使國基鞏固、逐漸改進、孫氏旅日時之宣傳、亦主中日親善、其真意究在何方、雖難臆斷、但其排斥外力之意、似甚堅決、但日本朝野對孫氏意志之所在、頗能諒解、其在神戶之宣傳、可稱爲宣傳史上之新成功、就此一事觀之、當知孫氏爲非凡之才、果其入京、則念佛之段氏、能否與之協調、不無疑問、但孫氏之極目排斥外力、亦有充分之理由、吾人（日人自稱）當表同情、考中國歷年之內亂、外人之從中挑撥、實與有關、而華人自身之不知覺悟、乃爲其最大原因、所謂物必先腐、而後虫生之、如華人不以自相殘殺爲能事、則外人即無能爲力矣、孫氏主張廢除治外法權、及一切不平等條約、不免偏於理論、就事實方面而著想、華人果能以自力維持國內之治安、俾和平統一、早日實現、則外力不須排斥、自有消滅之一日、若僅注意於排斥外力、而不求內政之改良、則恐一時難達其目的、蓋任何國家、如欲取得國際之信用、首在尊重相互間之條約、否則各國將羣起而阻其國家之發展、結果不但不能取其排斥外力之效果、反使國家地位、瀕於危急、殊非計之得者、吾人爲此言、並非謂中國與各國間所訂之條約、不容變更、蓋欲促華人之根本覺悟耳、孫氏如能以其數十年來所得之經驗、與其豐富之學識、先行整理內政、一俟稍有成效、則可向各國提議、改訂公平之條約、彼時各國將必助其達此目的也、殊如中日間懸而未決之廿一條問題、現雖未廢、但無永久存在之必要、是在華人之能否努力爲斷、爲今之計、孫氏須尊重各國之意見、先謀國內之統一、然後再行確立對外

政策、總之、外交之要素、首在擴充國力、俾能與各國協調、致益於世界、則各國對其同等之任何國家、必以公平態度之平等精神、相與交際、而國際間之真正和平、亦可隨之而實現云、
《益世報》（天津）一九二四年十二月八日

## ［22］國外要聞二　孫中山此次來日之印象（之主）

日本兩大報評論□佛教徒願望
東京通信、此次孫中山來日、頗與日人深刻之印象、各報對於孫中山之言論、均極注意、故對於孫中山之評論甚多、而佛教徒對於孫中山所發之願望書、尤屬饒有特趣、茲特將足以代表日本輿論界之每日朝日二新聞之評論、而佛教徒對於孫中山所發之願望書、略述如下、藉以窺見日人對中山此次來日所持印象之一斑、
每日新聞云、觀孫氏前在上海所發之聲明書、可知孫氏之理想、甚爲遠大、即孫氏之志願、對内則打倒軍閥、圖國家之統一、確立民權之基礎、保障人民之自由、對外則建設獨立自由之國家、以對抗列强之不法的壓迫、此等志願、不但凡愛國者、人人均有此懷抱、即救中國之道、舍以此一理想爲標的而奮進外、別無良法、因之吾人對於孫氏之主張、不禁表滿腔之敬意、而由衷心與之共鳴者也、
朝日新聞云、最近日本人之中國觀、較之數年前已大有變化、此種變化、爲因達相互之了解、已漸趨於良好之方向、苟吾人所見無誤、則中日兩國親善之本義、在中日兩國國民知中日兩國關係之重要、在中日兩國國民了解中日兩國合則共立、分則俱倒之原理、倘此見解果能徹底、則一時之利害衝突、談笑之間、可以解決、至於日本人對於中國之第一感想、則爲中國何以際此重大時期、繼續内亂、何以不速舍小異而就大同、向東亞大局之支持而前進、此種觀念、或由於日本人性急所致、亦未可知、然中國之紛亂、十三年尚不能收拾、實日本人所難以理解者也、此次反直戰爭終結、孫氏之所稱爲軍閥者、於□告終、孫氏取道日本、北上收拾殘局、其出處進退之光明正大、毫不圖謀私利、實堪欽佩、此外孫氏最偉大而不容他人追隨之特徵、在爲中國國民之指導者、吾人接孫氏之高風、益覺感慕不置也、

佛教徒之願望書云、中日提携中日親善之聲、喧騰於吾人之耳鼓者、已閲十數年矣、然迄今中日親善之所以未舉其實者、乃因在中日兩國國民間、胸中各有何等互異之目的存在、中國欲利用日本、日本對於中國、懷抱一片不明不純之心所致、可以想見、在中國第一次革命成就之先、日本朝野人士、曾爲中國南方志士灑去若干心血、然中國革命成功之後、排日風潮、時有所聞、日本當局、固不能謂之無過、然中國以夷制夷遠交近攻之根性、實爲其主因、而因政治上或軍事上之一時方便、提倡中日親善、欲求其實現、猶之百年俟河之清、我等追想二千年前大唐之當時、中國國民對於日本、不挾何等私心、或傳孔孟聖賢之道、或傳佛法深遠之教、使日本國民上下、對於大唐懷抱無上之敬意、其在今日思之、實覺感慨無量也、故在今日、欲求中日兩國真正提携之實現、必在精神上心靈上兩國民間懷抱共通之觀念、始克有成、故甚望孫先生虛心坦懷、發揚東洋文化、爲世界之和平人類之幸福、中日兩國國民間、互相開誠佈公、然後萬事始能成就、水臭之條約、畢竟何爲哉、最終吾人欲敬告孫先生者、先生滿身浴旭日之光、立於巖頭、凝視天地之精、由丹田之奥底、發靈魂之高聲、即在十方世界之外、久遠未來之後、惟有轟轟而已、望三唱南無妙法蓮華經、夫然後精神統一、六根清净、佛性開發、而先生之大使命、將於是乎得以完成矣、

以上所述、日人對於孫中山此次來日所起之印象、雖不足以云窺其全豹、然其一斑、已可概見矣（十二月四日）

《申報》（上海）一九二四年十二月十二日

## [23] 要聞 段張孫感情融洽之外論

英文導報載稱、日來謠傳各袖領間、意見日深、時局前途、仍難樂觀者、但據接近段張兩氏之某要人云、外傳各節、確係謠言、段張兩氏之意見不但無衝突之點、且有日益相恰之表示、蓋段氏之意、擬在最短期間、收拾殘局、孫中山氏抵津後、張作霖會與晤談、並述段氏盼其入京襄理國政之誠意、聞孫張間之感情、亦甚密切云、又稱、本報（導報）昨接天津孫中山行轅電云、一九二三年一月二十七日、孫中山氏在滬所發表之對改革中國政治之意見、迄今仍無變更、該宣言内云、共產制或蘇俄現行制、目下決不適用於中國、因中國國情、絕無創行或存在該項制度之可能、此

種意見、完全爲俄前代表越飛氏所贊成、彼之意見、亦以爲中國目下最重要而極難決之問題、在謀國家統一與獨立之成□、且信孫中山氏、必能竟此全功、並云俄國人民、極□□情於中國、但能爲力、無不援助云云、
青島日報載稱、據北京特訊、民黨軍人胡景翼孫岳□、頗有擁戴孫中山之計劃、段派要人、正籌相當之□□、政局現況、又呈緊張云、又據中山顧問日人山田氏□、外傳孫氏之病、係政策之一種、確非事實、蓋孫之□□、係在船中得來、抵津時、即覺腹痛、到後往訪張作霖邸、爲解釋外間誤會起見、孫氏極願早日晉京、奈醫士再三勸其靜養、故未成行、今日病勞、業已痊愈、日内當可入京、此次閣員中之民黨分子、迄未就職、遂引起種種傳説、殊不知孫氏已將應行政策、完全托諸段氏、至民黨果否入閣、須俟孫段會談後、方能決定、對時局之善後策、兩氏意見、亦頗接近、入京後晤談數次、即可圓滿解決、至云孫段間將難免衝突一節、實屬毫無根據云、又稱、據某顧問云、山海關決戰後、直奉戰事、遂告結束、張作霖對收拾時局問題、除一任段祺瑞主持外、別無野心、與入京前之聲明、毫未變更、蓋京津人士之對於張作霖、自不無懷疑之處、殊不知現在之張氏、決不能以三年前之行動目之、因其已有相當之覺悟焉、孫中山與張作霖之會見、一般認爲極有興趣之一事、因孫爲抱有高尚主義者、而张則爲有勇之武將、不料兩氏晤談之後相贊不已、一稱頗有義氣、他曰名不虛傳、當知兩者會談、已得圓滿之結果、蓋孫段張、昔爲抗直而結有三角同盟、今既成此大功、當無分裂之慮、況孫氏決非主張採用勞農主義者、其始終一致之改革政治意見、即爲實行三民主義、張作霖對於改進政治、自無何等之成見、然其對孫之敬仰、實不亞於他人云、
《益世報》（天津）一九二四年十二月十三日

## [24]　時評二　對汪孫聲明述感（澄廠）

自過激主義流傳入中國後、青年學子則醉心於此、而大多數之人民、則堅持反封態度、夫共產制度、在理論上原無新穎之發明、在事實上尤不可能、不漠慼經濟壓迫之平民、於其憤懣不平中、而有此矯枉過正之趨勢耳、蘇俄經數年之紛擾、尚不能成功、中國國情、猶非蘇俄可比、更無成功之希望、破壞一切現狀、而無收束之法、是徒亂國而已、夫

豈一般人所敢贊成者、

國民黨自改組後、久蒙宣傳赤化之嫌疑、一部人心理中之孫中山、皆疑爲中國之列寧、或實行共產主義之領袖、夫以吾人之厚爱中山、既不望其持此主義、尤不敢信傳説者之盡實、近者汪精衛孫科等、代表中山、否認贊成赤化、與吾人素日之所希望於中山者、正相脗合、且可由此以證明大多數國民對於赤色化之態度矣、孫氏於國爲有功、其個人人格之尊崇、當屬人人心中不肯否認之事實、若爲一部分黨人所左右、而趨入與人民心理對敵之途徑中、則豈惟其事業不能成功、恐亦將影響於其可尊崇之人格矣、故汪孫之聲明、有裨於孫氏未來之事業、當無限量也、

《益世報》(天津)一九二四年十二月十五日

## [25] 李烈鈞招待日記者談話

表明中山大亞細亞主義并非贊成共產者

現在滯留津埠之孫中山參謀長李烈鈞、於昨(十二)日下午二時、在舊德界張勛花園、招待本埠日本新聞記者茶話、日記者之應招而往者、計有安藤・小倉・津田・由之内・金澤・小富山・仁科・亀谷・山内・西村・島田十一人、李氏寓所門前、有荷槍警察二三名守衛、當由日人山田純三郎・井上謙吉兩氏・及新由日本陸軍大學卒業回國之楊杰樸、接入會客廳、室内裝飾極盡華麗、乃張勛之故居、須臾李氏着便服而出、一一握手爲禮、李云、諸君久居中國、研究中國情形、以爲貴國施政之參考、今日與諸君相見、應將所研究之中日兩國政情、互爲意見的交換云云、日記者所質問之事項甚多、兹摘記李氏所答之大要如下、歐戰而後、德國一蹶不振、俄奥兩國、亦近陷於破產之境、現在中日兩國間、應謀真實之親善、爲精神之結合、此孫中山先生所倡亞細亞人之亞細亞、即所謂大亞細亞主義也、此際中日兩國人士、應放棄自圖一部分之利益、余前次赴日時、貴國朝野即有此説、將來共努力於此項主義、至中山先生抵

津後、因病遲留、未能入京、於是外間遂有孫段張三氏意見不一致之流言、其實孫氏主義在謀全國統一、在今日能擔此重任者、除老段外並無他人、至將來時局之收拾、一任段氏處理、并無何項意見之阻隔、至撤廢不平等條約、爲孫氏年来惟一主義、關係國家體面、其能實行與否、則爲另一問題、孫氏此次入京、外界多疑懼實行共產主義、此實大謬、前日孫氏會致张雨亭書云、余對於中俄邦交之恢復、并無異議、但如中國實行共產主義、則甚反對、中山此種態度之聲明、可祛外界一切之誤會、最近孫氏之態度、大抵如上述、至時局之收拾、一俟孫氏抵京後、確可照此進行、東方通信社十八日北京電云、李烈鈞今晨答東方通信社記者之質問、劈頭即曰、以段祺瑞張作霖孫文盧永祥馮玉祥唐繼堯開六頭會議、圖收拾時局、係張作霖之主唱、旋又曰、然盧馮唐三人、結局終不參加、故將以段張孫三巨頭會議代善後會議、次即開國民會議、至於開會地點、或天津或北京、现已成爲相當之問題、但廣東民黨方面之反對善後會議運動、既經孫文決意将一切事務完全聽任段執政、即無復問題發生矣、一部分人士、推測孫段之間發生隔閡、實無其事、孫氏以病已輕減、大約將於四五日内進京、張作霖亦決計與孫氏相前後、再行進京、吾人以爲取消憲法約法解散國會、尚非其時、執政政府欲於尚未明確國民全體意見之今日、遽爾實行、終不免尚早之非難、且孫文不與其事、而斷然行之、則其責任當由段執致一人負之、自不待言矣、今日之所謂革命、段祺瑞一人之革命也、並非國民全體之革命、

《申報》（上海）一九二四年十二月十九日

## ［26］本埠新聞　孫派要人對時局表示

取銷約法國會須得人民同意
國民會議與善後會議之異點
孫段不融洽係外間挑撥謠言

本埠英文華北明星報記者、以最近各報上盛傳北京执致府將以明令解散國會、並宣傳舊約法無效、特爲此事往訪孫科氏、詢其對於此事之意見、孫科之言曰、廢除約法、與解散國會兩事、於政治上之意義絕少、蓋自袁世凱做總統以來、即無人會遵守約法、而國會之存在、亦徒爲紛糾之發動點也、吾人今日之問題、爲如何方足使臨時政府爲合法政府、人皆知今日之政府爲國内軍閥所擁護而組成者、并非本於全國人民之意志、苟段氏以其地位爲合法、不得人民同意而將國會與約法取消、則將來如再有軍閥起而另組新政府、亦可任意將以前之政府取消、而自造制度、且亦認爲合法之舉矣、故吾人斷不可忽視此種舉動、將造未來之若干紛糾、苟人皆起而效尤、焉有止境、段氏此舉、有利亦有害、使全國人民均起而贊成之、則爲國家之福、不然、則徒引紛糾耳、然則誰能够此資格、承認此革命臨時政府爲合法、曰、爲全國人民、惟人民自身、始有權决定何者爲彼等要求之政府也、吾父與國民黨對於各項問題之重要主張、已明白宣露於國人、目前吾父離廣東時即會發表宣言、劃出國民黨在最近應行之事業、爲召集國民會議以解决國是、並擬召集國内各商會教育會、學生會、工會、實業會、各黨派之代表、組織預備會、以磋商大會中之議事日程、但此項預備會與段執政所提議召集之善後會議、各省由軍政領袖之代表組織者、自大不相同、惟段氏實已同意於吾父之主張、以召集國民會議、惟所異者乃參加預備會議之代表資格問題耳、即吾父所主張者、爲人民團體所舉出之代表、而不由各軍隊領袖之代表組織也、關於此事、吾父將於下星期赴北京與段執政磋商、但吾父之入京、斷不干預段執政之行政、以後之政府、將完全依全國民意而組織之云云、

又本埠某新聞記者、昨赴張園訪孫中山先生、中山因病體未全愈、由廣州大本營參軍趙勇超君代爲接見、關於中山先生意見、爲負責之答復、其談話如下、（問）中山先生此次北來、各方面均表示歡迎、惟赴京日期、已否確定、（答）中山先生病體稍愈、但醫生云、尚須靜養、故雖欲赴京一行、尚未確定日期、（問）天津市民團體、會決定開歡迎會、並約請中山先生講演、能否應市民團體之約、（答）中山先生極願與市民作一度之周旋、但必須病體痊愈後、始能與天津市民晤談、以不負歡迎之盛意、（問）據民黨人云、孫段有失於融洽之說、是否確實、（答）純係外方挑撥之謠言、絕非事實、似不可深信、至民黨人中、份子複雜、係出於揣測之詞（問）聞中山先生有擬招待新開界、有無此說、（答）中山先生在滬及在日本時、會招待新聞記者、此次來津、招待新聞界、爲當然之舉、除發表意見、並解

除外方一切誤會、惟日期亦須病愈後方能規定、（問）中山先生此次北上、對時局抱如何之意見、（答）先生此次北上、純爲宣傳主義、并無爭權利之心、故爲鄭重之聲明云云、談話畢、覺辭而去云、

《益世報》（天津）一九二四年十二月十九日

## [27] 時評一　中山之死之瑣感（二）（典）

間接影響於我國政局

中山之死、無論爲敵爲友、莫不同深悲悼、其在我國政治上之地位、實無第二人足與比擬、殊如以自命黨派互異之梁任公、尚舉爲歷史上之大人物、並指出其平生優點三項、第一、意志力堅強、飽經風波、始終未稍挫折、第二、臨時機警、長於應變、尤其對於羣衆心理、最善觀察、最善應用、第三、操守廉潔、此其所言、或並未盡概括中山、然言之而出於以自命黨派互異者之口、中山亦足千古矣、

中山之死、與一般之直接感受、表面上盡其哀痛之能事而已、至其間接影響於我國政局、則在各個人間之觀察、自有其不同之歧點、於此愚以爲吾人所得而言者、約有以下兩項、

（一）民黨之變化、民黨於我國政治、在野具有極大之潛勢力、迭次中山從事於政治活動、蓋又莫不以民黨爲其基礎領域、不過民黨經過去年之一度改組、分子容納、極爲複雜、因於主張上及手段上、見地又每不一致、今忽失却重心所寄、處於多頭之下、益乏左右之適從、故說者謂未來之醞釀、或竟實現分製爲共產黨及非共產黨之兩種派別、次則中山生時、頗同情於中央集權、而民黨中人、則非難中央集權而力昌聯治者大有其人、此其關於思想上之衝突、亦恐引起其他之意外問題耳、

（二）粵中之變化、東江戰訊、陳軍屢北、然則今後之粵中地盤、果能完全爲聯軍佔有歟、實亦未敢預斷、蓋粵中之變化、得失無常、俄頃之得、正不難俄頃失之、據謂陳軍尚在負隅力守、圖挽頹勢、苟中山噩耗一至、雙方陣容、勢

必有絶大之震動、須知今日粤中之局勢、完全繫於滇軍之行動、滇軍之行動、實足以昭示廣州政府之命運、然則滇軍行動又何如乎、一則方在調兵與唐繼堯應戰、一則派代表參加善後會議至京、如此多方之聯絡、當不難知其野心之所在矣、

《益世報》（天津）一九二五年三月十五日

## [28] 孫中山之身後問題（新）

當此個人主義發達已臻絶頂之際、無論任何英雄豪傑、無能集全國人民之同情、得仇敵之愛敬者、有之則爲中華民國開國者之孫中山先生、中山在此彌留聲中、舉凡一切睡眠狀態之如何不良、胃納之如何完全消失、腹部水腫之如何增劇、以及脈搏呼吸之如何激變、固無待於記者之贅述、記者今所認爲有必須記載者、則第一爲中山之身後、關於本問題、執政府方面、早已決定撥治喪費十萬元、爲之舉行「國葬」式、同時并擬由段祺瑞個人發起、爲鑄銅像、置於天壇或中央公園、以留永遠之紀念、但民黨方面、則以爲執政府對於中山、實無頒榮典之權、如欲舉行國葬、則當由未來之正式政府舉行、否則當由民黨舉行「黨葬」、如國民願爲中山舉行「國民葬」、則黨葬即與國民葬之儀式、同時并舉、在未舉行葬式以前、先開大規模之追悼會、各地同日追悼、以誌哀忱、至於造像建祠、則留俟葬後另定規劃、或由未來之正式政府爲之、或由民間團體爲之、均無不可、故結果、段或爲尊重中山起見而不下國葬之明令、亦未可知也、第二爲中山逝世後之民黨内部問題、本問題在中山未北上以前、本已發生於廣州、近更有分立之勢、由馮自由張繼喬義生于右任張知競盧師諦鄧家彥徐謙褚輔成劉成禺梅光培黄大偉朱卓文彭養光于洪起李書城呂復賀之才郭泰祺等、所組織之「中華民國國民黨同志俱樂部」、既於本月八日開成立大會、并通過簡章七章二十九條、以爲右派民黨之總機關、同時且以中央執行委員會中人除外、而中央執行委員會之左派民黨、如汪精衛邵元冲李石曾等、則亦用中央執行委員會名義、登報否認國民黨同志俱樂部係民黨分子之集合體、且謂其中並無一民黨、其他有力者將搏老同盟會之半數爲一團、而自樹一幟、由是以觀、則此後兩黨之分立、固不待言矣、（三月十一日）

《申報》一九二五年三月十六日

## [29] 國外要聞 東京通信（之圭）（三月十三日）

孫中山死後日本輿論界之中國時局觀

孫中山噩耗傳至日本后、日本各報紙、均揭載孫中山之照像及生平事略、並深致惋惜哀悼之詞、而對於中山之死影響及於中國時局者、尤特致意焉、玆將日本代表的各新聞對於孫中山歿後之中國時局論、略述於下、

東京朝日新聞云、目下中國之時局因孫段之提携、中國之和平統一、方將就緒、際此重大時期、孫氏忽然長逝、今後中國政局上波濤之湧起、不難想像也、吾人試由段氏所處之地位而言、或以爲孫氏所懷抱之理想、過於高遠、不適於中國之现狀、故孫氏歿後、向來段氏之政策受其所拘束者、今後可更得自由也、惟段氏對於喪失黨首之國民黨、欲如何來之融洽、殊屬困難、而最足以引起吾人之注意者、爲今後國民黨前途之問題、即國民黨中派別紛歧、有胡漢民許崇智廖仲愷等之急進派、戴天仇汪兆銘張繼孫科等之穩健派、陳獨秀李石曾之左傾學者派、以及李烈鈞譚延闓之軍人派、因黨中喪失中心人物、團體當不能如從前之堅、或與武力結託、或贊成段氏之政策、或反對段氏之政策、均所難料、故關於此點、對於段氏和平統一之前途、實爲暗礁、又孫氏歿後之廣東政府、有謂須視陳炯明態度之如何、前途殊難樂觀者、然今日之大勢已決、陳氏亦不能再以武力、謀奪廣東地盤、終或出於國民黨妥協、亦未可知也、

東京日日新聞云、孫氏病革、爲日已久、各方面對於孫氏之歿、皆有相當準備、故此次孫氏之歿、不致立即引起各方面之動搖、然國民黨因此而受打擊、殊非淺鮮、國民黨網羅軍人學者政客等人物、向由孫氏統率、故喪失黨首之該黨、今後如何變化、不僅爲該黨之將來問題、關於中國今後全般之政局、亦有重大之影響、目下國民黨中、欲求得一如孫氏能完全統一黨内之人物、殊不可能、此實國民黨之大打擊也、其次孫氏歿后影響及於中國中央政局者、亦非淺鮮、段氏自就執政以來、政策上對於孫氏、務容納其所希望之主張、孫氏對於段氏、亦務出之以援助之態度、其實中

央政府、爲國民黨一派所監視、殊爲不可能掩之事實、故孫氏歿後、向來中央政府受孫氏理想所掣肘者、今後或可免除、段氏政務上之運用、或可更得緩和、惟對於國民黨之關係、因無統一者之故、融洽極爲困難、故今後段氏欲得國民黨之諒解、恐更費氣力也、

東京時事新報云、孫氏歿後受最大之影響者、厥爲民黨、逆料前途不外（一）立後繼黨首（二）分裂（三）委員制之三種、第一之後繼者、雖有唐紹儀說、然恐不成問題、張繼與孫氏有幾分意見之扞格、故其一派亦似有與民黨幾分乖離之態、汪兆銘胡漢民等、手腕力量、或不減於孫氏、然與革命之元勛孫氏比較、其聲望到底不可同日而語、故欲得統率分子龐雜之國民黨之人物、殊不可能也、然則國民黨終出於第二之分裂之途乎、是又不然原來國民黨之所以得維持其團結至於今日者、一方面固爲孫氏個人之力、而其未曾獲得中央政權之機會、故今後北方軍閥之實力者、對於民黨、欲更得較孫氏在世時代以上之機會而利用之、殊不可能、故今後國民黨之仍爲在野黨、孫氏即死、恐亦不致一時發生變化、結局國民黨今後、將出於第三之委員合議制之一途、以維持其團結、試觀孫氏病革時、黨內領袖之動靜、不難瞭解、然則孫氏歿後之影響及於中國中央政局者如何、段氏因孫氏之歿、其理論上之掣肘、雖可得免、然欲求國民黨之諒解、前途亦屬頗難、惟段氏以前既與民黨竭力聯絡、不至因孫氏之歿、而遽引起決裂也、

《申報》上海一九二五年三月十七日

# Ⅳ 資料

# 解説

本篇の資料は大きく四分類し、それぞれの関連文献を収めている。資料としては（一）孫文講演「大アジア主義」の歴史的背景を中心に、中国と日本における同時代の一一文献（二）学説史の視点として二文献、（三）「黄禍論」「大アジア主義」と中国、日本の九文献、（四）戦時中の孫文論の二文献、の合計二三文献の構成となっている。もちろん不十分な集輯であるが、一九二四年孫文の政治的思想基盤の理解をさらに一歩前にすすめる基盤となる諸成果となっている。

まず、Ⅳ資料（一）に含まれる（**資料30**）から（**資料40**）の一一文献は、いずれも孫文とほぼ同時代的に活動していた中国や日本の政治家、思想家の主流的集約点を示している。ここでは、簡潔にそれらの政治的配置について言及しておきたい。

（**資料30**）は、日本で一九一六年に、本文一一七二ページにおよぶ体系化された『大亜細亜主義論』を刊行した、小寺謙吉の議論の総論部分となる。それは「大陸国」中国と「島帝国」日本が両国相提携し、相協同することで「東亜」の独立を確保し、東西文明の調和融化を遂げ、世界の平和及び文化の上に其の恵澤を及ぼし、所謂平和的大亜細亜主義実現の第一歩に入る」としめくくる。とくにヨーロッパ発の「人種論」「黄禍論」的イデオロギーのグローバルな展開に対抗する「大アジア主義」論の提示については、後掲Ⅳ資料（三）と関連するが、小寺謙吉のいう「平和的大亜細亜主義」論は、やはり日本が「アジア」「中国」を主導するという「盟主意識」が通底していたとされる。(1)

（**資料31**）の李大釗評論は一九一九年（元旦付で）日本における大アジア主義イデオロギーの政治的配置を明確に規定した。すなわち、小寺謙吉を含む日本での「大アジア主義」思想とは「中国併呑主義の隠語」であり、日本が盟主となる「大日本主義の変名」だ、と。これに対し、アジアの『民族自決主義』を基盤にした大連合を、欧米の二大

連邦とならぶ「新アジア主義」として提唱する。(2)

このような中国側の日中関係についての試論は、（資料32）で王正廷、（資料35）で李烈鈞、（資料40）で殷汝耕が、日本のメディアでとりあげられていた。いずれも一九二三年、二四年、二五年の段階であった。王正廷は中日両国の「親善」を、「王道」という「強者と弱者との間に於いてもお互いに礼を以て相見ゆる」東洋文化の立場から導びくべきで、「覇道」のように「弱者を虐遇し、之を弄び消滅させてしまふ」「西洋の侵略主義」を避けるべきだとする。李烈鈞は、一九二四年孫文訪日に際し事前に来日し東京を中心に政治対応を行い、同年一一月五日に帰国するが、その間の活動をふまえて「日華提携の真諦を説く」を発表していた。政治的上層部だけではなく、「国民」的基盤に「日華提携」を推進することの重要性を訴え、日本国民も「多数の民意に由る、我国民的の政治改造運動」に理解を深められたいとしていた。殷汝耕は、日本の「アジア連盟論」には「自ら其盟主を以て任じる」論理があるが、「唯日本が強大となるや隣国を圧迫してはいけない」と警告し、「大亜細亜主義」は「本質的にいっても又便宜的にいっても成立たない」のであり、「世界大同主義」こそが到達点となると強調する。

中国側のこのような「大アジア主義」批判が生じる日本側の論理を示したのが、（資料38）（資料39）で、まず若宮卯之助は「大亜細亜主義とは、亜細亜の正当防衛である」として、欧米勢力をアジアから排除し「亜細亜人の亜細亜を建立せんとする」と強調する。「いわゆるアジア・モンロー主義論」であった。次いで大石正巳は、アメリカによる一九二四年七月一日の「排日移民法」（一九二四年移民法）施行こそ「大亜細亜民族に対する大宣戦を布告した」のであり、「大亜細亜主義を確立して、内外の輿論を喚起すべき」だとし、「日支印三国を聯結する」必要性を論じた。(3)

（資料33）は、一九二三年一一月一六日付の孫文から犬養毅宛の書簡についての、犬養毅のメモで、この書簡の翻訳は深町英夫編訳『孫文革命文集』（岩波文庫、二〇一一年）三二七～三四五頁に所載されている。孫文はこの段階で明確にソビエト・ロシアとの連携を中国、日本がすすめるべきとしていた。新たなリージョナル戦略の提起であった。犬養は「今之を発表するハ考物也、場合ニよりてハ露支結合の助となる慮ある故也」と判断していた。

（資料34）は、『中外商業新聞』（一九二四年一一月二五日朝刊）の高木特派員による孫文来神報告となっており、（資料17）と対照していただき、孫文は上海丸船内での記者会見で「国民統一」実現の課題こそ「不平等条約の撤廃、税関の独立、治外法権の撤廃」にあるとして、日本国民がこの不平等条約撤廃をすすめていただきたいと訴えていた。（資料36）は、『蔣介石日記』で言及された「大アジア主義」の記述を、一九三一年二月一日、一九三九年六月二〇日、一九五〇年五月二一日の3箇所から引用している。一九三一年二月一日の記述では、「仁義道徳の王道」と「功利強権の覇道」を対比させ「政治にたずさわる者は、これを知らず実行せず、であってはならない」と自戒している。この抜粋は段瑞聡慶應大学教授にご提供いただいた。

（資料37）は、『日本外交文書：大正一三年第二冊』からの引用となるが、内容的には広東軍政府の動向を一九二四年一〇月頃から「孫文北上」に伴う経緯としてとりまとめられている。これも（資料17）と関連しており対照させていただきたい。

Ⅳ資料（二）「学説史の視点」として、（資料41）は、「孫文の『大アジア主義』」が日中関係史（「戦前」期）のなかでどのようにとりあつかわれてきたかを、一九九八年時点で高綱博文氏がとりまとめた文献で、孫文講演に対する日本の反応を考察する前提として、「対外戦略としての『大アジア主義』」こそ孫文の政治目的であったとする。この点は孫文の対日観のみならずグローバル戦略としての「世界大同」構想や、リージョナル戦略としての「地域政治秩序構想」が複合的に併存していたことを物語っている。同氏は孫文理解にとって「リアル・ポリティクス」的把握が重要と主張する。（資料42）は、孫文「大アジア主義」理解をめぐる一九六〇年代日本における「日中関係史の原点」ととらえる議論を整理し、同時に東アジアにおける一九七九年のベトナム・カンボジア、中国・ベトナム戦争の歴史的新段階を視野に入れた新たな理解の必要性を提示している。

Ⅳ資料（三）「『黄禍論』『大アジア主義』と中国、日本」としては、（資料43）から（資料51）までの九文献を含んでいる。一九世紀末から二〇世紀はじめにかけてヨーロッパ思想としての「黄禍論」的「人種論」的イデオロギーが「アジア主義思想」にどのように相互浸透していたかを分析している。

（資料43）は、一九四五年にいたる日本近代における「外交論策としてのアジア主義言説」の思想的岩盤を解明する。そのなかで日本の「中国保全論やアジア連帯論、アジア・モンロー主義論」などの論策とその政策化は、すべてアジアという政治的経済的空間を前提とし、「そこに日本の特殊権益を設定しない限り欧米に駆逐されてしまうとの危機感に噴まれ続けていた意識の反映」ととらえている。このグローバルな配置は、中華世界の周辺であると同時に脱亜入欧後も欧米世界の周辺であったことを意味していよう。

（**資料44**）は、「近代中国にアジア主義はあったか」と問いかけ「アジア主義が不人気」であったことを李大釗の批判的言説から導びく。（**資料33**）と関連する。孫文の「大アジア主義」も「亜東黄種の為め」というリージョナル戦略を越えて「世界人道の為め」というグローバル戦略への政治回路を持っていたことになる。それはグローバルな「被圧迫民族連合」論、日本の「朝鮮独立承認」を主張することでもあった（**資料13**参照）。

（**資料45**）は、ヨーロッパからみた孫文という視点をもち、孫文理解、近代中国理解の新たな視圏が提供される。「中国は、ヨーロッパとの間に生じた差異を縮小しなければならない。それは退歩の解消であり、進歩の再開である」とする。つまり孫文は「中国社会をヨーロッパの進歩主義的価値観によって再構築」しようとしていたとし、彼が「欧米各地で様々な人士と関係を持っていた」ことにその構想力の源泉もあったと理解する。資料集Ⅱの冒頭の孫文の世界巡航図を常に視野に収める必要があろう。

（**資料46**）は、ヨーロッパにおける「黄禍論」の形成史を各国ごとの相違点を含め解明している。しかもその契機は、日清戦争後「極東の商品や賃労働におびやかされている」とし、特に「東洋人の安い労働力が……ヨーロッパの賃金体制に自分たちの相場を押しつけようとしている」のだととらえていた。これは一八九六年三月一三日付の記事であった。

（**資料47**）はアメリカの排日移民法の通過によって日本での「反米感情」の高まりを生みだし、「有色人種の共同の敵たる白人種に対抗」することが政治的アジェンダのみならず社会的アジェンダを形成するにいたるとする。前掲（**資料39**）の大石正巳は「支那、印度を味方として強力なる有色人種連盟」の組織化を提示していた。まさに「人種戦争」論となるが、日本駐ロンドン松井大使は「日本がアジアを糾合し西洋に立ち向うなどということは考えていない」と弁明していた。グローバルな戦略が相対的に欠如していたことをものがたっている。

（資料48）は、黄禍論と日本政治の関係性をとりあげ、アメリカの「排日移民法」に示された「帰化不能外国人」入国禁止条項で日本人を対象としたことがその後どのような「国民間」の感情のしこりとして潜在化しつつ底流したかを分析する。いわゆる「民間交流」のあり方をも視野に入れ、国家間矛盾との相互浸透性分析に行き着くことになる。著者の飯倉章『イエロー・ペリルの神話：帝国日本と「黄禍」の逆接』彩流社、二〇〇四年も参照。

（資料49）は、孫文「大アジア主義講演」の「真意」を、新聞報道を含め多元的分析を加え、孫文のグローバルかつリージョナルな戦略と中日二国間関係、さらには「両国民間」の結合の重要性と「脆弱性」をリアルに再現している。この対外関係認識の四層構造が孫文理解のひとつの側面となっている。

（資料50）はすでに指摘されてきたように「大アジア主義」の「大」には地理空間的広狭を意味するだけでなく、「尊ぶ」「重んじる」という意味があることの重要性を論じ、「究極的な価値としての『王道』思想」こそ実は「ソビエト主義とは『孔子の言う大同』とイコールである」という地域的「アジア」「西洋」を越えた思想回廊を創出したとする。グローバルな視野のなかに「大アジア主義」を再配置したことになろう。

（資料51）は、華夷秩序という歴史的政治容器がどのように新たな欧米国際規範と相互浸透し変容してきたかを、リージョナルな政治秩序を支える新たなイデオロギーとしてアジア主義形成史を把握する。その過程での日本と中国の相違点を、第一次世界大戦を経るなかで地域大国化した日本のアジア主義と、なお周辺的配置にあった中国のよりグローバルな戦略との対抗関係として再構成している。(4)

Ⅳ資料（四）「戦時中の孫文論」としては、（資料52）と（資料53）の二文献で、一九四四年八月に出版された高橋勇治『孫文』は、現代からみてもきわめて実証的歴史的評価に値する内容となっている。学説史からみて、（資料41）の該当部分を参照いただくとともに、（資料53）の同時代的書評にいう「孫文自身の問題意識」「孫文主義の内からの理解」がなされていたと考えられる。

付録（資料54）として、「大アジア主義」テキストの翻訳を掲載する。

（1） 小寺謙吉の大アジア主義思想分析については、さしあたり王美平「小寺謙吉の大アジア主義についての一考察：その中国観を手掛かりに」『アジア太平洋討究』No. 35（January 2018）、李有霆「試論日、中、印的亜洲主義：以小寺謙吉、孫中山、尼赫魯為中心」『東亜観念史集刊』第17期（二〇一九年一二月）、サーラ・スヴェン「一八八〇年代～一九二〇年代の『亜細亜主義』の形成：小寺謙吉を中心に」『オープンリサーチセンター年報』（愛知大学東亜同文書院大学記念センター）二〇〇九年三月、およびスヴェン・サーラ「アジア認識の形成と『アジア主義』：第一次世界大戦前後の『アジア連帯』『アジア連盟』論を中心に」長谷川雄一編著『アジア主義思想と現代』慶應義塾大学出版会。二〇一四年。

（2） 翻訳は、張競・村田雄二郎編『日中の120年、文芸・評論作品選1』岩波書店、二〇一六年、二〇一―二〇二頁。

（3） 蓑原俊洋『アメリカの排日運動と日米関係』朝日選書、二〇一六年。

（4） 松浦正孝編著『アジア主義は何を語るのか：記憶・権力・価値』ミネルヴァ書房、二〇一三年。長谷川雄一編著『アジア主義思想と現代』慶應義塾大学出版会、二〇一四年。徐勇『近代中国軍政関係与「軍閥」話語研究』中華書局、二〇一三年。

# [30]『大亜細亜主義論』

小寺　謙吉

一—五頁、一二五五—一二七二頁、抄録

## 序

奇なる哉。亞細亞を統馭若くは厭倒したる歐羅巴に、已に黄禍論の囂くして、白色人種に征服又は威嚇されつゝある有色人種間に、未だ白禍を叫ぶ者の寡きことや。而も黄禍は魘夢に過ぎずして、白禍は事實なり。

今現に俎上の美臠視せらるゝものは、隣域の老大國なる支那なり。其の廣汎なる領土、其の殆ど、無盡藏と稱せらるゝ富源は、則ち列强の蟻附し、白禍の蝟集する所以なり。然り或は政治的に蠶食し、或は經濟的に征服せむとせり。

試に亞細亞の地圖より支那の抹殺し去られたる日あるを思へ。所謂白世界に、孤影自ら憐まざる可らざる有色人種を、何れの國民と爲す歟、地球は眇たる一日本を除きて、全部白色人種の有に歸するに非ずや。想ふて茲に到る、悚然として寒心せざるを得ざるなり。昔者、晉は寶玉と名馬とを賂ひ、道を虞に借りて虢を伐ち、而して後ち虞を亡ぼし、以て嚮に賂へる物を奪へり。日本たるもの歐米に伍して、支那を亡ぼす可らざるなり。恐らくは虢をして恨ましめたる、虞の轍を免れざる可し。

民族統一思想は、世界の大勢なり。曰く全米主義、曰く大英帝國主義、曰く英語國民統一主義、曰く汎露主義、曰く汎獨主義、曰く汎羅甸主義、咸な其の象徵なり。蓋し血は水より濃きに由る。勢ひ大蒙古主義興らざるを得ず、大蒙古主義は則ち黄色人種聯合論なり。日支提挈、以て夫の豐裕なる富源を闢らき、饒多なる人民を導けば、支那の改造復興は期して待つべく、東亞の平和、極東の繁榮を確保增進し、列國は等しく、其の慶福を俱にするを得む。

民富まざれば人文興らず、國强からざれば文化行はれざるなり。東西文明の調和、黄白思想の溶化は亞細亞に於ける舊文明の淵叢地たる支那と、新文明の先覺者たる日本との協同事業なり。日本は支那に依りて經濟的に利し、支那は日本に頼りて政治的に利するを得ば、庶幾くは其の目的を達するを得む而して是れ大亞細亞主義の第一歩なり。何となれば斯の如くにして、其の集成・綜合・調和・映發されたる所の新文明を以て、亞細亞を教化し、亞細亞の幸福を增進するは、大亞細亞主義の目的たらざる可らざれば也。

大亞細亞主義を以て、偏狹なる人種的感情に基くものと做し、之を誚る者あり。而も人種的僻見は、歐米人の教ゆる所なり、白色人種に於て特に其の甚しき見る。彼の黄禍論の挑發的、侮蔑的なるは其の實證なり、新大陸に於ける差別的待遇の固執せらるるは其の實蹟なり。即ち白禍論を唱へて、大亞細亞主義を說くは、歐米人の黄禍論を傳布して、白人聯合說を皷吹するに比し、猶遠く及ばざるを思ふ。前者の防禦的・消極的・平和的なるに反し、後者は攻勢的・積極的・征服的なるを以てなり。倘し其の兩端を叩きて竭くすの心を以て、本著を讀まば、吾人の眞意の存する所を諒とするに足らむ。之を敍して以て序と爲す焉。

大正五年十一月

小寺謙吉　識

（序論、第一章～第五章略）

結論

章を重ぬること五回、今まで以上所說を綜合摘約せんに、人口の增加に伴ふ民族發展の必要と、產業の革命に基く原料品の供給地獲得と生產品の市場開拓の必要とは相俟つて、列强の帝国主義を旺盛ならしめ、既往數十年間に於ける歐洲の武裝的平和は、殆ど戰時稅に似たる負擔をして、習慣的に平時稅たらしめたりき。殖民的經濟的價值に富むの領土に飢えたる諸强國は、他の領土を覬覦し、其の覬覦されたる諸强國は、之を支持し、之に抵抗する爲め、所謂帝国主義は政治的・經濟的兩般の意義に依りて、各ゝ擴充され、而して其の渦中の物と爲れる國家は、自國を大にして聯衡の力に當らんとし、大國は益〻其の大を加へて、小國を併合せんと欲し、共に國民主義の勃興と相俟つて、民族の統一思想を喚起し、此の風潮は一面に於て、巴爾幹に於ける諸民族の奮起心を刺戟して、却つて小邦國の群立を實現せしめ、大統一の前には必ず起り易き、分解作用の如き過渡期狀態を呈したり。

（中略）

所謂黃禍論は、人種的問題を根柢とするものにして、大別三様の意義を含めり、一は政治的にして、日本が支那の改造を指導して、其の饒多なる國民を指揮し、亞細亞の盟主と爲りて、第二のアッチラ軍、第二の成吉思汗軍を組織し、以て白人に逆襲を企つるの時期到來すべしと云ふに在り。二は經濟的にして、現在論としては其の饒多なる、勤勉なる、勞働者が低廉なる賃銀に甘んじて、西半球及び太洋洲の新世界に侵入するを恐る〻ものにして、此種の黃禍論の米國・加奈陀・濠洲等に行はる〻は其の新世界國たる關係に因れり。將來論としては、支那の元氣が復興して、其の饒豊なる富源が開發され、而して其の豊裕なる原料を使用し、其の饒多なる勞働者と賃銀の低廉なるとを利用して、新式工場を經營するに至らむには、支那は世界第一の大工業國と爲り、啻に歐米製品の販路を塞ぐのみならず、反對に歐米に向つて逆輸出を試み、白色人種の運命を、生活的に壓迫するに至るべしと云ふに在り。三は斯の如くにして、白色人種の宗敎・文化は黃色人種の爲に、破壞蹂躪せらる〻に至るべきを憂ふるものにして、謂はゞ渠等に於ける文明保護の黃禍論なりとす。而も所謂政治的黃禍論は、猶ほ杞國人の天の墜落を憂ふるの類のみ、此點にして無用の憂慮たるを知らば、文明的黃禍論の杞憂たることも亦、自から明かなり。唯だ將來に對する經濟的黃禍論に至つては、必ずしも癡人夢を說くものと謂ふを得ず、支那人の覺醒・努力及び天才の如何に依りて、其の實現の程度を異にすべし。乃ち所謂黃禍論なるものは、全部理由あるものと肯定する能はざると共に、全部理由なきものとも否定するを得ざるなり。

而して其の理由あるものは、故らに浮夸誇張し、理由なきものは、之を煽動・中傷の器具に利用して、理由あるもの、如く皷吹傳播するは、歐米に於ける黃禍論者の常套手段にして、其内に恐怖と政略の伏在せる所以なり。斯る思想の群集心理に影響を及ぼし、國際的風潮を作らば如何、蓋し列强の探るべき政策は期せずして一に合すべし、卽ち日本を孤立の地位に排擠し、支那の復興せざるに先ち分割、若くは或種の去勢的政術を施し、以て永久の被征服者たるに至らしむるヿ是なり。之れ黄禍思想の由つて起る所以は、一は日本の勃興に基き、一は支那に於ける廣大無盡藏の富源と、其の幾億の人口とに基く當然の論理なり、卽ち吾人の白禍論は、白色人種の黄禍論よりも、遙に有力にして且具體的なる理由を有するものなり。（現に新世界なる四大陸、卽ち南北兩亞米利加・濠洲及び亞弗利加に於て、有色人種を排斥、若くは擯斥し又佛國に於て差別的關税を課し、以て東洋經濟力の發展を制肘せむとする一部事實、竝に此種關税政策論の現はれつゝあるが如きは、是れ人種的感情に支配せらるゝものに非ざれば、一種黄禍思想の先驅と視て不可なかるべし）

若し支那にして滅びんか、唇亡びて齒の寒きを覺ゆるは日本なり、換言すれば、日支兩國の將來は、其の國土は二にして、其の利害は則ち一、恰かも形影相離る可らざるの關係に在り、未だ曾て形亡びて影の存するもの有るを見ざるなり。繰返して言はむに、支那は其の國大にして武弱く、日本は其武强くして國小なり、日本は政治的に支那の弱を助け、支那は經濟的に日本の小を補ひ、聯計以て立つは則ち東亞の雙生兒が、共に生存する所以なり。然れども斯の如きは、現在に於ける列强均勢の下に、悚々然として獨立を支ゆるの道に過ぎず、將來、白色人種の恐怖・嫉妬及び野心の結合に依りて、實現すべく豫想さるゝ一大風潮に對しては、豫じめ之に備ふる所なくんば非ず、是れ大亞細亞主義を唱へざるを得ざる理由なり。然るに支那の現狀たるや、政治的・經濟的・社會的の各方面に亘りて腐敗紊亂を極め、内容已に亡びて纔に形骸を支えるの實情に在り。然り、列强相互の牽制に依り、辛うじて餘喘を保てるのみ、若し日本を中心として、締結せられたる領土保全の國際的約束（條約・協約・及び覺書を包括す）無かりせば、恐らくは支那の主權は今日に存在せざるべし、否な假りに存續するも、其の領土の大半は、列强の爲めに分割せられ、其の運命は宋朝末期の悲況以下に沈淪せるや、疑を容れざるべし。卽ち之を現在の大勢、將來の風潮に稽へ、之を支那の爲め、黄色人種の爲に圖るに、支那を指導して根本的に改造の目的を遂げしめ富强なる國家を再建設せしむるは、急務中の至緊事に屬せり、何となれば其の廣大なる支那の領土、饒多なる支那の人民は、實に黃色人種の本據・中堅にして・支那一國の存亡隆替は、亞細亞人種全體の死活興敗に關するを以てなり。

請ふ本著を「大亞細亞主義論」と名づけたるに似ず、支那現狀の描寫、支那の保全改造に關して、全頁數の大半を費したるを怪しむ勿れ。支那の歴史、支那の文明、支那の面積、支那の富源、支那の人口を除き去らば、亞細亞に剩す所のものは果して幾何ぞ。抑も又、支那の有する是等のものを亡ぼすに於ては、黃色人種の恃むべきものは、果して幾何を剩し得べしと爲す歟。畢竟、支那は之に依りて將來に於ける黃禍の淵叢と見做され、現在に於て白禍の中心に陷り居れるなり、人種の生存競爭を說き、東西の勢力對抗を論ずる上に於て、支那を叙するに精ならざるを得ざるなり、詳ならざるを得ざるなり。而して支那を詳說せざる可らざる所以のものは、則ち支那を指導し其富强を期待せざる可らざる事を意義せり、我にして彼の爲に計る所あるは、決して彼の爲に計るに非ずして、卽ち是れ我れ自からの爲に計るものなり彼にして我の爲に計る所あらば、又必ず此の見地に立つものたらざる可らず。試に之を將來の爲に策せむか、支那は大陸國にして其の人口多し、宜しく亞細亞の大陸軍國として、陸上の採題たらざる可らず、日本は本據を島帝國に有し、海軍に便にして且長ぜり、宜しく亞細亞の大海軍國として、洋上の守護たらざる可らず。斯の如くにして兩々相扶護せば、庶幾くば東亞の獨立を確保し、東西文明の調和融化を遂げ、世界の平和及び文化の上に其の惠澤を及ぼし、所謂平和的大亞細亞主義實現の第一步に入るを得べし、之を以て結論と爲す。

## ［31］ 大亚細亜主義与新亜細亜主義（一九一九年二月一日）

李　大釗

底本『李大釗全集』三巻、人民出版社、二〇〇六年、一四六―一四八頁

日本近来有一班人、倡大亚细亚主义。我们亚细亚人听见这个名辞、却很担心。倡这个主义的人、有建部遯吾、大光谷瑞《ママ》、德富苏峰、小寺谦吉等。我们须要把他们所倡的大亚细亚主义、认识得清清楚楚、然后再下判断、再加批评。

第一、须知〝大亚细亚主义〞是并吞中国主义的隐语。中国的运命、全靠着列强均势、才能维持、这也不必讳言。日本若想独吞、非先排去这些均等的势力不可。想来想去、想出这个名辞。表面上只是同文同种的亲热话、实际上却有一种独吞独咽的意思在话里包藏。

第二、须知〝大亚细亚主义〞是大日本主义的变名。就是日本人要借亚细亚孟罗主义一句话、挡欧美人的驾、不令他们在东方扩张势力。在亚细亚的民族、都听日本人指挥、亚细亚的问题、都由日本人解决、日本作亚细亚的〔民〕〔盟〕主、亚细亚是日本人的舞台。到那时亚细亚不是欧美人的亚细亚、也不是亚细亚人的亚细亚、简直就是日本人的亚细亚。这样看来、这〝大亚细亚主义〞不是平和的主义、是侵略的主义：不是民族自决主义、是吞并弱小民族的帝国主义：不是亚细亚的民主主义、是日本的军国主义：不是适应世界组织的组织、乃是破坏世界组织的一个种子。

我们实在念同种同文的关系、不能不说几句话、奉劝邻邦的明达。此次欧洲战争、牵动了全世界、杀人杀了好几年、不是就因为这个〝大……主义〞吗？你倡大斯拉夫主义、我就倡大日尔曼主义、你倡大亚细亚主义、我就倡大欧罗巴主义。人之欲大、谁不如我。这样倡起来、那还得了、结局必是战争纷起、来争这一个〝大〞字。到头来这个〝大……主义〞不是死于两大之俱伤、就是败在众小的互助、那德国就是一个绝好的教训了。试想日本人倡这个主义、亚洲境内的弱国、小国、那个甘心、那欧美的列强、那个愿意：必至内启同洲的争、外召世界的忌、岂不是自杀政策吗？

若说这个主义、是欧美人蔑视黄人的反响、那么何不再看一看这回平和会议的结果呢？如果欧美人不说理、想拿我东方的民族作牺牲、我们再联合起抗拒他们不迟。如果那排斥亚细亚人的问题、还是没有正当的解决、还是不与平等的待遇、那真是亚细亚人的共同问题、应该合我们亚人的全力来解决。为争公理起了战争、也在所不惜呢！不从此着想、妄倡〝大亚细亚主义〞、实在是危险的狠。这个危险、不仅足以危害日本、并且可以危害亚细亚一切民族、危害全世界的平和。防制这种危险的责任、不仅在日本以外的东亚民族、凡世界上的人类、就连日本的真正善良的国民也都该负一份的。

看世界大势、美洲将来必成一个美洲联邦、欧洲必成一个欧洲联邦、我们亚洲也应该成一个相类的组织、这都是世界联邦的基础。亚细亚人应该共倡一种新亚细亚主义，以代日本一部分人所倡的〃大亚细亚主义〃。这种新亚细亚主义，与浮田和民氏所说的也不相同。浮田和民主张拿中日联盟作基础，维持现状；我们主张拿民族解放作基础，根本改造。凡是亚细亚的民族，被人吞并的都该解放，实行民族自决主义，然后结成一个大联合，与欧、美的联合鼎足而三，共同完成世界的联邦，益进人类的幸福。

一九一九年元旦

＊发表于《国民》杂志第一卷第二号，一九一九年二月一日出版，同年三月六日和二十一日《晨报》曾先后两次转载，署名李大钊。文末标明写作时间为一九一九年元旦。

## ［32］王道と覇道（『東京朝日新聞』一九二三年一二月二五～二八日付）

王　正廷

日支親善の障碍（一）如何に両国の親善を実現するか　中華民国特使　王正廷（一九二三年一二月二五日、三面）

王正廷氏は震災地の支那人殺傷事件の為め来朝中であるが、人も知る如く先に衆談院議長であり巴里講和会議の支那全権であり現に露支交渉全縦の重任を帯び支那に於ける有為の青年政治家である曾て日本に学び後米国に転じ法学博士の学位を有して居る一時は親米排日の領袖と見られたこともあるが山東還付交渉の支那側全権として日本と折衝するに及んで日本人の善い所を知り夫れから全然変ったと云はれて居る、王氏現在の態度からすれば日支両国の親善関係は今よりして後同氏の努力に俟つ処が決して少くないと信ぜられる左の一篇は王氏が特に本紙の為めに寄せられたものである。

（中略）

九月一日東京は大震火災が勃発したといふ驚くべき報道が北京を初め支那全土に伝はるや極めて短時間の中に支

那全国民は挙って従来の行懸りや嫌悪の念を一擲し一致して同情の声となって現れた無論大した助力も出来なかったのは甚だ遺憾であったが及ばずながら心だけも同情を表したことは日本国民にも諒解して頂きたいこれによっても日本に対する支那人の真意を知るに足ると思ふ、世間ではよく日支両国は親善でなければならぬと云ふ支那人も亦日支の親善を表明し希望して已まないにも拘らずともすれば両国間に於て種々面白からぬ関係が生ずるのは何がためであらうか察するに此間何等か障碍物の存するがためであるお互に親しくならうと欲して親しくなり得ないのは之を妨げる何等かの事実が両国間に存在するがためであらう両国間に障碍物があるときは両国民が如何に親善策に努力してもそれを増す事は出来ない例へば今回の大震災によって所謂支那人惨殺事件の勃発を見たるが如き矢張り其障碍物の一である。

私の考へとしては斯る問題に対して日本当局は自ら進んで徹底的に之を取扱って且迅速に当時の実情を闡明し支那の誤解なき様に努めたならば大した国際間の疑惑を起さずとも済み支那国民も亦速かに諒解するであろうと思ふ勿論其当時は当面の問題に没頭されて一々手廻り兼ねた事もあらうがそれにしても出来るだけの手段方法を講じて其結果を調査し処罰すべき者は処罰し一切の事情を明確に公表したならば支那国民と雖も衷心より其誤解を解き或は之を諒とする事が出来たであらうと思ふ然るに此事無かりしは甚だ両国親善の為遺憾であった。

王道と覇道（二）『日支親善の障害』の続き　中華民国特使　王正廷（一九二三年一二月二六日、三面）

（前略）

今日東洋の大局から見るも国家として東洋に存立せるものは、日本と支那のみである。支那は日本と共に東洋文化を発揮し世界に貢献する所がなければならぬ。若し日本と支那との関係が円満を缺き常に衝突を来し意思の疎隔を缺くる時は、其文化を以て世界に貢献することが不可能なるのみならず却て其文化を漸次消滅せしめて行くやうなことになりはせぬか、是は実に遺憾なことである。従来西洋の主義は東洋と異り侵略主義を執り、常に干戈に訴へて国際間の平和を攪乱したものであった。今や世界は欧州大戦の結果侵略主義が人類の幸和を確保する所以にあらざることを痛感するに至ったやうであるが、東洋は全然それと異り出来るだけ平和を保持し人類の幸福を増進せんと努めた。這は既に孔子、孟子の教へにも現れて居る所である。之を要するに東洋の主義は王道であり西洋の主義は覇道である。即ち東洋と西洋とは根本に於て其主義を異にするのであるから、出来得る限り日本と支那とは協力して、東洋の王道を発展せしむると共に、益其文化を向上し西洋文化に貢献しなければならぬ。換言すれば此王道を西洋に伝ふる事は、東洋にある支那と日本との任務であると思ふ。西洋人はいまや過去の非を悟り人類の幸福の為め、国際間の平和のためには覇を用ふるべからず、是非共王道に従はざるべからざる所以を知るに至ったが、東洋人は尚自ら進んで王道を以て西洋人を感化納得せしめなければならぬと思ふ。我東洋人の使命は西洋人が武を尚び文を尚ばず即ち尚武の精神のみ旺盛なるに対し、東洋人は武を尚ぶと共に文をも並び尚ぶ、言ひ換ふれば尚文尚武を以て西洋人の侵略主義を放棄せしむるにある。故に吾々東洋人から云ふならば武備に就ては唯自衛に足る程度を以て十分とする、換言すれば武力は自衛するに足るを以て程度とする。されば徒らに軍備拡張を行ひ他国を侵略するか如き野望を起す必要はない。両国協力して出来得る限り東洋文化を西洋に宣伝し、彼をして我孔孟の教へを諒解せしめ、且之を採用せしむるに努むると共に、日支相提携し親善を保持して行かなければならない。

（後略）

王道と覇道（三）　中華民国特使　王正廷（一九二三年一二月二七日、三面）

（前略）

私は日本が五十年前既に西洋の圧迫を受け、それに打克ちつつ今日の富強の域に達したことは大に敬服するが、然も尚一歩進んで更に西洋の侵略主義を倣ふに至ったのには到底感服することは出来ぬ。併しながら之は日本本来が悪いのではない、日本はその三千年来の歴史を顧みるも、斯の如き政策はあまり行われて居らぬ、唯近世に於て西洋に倣い斯る政策を採用したに過ぎないと考へる。今日漸く人類平和に目醒めつつある時、西洋諸国の過去の迷夢を追はないやうに注意しなければならぬ。私は真に誠意を以て極めて忌憚なく所見を述べたのであって、之が貴紙により日本国民全般に周知せらるることは大いに満足とする所である。

（中略）

若し王道であったならば、自分が強者なれば強者として互に礼を以て相見え、弱いものがあったならばそれを援け、其地位を開発し産業を発展せしめて行く、此王道論は私の歴史の研究から到達した結論であるが、吾々東洋人は是非共東洋の文化即ち王道を世界に宣伝し、以て彼等が覇道に據り王道を顧みざるの非を悟らしめ相互に協力して世界の平和を増進し、康寧を確保することに努力しなければならぬと考へる。今日国際連盟とか国際平和などが高調され、実現化せんとしつつある事実は夙に東洋文化の中に説かれた大同主義であって、是等の事実は既に何十年以前より主張されて居る所である。

王道と覇道（四）　中華民国特使　王正廷（一九二三年一二月二八日、三面）

よく外国人から「支那はどうしてそんな古い歴史を有って居るか」と聞かれるが、私はそれに答えて曰く「支那は文化化人主義である、文化を以て人を教化する結果である」と。之に反して例へば、かの露西亜を見よ、露西亜はペートル大帝以後非常なる侵略主義を執った、然るに今日の現状は如何、大帝の覇業も根本から覆され、国情遂に一変して労農露国は過激主義共産主義の下に政治を行っているではないか、其主義の是非善悪は別とするも、既に露西亜人が根本から覚醒せることは之を以て視るも判然する、覇道を施すことの不可にして、王道の正しきに従はなければならぬことは、吾々の社会現象に照しても亦明かなる事実であって、労農露国に於ける主義の善悪は論外とするも、如何なる露西亜人が覇道を施すの非なるを根本より悟り、非常なる覚悟を以て進みつつあるかを窺ふことができる。

（後略）（完）

## [33] 孫の書簡（古島一雄宛）一九二七年

『犬養木堂書簡集』四五〇―四五一頁

犬養　毅

孫の書翰

（古島一雄氏宛）

昭和二年――七十三歳

註　往年、孫逸仙等の革命軍が一敗地に塗みれ、再起殆んど望なしとせられた際、孫は多年抱懐せる東亞經綸を述べ、志成らざるを慨して、長文の書を木堂先生に寄せたことがあった。「孫の書簡」とは、或は之を指す乎。

（因に、孫の逝けるは大正十四年三月）

孫の書簡ハ今之を發表するハ考物也場合ニよりてハ露支結合の助となる處ある故也故ニ捜索中と申事にして今暫らく時機を見たし

一念老兄祕啓　　木

## [34] 高木特派員報『中外商業新報』一九二四年一一月二五日　朝刊　二面

支那統一の鍵は不平等の條約撤廢

この實現は一に日本國民の同情如何にありと軒昂として孫文氏語る

高木特派員報

神戸廿四日電話＝孫文氏同夫人、李烈鈞、戴天仇氏の一行十五名を乗せた上海丸は豫定の如く今廿四日午後二時波静かな神戸の第一突堤に横付けられた、これより先埠頭には神戸在留中華國民東京支部代表楊壽章《ママ》氏外十一名及び陸軍大學留學生その他中華民國神戸青年團一同小學生等一千余名は「和平萬歳」「東亞民族結合せよ」等と大書せる大旆を振かざしつゝ出迎へた光景は壮觀を極めた特に群衆を警戒せる警官の眼が光つて居たのが注目を惹く、上海丸はマストに中華民國旗を掲げて海風に翻へしつゝ徐々に入港した

李氏先づ語る

上海丸が岸壁に横付けされるや李烈鈞氏が先づ甲板上にその姿を現した、氏は支那服に黒眼鏡をかけ例の長い口髯をひねりながらニツコリと帽子を群衆に向つて打振り暫くは海上と陸上間とに交驩あり終るや群衆は名聲偉大なる孫文氏に接見せんと押掛けたので李烈鈞氏は流暢な日本語で「皆様非常に混雑致しますから一人〳〵にお會ひ致します」と制したが群衆はきかばこそ我先にと押掛けた問題の孫文氏は特別室に黒服洋装の夫人と共に椅子に凭れこの混雑中に一々名刺を受けて挨拶した李烈鈞氏は今回は二度目の渡日とのことゝて刺を通じた記者に

「今度は東京へは行かず神戸から海路天津に向ふ積りであるから東京の官民諸君に宜しく傳へて呉れるやうに」と挨拶した、孫文氏は特別室で記者團と會見戴天仇の通譯で左の如く來朝の目的と將來の抱負を語つた後下船し、オリエンタルホテルに自動車をはせたが一行は廿五日神戸に行はれる支那官民の招待會に出席するはず

孫文氏の用向

今度來朝した第一の理由は上海から眞直くに北京に行く豫定であつたが鐵道は御承知の通り不通であり、汽船も二週間位の切符は賣切れてゐるので貴國に廻つて行く方が早いからである、第二は自分は貴國に友人も多数あるので久し振りで舊友とも會ひたいと思つたからである。貴國に着いてから今日のやうに多數朝野の諸君が

熱心に歡迎され又新聞記者諸君からも非常なる歡迎を受けることは自分もまことに喜ばしい、自分としては喜んで諸君と會見して自分の考へを貴國の諸君に傳へられんことを希望するものである、元來中華民國多數人の希望する事は日本國民と一致して東亞の大局を處理して行かんとするにある、日支兩國民の提携聯絡については如何にせばこの目的を達することが出來るか、それはいろいろ方法もあるであらうがそれは將來懇ろに研究せねばならぬ所である、これは自分の意見を述べる前に豫め諸君の御意見を伺ひたい、また日本國民は中國民を何うい ふ風に思つて居られるか？この點は特に新聞記者諸君の御意見を伺ひたい

と巧に記者團の說を求め日本記者の意見を聽取した上

國民統一希望

統一といふことは中國に取り最も必要である、統一がなければ國民は直接間接に不利を蒙るばかりでなく、それがために生活を脅かされる、日本も亦これがために直接間接に非常な不利を蒙つてゐることであらう、從つて支那の統一は中國民一同の希望であるのみならず日本國民も亦希望してゐる處であらうと自分は確信する

とやや語氣がするどくなつて

但し統一とふことは今まで容易に出來なかつた、その原因は中國內部にあるのではなく外部にあつた、卽ち革命以來十三年間の中國における紊亂は國民のために出來たのではない、諸外國がこうさせたものと確信する前述の如く中國の不統一紊亂の原因は內部に非ずして外部卽ち外國にあるとの結論を得た理由は第一に諸外國と支那との不平等なる條約の存在である此不平等の條約あるが爲め外國人殊に西洋人は支那に於て非常に高い地位、大きい勢力を持つて居る若し其の中に聰明なる一外國人があれば彼は中國に居る間あらゆる方法を以つて中國を紊すことが出來る卽ち一個の外國人がその聰明並に才智を利用せば有力なる武人を左右し又不都合なる一部の國民をも使嗾することが出來る、これ卽ち不平等なる條約が存する爲めであつて此現象は必ずしも偶然ではない、故に中國の不統一の主なる原因は外國にあらず不平等なる條約を利用する外國人にあることによる

のである

## 不平等の條約

然らば不平等なる條約を破棄するために現存する借款を整理するために如何なる成算があるかとの質問に對し諸外國が中國と結んだ不平等の條約は世界平和に害があり又正義人道にも背反すると云ふことは諸外國の政府及び人民の盡く知る所だと信ずる今から二十年前卽ち團匪事件の後同事件に依り中國は諸外國に全敗した直後英國が支那に對して申込んだ條約に現はれた事項は此不平等なる條約の撤廢、税關の獨立、治外法權撤廢等であつた、又爾來世界大戰後ワシントン會議においても之等不平等なる條約を撤廢せよとの議論が盛に起り不平等の條約の存在は世界平和を過るものだとの說が出て來た斯かる歷史的の事實を見れば此不平等なる條約の撤廢は諸外國の全然反對すべきでない、又列國も正義人道に訴へて良心に反くと言つて居るのである、諸外國の國民が斯る不平等なる條約が中國と外國との間に存在して居ることをよく知らないと云ふことは甚だ遺憾である、諸外國國民の多數は正義人道を好む國民である此不平等條約を維持せねば生活を脅かされる譯ではない、之に依つて利益を受けるものは現に中國に存在する少數の諸外國民に過ぎないのである、これ等少数の在支外人が不平等の條約を利用して出來るだけ不當の利益を貪り支那の統一を妨げやうとして居る蓋し中國が統一される時は今迄の利益が失はれ從來の不當が暴露されるのを惧れて居る、今特に諸君に話すのは卽ちこの不平等條約の撤廢につき一の鍵がある、之が出來るや否やは日本國民の同情如何、日本國民の意志如何といふことに主なる原因がある若し日本國民が、この條約の存在を平和の害なりと信じて中國を援けてこれが撤廢を完成しない限りは日支兩國間は圓滿に行くことは出來ない、これは日本國民も恐らく同情されることゝと思はれる、日本國民も既に三十年前に今日の中國々民と同樣の害を受けてゐたのである、日本國民はこれを回想して自分の欲する所を人にも施すの道義心に愬ればこの問題は立所に解決するであらう

## 日支相互利益

若し不平等條約を撤廢せば目前に日本は不利益を蒙ると思ふものがあらうがそれは近眼者流の說である、例へば關稅問題に見ても中國が自由に關稅を處理せば目前では日本が不利益とならうけれどもこれに依つて日支の經濟同盟……關稅同盟も出來、兩國間の直接間接に利益を受けること甚だ大であることは明かである、この利益は今日の百倍乃至一千倍とならう故に結論として日本は今日の支那に存在する不平等條約撤廢を實現されることに努力されん事を切望するものである。

なほ孫氏一行は神戶に三四日滯在し便船次第天津に向ふべく東京へは廻らぬはずである、

## [35] 日華提携の眞諦を說く

『支那時報』二巻一号、六―一一頁、抄録

李　烈鈞

一

予が今回貴國に來遊せるは中華民國陸海軍大元帥孫公の使命を帶びて、貴國朝野の名流に會見し、我民國現下の時局の眞相を說き且東亞百年の大計に就いて、充分なる了解を求めんとすることが一部の目的である。

此に就いては最も緊要なる關鍵がある、夫は我中國は古よりの民意の國であると云ふことを、充分に諒解せられたいと云ふことである、之は書經にも『天の視るは我民より視、天の聽くは我民より聽く』と云ひ、又『天に順ふ者は興り、天に逆ふ者は亡ぶ』と云ふて居りますが、全く我中國數千年の歷史を通じて、此民意に順するものは必ず興り、民意に逆ふものは必ず亡ぶることは、一貫したる不變の眞理であつて、此眞理は今日の實政治にも依然として生きて居る事實である。

斯く云へば、說者或は『今日の支那は敎育普及されずして多數の國民は政治に無關心であれば何の民意として依るべきなし』と云はんも、此は全く一個の偏見であつて、決して我國の眞相を洞察した者の言ではないのである、予の所謂民意なる者の發達は、必ずしも新式の知識教育を待つて顯るゝものに非ず、又外見には政治に冷淡に見へても、夫は只比較的積極的に之を唱へない丈で、消極的の批判は極めて嚴しきものがある、之が即ち數千年來一貫せる所謂丈夫の清議である、此の力は何れの時代に於ても、現實政治を支配する最大の力である事を知らねばならぬ、夫は最近十數年來の政局變遷の跡を檢討するだけでも、之を證明する事が出來るのである。

（中略）

六

（前略）

此時に當り我國の國情が上述の如く、一黨一派に由りて專制さるべきでもなく、又中央集權的に統治され得るものでもないものとすれば、眞正なる日華提携を實現せしむる爲めには、先づ第一に我國の内政を國情民意に適合せしめて、絶對安定の域に達せしむることが最も必要なる條件である、而して其必要條件を實現するには、貴國は結局我國の民意は何處にあるやと云ふことを的確に理解せらるゝことが、最も緊要なることがあることは言を俟たぬ。

然れども、貴國の或論者は『支那には强力なる中央政府が必要である、少くとも日本と提携する爲めには日本に取りて之が最も必要である、故に支那の所謂民意等の生温い主張は之を問ふの必要なく、誰でも武力否實力の優れたるものをして、全國を壓伏的に統一せしめ、日本は夫を相手として、種々のことを取り極めさへすれば、日華の提携は出來るものであるが、之が出來ない限りは、日本は常に其影響を受け憂慮が絶へない。故に少々は無理でも、或る有力者を助けて之を統一せしめねばならぬ、而して其武力の最優者が日本と接近せずして他國と親しむとすれば、日本は更に日本と親しむ他の實力者を盛り立てゝ、之に代はらしむことに努めねばならぬ』と云ふ樣な議論を時々聞く事もありますが、斯る誤まりたる議論は日本の片面的利害からのみ打算されたものであつて、兩國民の提携親善關係を阻隔するのみで、相互に何等の利益がないのみならず、斯かる個人的の武力統一は到底我國に實現されるものでないことを了知せられたい、假りに百歩を譲りて之に類する有力なる政府が出來たとしても、夫は全く一時的に有力な外形を有するのみであつて、結局敗滅に歸する事は上記の實例で明かなる以上は、かゝる武斷的方法に由らんとする提携は、恰かも沙上の樓閣に等しき空論であつて、終局の目的に達せざる徒勞である。

七

故に貴國にして眞正の日華提携を望まむとすれば、須らく終始眞正なる我國の民意のある所を洞察し、我國の輿情を諒解するに努むることは最も必要である、然らざれば凡百の施設も結局所謂木に縁りて魚を求むる類であつて、日華の提携、親善は永久に實現を見ることが出來ないばかりでなく、實に貴我兩國永遠の不幸である。

## ［36］蔣介石日記で言及された「大アジア主義」

一九三一年二月一日　雪耻。人定勝天。立志養氣，立品修行。
今日辰起祷告後，與爱妻往謁譚組公靈，以其今日誕辰也。到湯山午餐，與伯南談大局與桂事。下午參觀陵墓，辦事处甚古雅，謁陵後游五洲公園，即回家看總理講演大亞洲主義一篇完。仁義道德之王道與功利强權之霸道，東西洋文化之優劣比較，為政者不可以不知不行也。小子勉之。余不任怨，何人任怨，勿以任怨任艱為苦也，夜十一時候雷雨。

（スタンフォード大学・フーバー研究所所蔵記録）

一九三九年六月二〇日星期二　氣候晴
雪耻　告日本國民書，以總理亞細亞主義，與徐之「敵乎友乎」之意為中心。

（『蔣中正日記』民国二八年・一九三九年、抗戦歴史文献研究会・二〇一五年、所収）

一九五〇年五月二一日　下午午課如常，重讀大亞洲主義遺教。六時到圓山革命實踐院，軍官訓練班点名訓話，明示其聘請日本教官之重要，與中日將來必須合作團結之關係畢，聚餐後講解大亞洲主義之要義。

（『蔣中正日記』一九五〇、呂芳上・源流成主編、民国歴史文化学社・国史館、二〇二三年、所収）

## [37] 日本外交文書に見る一九二四年一〇月、一一月、一二月の孫文

『日本外交文書大正一三年第二冊』五七一―五七三頁、五八二―五八七頁

**五五四**　十一月二十五日　平塚兵庫県知事ヨリ幣原外務大臣他宛

神戸来着ノ孫文ノ船上ニ於ケル記者会見及ビ埠頭ノ歓迎情況等報告ノ件

兵外発秘第二六二九号

（十一月二十八日外務省接受）

大正十三年十一月二十五日

兵庫県知事　平塚　広義（印）

内務大臣　若槻　礼次郎殿

外務大臣　幣原　喜重郎殿

指定庁府県長官殿

連内務事務官殿

孫文来朝ノ件

孫文及夫人、参謀長李烈鈞、副官馬湘、同黄恵竜、中将兪応麓、書記陳虞青、周鰲山、秘書耿鶴生、同戴天仇及従者四名ノ一行ハ本月二十四日午後二時神戸入港ノ汽船上海丸ニテ来朝シタルカ孫ハ船中ニ於テ訪問ノ新聞記者約三十名ニ対シ戴天仇ノ通訳ニテ大要左ノ如キ談ヲ為セルカ午後三時半上陸当庁差廻シノ自動車ニテ神戸オリエンタル

ホテルニ入リ（李烈鈞、耿鶴生、周鰲山ノ三名ハ洋室ヲ好マストテ栄町一丁目ノ田中屋旅館ニ投宿セリ）滞在中ナルカ本月三十日神戸港出帆予定ナル汽船北嶺丸ニテ天津ニ向ケ出発スル予定ナリ而シテ本日「孫文来朝説ニ対スル当地在留支那人ノ意向内査ノ件」ト題シ別報セル如ク当地在留広東省人中ニハ商団軍関係ニヨリ孫文ヲ国賊視シ憤懣ノ口吻ヲ漏ス者尠カラサル模様ナルヲ以テ万一ヲ慮リ特ニ私服警察官数名ヲ配シテ身辺ノ保護並視察ニ従事セシメツツアルカ一行着船ノ際ハ当地支那正副領事在留有力支那人支那小学校生徒中国国民党東京支部員（十七名）大阪商工学生（五名）等支那人約五、六百名、衆議院議員古島一雄、高見之通、望月小太郎、森田金造、砂田重政、元代議士萱野長知、菊地良一、神戸商業会議所員孫文顧問井上謙吉、新聞記者等約百余名ハ一行ヲ埠頭ニ出迎ヘ中ニモ支那人等ハ「中国国民党万歳」「歓迎孫総理」「中華民国万歳」等ノ旗ヲ打チ振リ万歳万歳ト唱和シテ気勢ヲ揚ケタリ尚孫文ハ本月二十八日県立高等女学校楼上ニ於テ神戸商業会議所主催大阪朝日、大阪毎日両社後援ノ講演会ニ臨ミ「大亜細亜問題」ト題シ一場ノ講演ヲ為ス模様ナリ

右及申（通）報候也

記

余カ来朝ノ目的ハ政治的及其ノ他何等ノ意味ヲ有セス天津会議ニ赴ク為メ上海迄来リタルモ陸上ハ交通杜絶海路亦船室売切レノ為貴国ヲ経由スルカ却ツテ近道ナリト考ヘタルカ故ナリ故ニ最近ノ便船アル迄当地ニ滞在シ東京ニハ赴カサル考ナリ

日支両国ハ互ヒニ提携シテ進ムノ必要アルハ双方国民ノ良ク理解セル所ナルカ其ノ方法ニ就テ余ノ意見ヲ述フルニ先チ先ツ此点ニ関スル諸君ノ意見及中国国民ニ対スル諸君ノ感想ヲ聞キタシ

（此時大阪朝日新聞記者神尾茂立チ上リ

「余ハ一個人トシテ孫先生ニ答ヘンニ両国親善ノ方法ハ約言セハ国際的趨勢ニ鑑ミ両国ノ本質的結合ハ東亜民族ノ存立ノ為メニ必要ナル所以ヲ両国民カ徹底的ニ理解スルニアリ尚貴国民ニ対スル感想トシテハ余ハ貴国ノ相亜ク動乱ヲ見テ最モ不可解トスルモノニシテ孫先生ヲ初メ国民指導ノ地位ニ在ル人カ小我ヲ捨テテ協定シ国家ヲ安泰ニ置カレンコトヲ希望ニ堪ヘス」ト述フ）

民国建設以来十三年動乱ニ亜クニ動乱ヲ以テスルハ之民国国民カ動乱ヲ好ムカ故ニアラスシテ各列強カ此所ニ致スナリ民国ト列強トノ間ニ締結セル各種条約ハ実ニ不平等極マルモノニシテ此不平等条約ニヨリ列強国民ハ支那内地ニ於テ偉大ナル勢力ヲ占メ其ノ利慾ノ為ニハ一部軍人ヲ使嗾シ又ハ不良国民ヲ煽動シテ内乱ヲ勃発セシムルモノナリ此条約ヲ撤廃スルニアラサレハ到底支那ノ平和延ヒテハ世界ノ平和ハ望ムヘカラサルナリ

（此ノ時英文大阪毎日記者一矢某立チ上リ此ノ際孫先生ニ質問スヘシトテ「列強ノ支那ニ対スル条約ハ或ハ不平等ノ点モアルヘシ然レトモ其茲ニ至ルニ就テハ相当ノ犠牲ヲ払ヘリ従ツテ列強ハ素直ニ条約ヲ撤廃スヘシトハ思ハレサルカ之ニ対シ孫先生ハ成算アリヤ」ト質問シタリ）

民国対列強ノ条約カ不平等ニシテ世界ノ平和ニ有害ニシテ且ツ正義人道ニ反スルモノナルコトハ世界各国ノ確実ニ之ヲ認ムル所ナリ最近華府会議ニ於テ各国カ等シク之ヲ声明セルニ徴シテモ明白ナリ只之ニ反対スルハ自己ノ利益ノ擁護上ヨリ打算シタル民国ニ在留スル一部列強国民ニ過キサルナリ既ニ世界各国ニ於テ正義人道ニ反スルモノト悟リ而シテ隣邦日本ノ同情ト援助ヲ得ルニ於テハ不平等条約ノ撤廃ハ易々タルモノナリ此点ニ関シテハ日本ハ幸ニ三十年以前不平等条約ノ如何ニ自国ヲ禍スルカニ付テノ体験者ナリ民国ニ同情シ不平等条約ノ撤廃ヲ援助スル国ハ日本ヲ措テ他ニ非ラサルナリ日本ハ其ノ対民国条約ヲ破棄スルコトニ依リテ目前ノ小利ヲ失フカ如ク考ヘラルルモ決シテ然ラス両国ノ経済的同盟ハ失フニ幾倍スル利益ヲ日本ニ齎スコトハ極メテ明白ナリ日支親善、東亜民族ノ繁栄、只此一点ニ繋レルナリ云々

**五六二　十二月五日　在天津吉田総領事ヨリ幣原外務大臣宛（電報）**

天津ニ於ケル孫文ノ歓迎会開催ニ関シ報告ノ件

第二八四号

当地各界連合ノ孫文歓迎会ハ四日午後八時仏租界国民飯店ニテ催サルル予定ナリシカ当日撤布サレタル諸単中ニハ不平等条約反対租界回収等ノ文句アリタル為仏租界警察ハ国民飯店ニ開会ヲ許ササル旨申渡サレタルニ依リ交渉員

警察庁員ヨリ折衝ヲ重ネタルモ終ニ拒絶サレ楊以徳自ラ仏警察ニ赴キ楊自身ノ招待トスルコトニ諒解ヲ遂ケ八時半漸ク開会シタルモ孫ハ病気ノ故ヲ以テ出席セス汪精衛ヲ代表トシテ列席セシメタリ

北京へ転電セリ

**五六四**　十二月十六日　在広東天羽総領事ヨリ幣原外務大臣宛（電報）

広東ノ新聞ハ連日国民会議即開ヲ主張スル各種団体ノ宣言、通電ヲ掲載ノ件

第三一三号　（十二月十七日接受）

過般来当地新聞ハ連日国民会議即開ヲ主張スル各種団体ノ宣言又ハ通電ヲ掲ケテ居ルカ其要旨ハ

一、元老督軍等一部権力者ヨリ成ル善後会議ヲ開カス速ニ孫文ノ主張スル国民会議ヲ召集シテ国事ヲ議シ

二、国民会議ヲ軍閥政客等ノ壟断ニ委スルコトナク真ニ国民ヲ代表スル各種団体ヲ以テ組織スヘク

三、孫文ノ主張ニ従ヒ国民会議開催前先ツ予備会議ヲ開キ国民会議ノ基礎条件ヲ討議スヘシ

ト謂フノテアル

公使、天津ニ転電済ミ奉天、上海、漢口ニ暗送

**五六五**　十二月十七日　平塚兵庫県知事ヨリ幣原外務大臣他宛

阪神各団体ノ歓迎会ニ於ケル孫文ノ演説ニ関スル件

兵外発秘第二六九三号ノ三　（十二月十九日外務省接受）

大正十三年十二月十七日

兵庫県知事　平塚　広義（印）

内務大臣　若槻礼次郎殿

外務大臣　幣原喜重郎殿
陸軍大臣　宇垣　一成殿
海軍大臣　財部　　彪殿
　指定庁府県長官殿
　立田内務事務官殿

　孫文ノ演説速記録印刷配布ノ件（其ノ二）

中国国民党神戸支部長楊寿彰ハ客月下旬孫文来神ノ際其歓迎会席上ニ於テ為セル孫文ノ講演ヲ速記シ之ヲ印刷配布セント計画セル旨既報ノ所今回謄写版刷リ二百部ヲ作製シ百部ヲ当地五拾部宛ヲ大阪、横浜ノ各主ナル在留広東省人ニ配布シタル模様ナリ其ノ全文左ノ如シ
右及申（通）報候也

記

（第一）
　中山先生、阪神各団体ノ歓迎会ニ対スル演説
（原漢文）

神戸商業会議所、日華実業協会、中国領事並ニ在留支那人諸君
本夕ハ諸君ノ斯クモ熱誠ナル御招待ニ預リ私ハ感慨無量テアリマス、私ハ今回神戸ニ立チ寄リ日本ノ各方面人士ノ一致熱誠ナル歓迎ヲ蒙リマシタカ斯ノ如キ偶然ノ事情ニ依リテモ中日両国民ノ親善ノ必要ヲ知ルコトカ出来マス、支那ト日本ノ関係ニ付テ言ハハ何事ニ依ラス両国民ハ万事提携協力シテ進行シ共ニ前途ノ発展ヲ図ルヘキテアリマス、譬フレハ私ノ今回ノ北上ハ南支ヨリ北支ニ行ク即チ自家ノ南方カラ自家ノ北方ヘ行クニモ尚日本ヲ通過セネハナラヌノテアリマス、即チ交通ノ一事ニ就テ言フモ日支両国ハ斯クモ密接ナル関係カアルノテアリマス、其ノ他

種々ノ関係ニ於テモ亦頗ル密接テアル、吾等両国民ハ従来口頭テハ中国ト日本トハ同種同文ノ国家テアル、兄弟ノ国テアル、両国民ハ将ニ提携スヘキテアルト申シマス、以前日本ノ維新ノ元老ハ維新ノ未タ成功シナイ時ニ於テ既ニ中日両国提携ノ必要ヲ提唱シテ居ル現在日本ノ維新ハ既ニ成功シタカ而モ日支両国民ノ口頭禅ハ尚未タ目的ヲ達スルコトカ出来ナイノテアリマス、此ノ原因ハ何所ニアリマセウカ、思フニ我中国ハ以前ハ只睡眠シテ居ツタノテアリマス、其ノ間ニ日本維新ハ幾十年ヲ経過シタ、而モ中国ハ依然トシテ睡リヲ続ケテ居ツタノテ毫モ其ノ経過ヲ知ラナカツタノテアリマス

近来世界ノ大変遷ト欧美勢力ノ東侵トハ中国ヲ圧迫致シマス、中国ハ尚睡眠シテ之ヲ知ラナカツタノテアル、十三年前ニ至リ初メテ中国ニ革命カ起ツタ、少数先覚者カ政治ノ改良、国民ノ覚醒、国家ノ地位恢復ヲ提唱シ以前ノ状態ニ復セシメントシタカラテアル

此ノ次ノ革命ノ時期ハ日本ノ維新ノ時機ト甚タ異ツテ居ル、日本ノ維新ノ当時ハ欧美ノ勢力未タ充分ニ東来セス又東亜ニ在リテモ他ニ障害ナク日本カ軍備ヲ整ヘ政治ヲ刷新スルニ当リ何等制肘ヲ受ケス頗ル自由テアツタノテアル、故ニ日本ノ維新ハ完全ニ成功スルヲ得タノテアリマス、然ルニ我中国十三年前ノ革命ニ際シテハ欧美ノ大勢力已ニ東亜ニ侵入シテ中国ノ四囲皆強国テアリ四囲亦凡テ障碍テアツタ、一事ヲ為サントスレハ即チ種々ノ困難ニ遭遇セネハナラヌ、而シテ其ノ困難ヲ経過シタル後ト雖モ尚目的ヲ達スルコトハ出来ナイノテアリマス、故ニ十三年ヲ経過シタ今日テモ尚成功ヲ収ムルコトカ出来ナイノテアリマス、吾人革命党ハ中国ニ在リテ此ノ拾数年来ニ於テ已ニ満清ノ旧皇帝ヲ顚覆シ袁世凱ノ新皇帝ヲ銷滅シ、種々ノ障碍ヲ掃除シタ最近曹呉ノ大軍閥亦吾等ノ顚覆スル所トナツタ、斯クノ如ク国内ニ於ケル革命ニ対スル障碍ハ凡テ吾人ノ為メニ銷滅シ我等ノ国内ニ於テハ革命ノ障碍ハ悉ク無クナツタノテアリマス、既ニ障碍ナシトスル以上ハ即チ将ニ革命ハ成功スヘキテアル、然ルニ何カ故ニ未タ成功シ得ナイテアラウカ、何カ故ニ未タ充分ニ目的ヲ達スルコトカ出来ヌテアラウカ、即チ尚国外ノ障碍カアリ而シテ之等国外ノ障碍ヲ打破シ得ナイカ故テアリマス、換言スレハ中国カ外国ト締結セル不平等ノ条約カアル、条約ナル文字ヨリ言ハハ明白ナリト雖モ其ノ内容ニ至リテハ中国人自身スラ不明白ナルノミナラス傍観者ナル日本人ニモ恐

ラクハ明白テナイノテアリマス、其ノ条約ノ由来ヲ略述スレハ以前中国カ十六ケ国ト訂立シタカ諸外国カ中国ニ於テ定メタル条約ハ中国ヲ不平等ノ地位ニ置キ中国ヲ圧迫シテ種々特別ノ権利ヲ享有スルモノナノテアリマス
今次ノ欧州戦争ノ後独墺両国ハ此種ノ条約ヲ廃除シタ、此両国ハ現ニ支那ニ於テハ特別ノ権利ヲ享有シナイノテアリマス、独墺カ此種条約ヲ廃棄シタル理由ハ要スルニ彼等ハ戦敗国テアツテ我中国ニ圧迫セラレタ為メテアリマス、近来露国亦条約ヲ廃除シタカ之ハ露国ハ革命ノ後公道ヲ主張シ彼ノ条約ハ中国ニ対シ頗ル不平等ニシテ理ニ背クモノテアルコトヲ知ツタカ故テアリマス
右ノ如ク三ケ国ハ既ニ此ノ不平等条約ヲ廃除シタカ他ノ十三ケ国ハ未タ廃棄セスシテ事実上我中国ノ主権ヲ掌握シテ居ルノテアリマス、而シテ不平等条約ハ畢竟如何ナルモノテアルカト言ハハ之以前ノ中国政府カ吾等国民ヲ外人ニ入質シテ書キタル一ツノ身売ノ契約テアリマス、現在此ノ身売契約ヲ有スルモノカ尚十三ケ国アル、即チ吾人ハ尚十三人ノ主人カアルワケナノテアリマス、中国ハ十三ケ国ノ奴隷テアリ十三ケ国ノ植民地テアリマス、一国ノ植民地タルハ或ハ容易テアルカモ知レナイカ十三ケ国ノ植民地タルハ頗ル苦痛トスル所テアリマス、例ヘハ豪州ハ英一ケ国ノ植民地テアル、加奈陀モ南阿弗利加モニュージランドモ亦英一ケ国ノ植民地テアリマス英国ハ平時ニ於テ夫レ等植民地ニ対シテ享クル所ノ権利ハ僅少テアルカ而モ一朝特別ノ建設或ハ水害旱天等災害ニ遭遇スレハ多大ノ義務ヲ尽サネハナラヌ、彼等植民地ノ人民ハ母国ニ対シテ多大ノ権利ヲ享有スルノテアリマス、然ルニ吾中国ハ十三ケ国ノ植民地テアツテ彼等十三ケ国ハ只中国ニ在リテ特別ノ権利ヲ有シ中国人ヲ虐待シテ毫モ義務ヲ尽サナイノテアリマス、故ニ我国人ハ他人ノ奴隷トナツテ毫モ主人ノ恩恵ヲ蒙ラス只虐待セラレ苦痛ヲ受クルノミナノテアリマス、国内ニ於テ行クヘキ安住ノ所ナキカ故ニ外国ニ去リテ一国ノ奴隷トナル広東人カ香港ニ到リ、遠ク南洋群島ニ走リ更ニ南北アメリカニ到ルハ好適例テアリマス、彼等多数ノ者カ国内ニ去ルヤ皆郷里ニ帰ルコトヲ想ハナイ、自然ニ一国ノ奴隷タルハ十数国ノ奴隷タルニ比シテ遥ニ愉快ヲ覚ユルノテアリマス
我領土ハ米国ヨリモ大テアリ我人民ハ四億ヲ算シテ米国ヨリハ遥ニ多イ、米国ハ現在世界中最高最強ノ国家テアリマスカ我中国ハ斯ノ如キ大領土ト斯ノ如キ多民族ヲ擁シナカラ尚一ツノ独立国家タルヲ得ナイノテアリマス其ノ主

要ナル原因ハ前述ノ如ク不平等条約ノ圧迫ヲ受クルカラテアリマス、吾人ハ今ヤ十三ケ国ノ植民地テアルノニ支那人自身サヘモ尚之ヲ知ラナイ、我ノ信スル所テハ日本人モ亦之ヲ知ラナイ、日本ハ現在東亜最強ノ独立国テアッテ世界列強ノ一テアル、若シ日本ニシテ真ニ中国カ十三ケ国ノ植民地ナルヲ知ルナラハ一独立国カ来リテ植民地ト親善セムトスルカ如キハ不可能ノコトテアル、此道理ヲ明カニスルニ就テ自分ニ一方法カアル

我広東ニ昔甲乙両人ノ朋友カアッタ甲ハ広東人テ広東ニ於テ勢力モアリ地位モアリ一個ノ紳士ト称スヘキ人テ乙ハ田舎ノ世僕テアッテ未タ奴隷ノ地位ヲ脱セサル人テアッタカ後広州ニ来リ商売ヲシテ大ニ儲ケテ多大ノ勢力ヲ有スルニ至ッタ然ルニ友人ノ紹介テ甲ヲ識リ甲ト友人ニナッタ或日甲カ乙ヲ招待シテ飯ヲ食ヒニ行ッタ両人ハ揚々ト威張ッテ料理屋ヘ出カケタ所カ二人カ得意然トシテ歩イテ居ル途中突然乙ノ主人ニ出会シタ、其乙ノ主人ト言フノハ田舎者テ田舎カラ街ヘ出テ来タハカリノ所トテ、別ニ好イ衣服モ着ケテ居ナイ、靴モ穿ッテ居ナイ、只一本ノ傘ヲ持ッテ居ルハカリテアリマシタ、大分遠方カラ歩イテ来タコトトテ大変疲レテ居タ、突然乙ニ遇ッタカ乙ハ彼ノ世僕テアッタカ故ニ遠慮モセス、早速久シク見ナカッタカトウシテ斯ク贅沢ニナッタカ、今日ハ斯ンナニオメカシヲシテ何所ヘ行クカ、自分ハ歩イテ大変疲レタカラ此傘ヲ代ッテ持ッテクレト言ッタ、乙ハ其ノ田舎者ノ世僕タッタカラ断リ兼ネ主人ニ代ッテ傘ヲ持チ一緒ニ歩イタ其ノ為メニ甲乙ハ食事ヲ共ニスルコトカ出来ナイ

我カ中国カ世界各国ト数多ノ利益ヲ与ヘル様ナ条約ヲ結ムテ居ルノニ日本自身ハ尚中国ノ主人タルコトヲ覚ラスシテ日々中日親善ヲ唱ヘルトスレハ之レハ甲カ友人乙ヲ招待シテ食事ニ行クト同シク路上突然乙ノ主人ニ遭ヒ、主人カ乙ニ傘ヲ持タセル、従ッテ甲ハ当然乙ト一緒ニ食事ニ行クコトカ出来ナイノテアリマス、支那ハ現在一個ノ世僕テアル、而モ一人ノ主人テナク十数人ノ主人カアル、日本カ我等ト親善ヲ望ムテ我等ヲ招待シテ食事ヲ共ニセウト思ッテモ日支両国カ一緒ニ歩イテ居テ第一ノ主人ニ遭ハストモ第二ノ主人ニ遭ヒ第三ノ主人ニ遭ハストモ第四ノ主人ニ遭フ、斯クテ十数人ノ主人ニ至ルノテアリマス、多クノ主人カアレハ遭フ機会カ常ニアル、中国カ一度其レ等ノ主人ニ遭ヘハ主人等ハ必ラス傘ヲ持タセル、斯クテハ日本カ如何ニ中国ヲ招待スルノ誠意アリトスルモ竟ニ両国親善ノ目的ヲ達シ得ナイノテアリマス、若シ日本ニシテ真ニ東亜ヲ思フノ誠意アラハ先ツ中国ヲ助ケテ不平等条約

ヲ廃除シ主人タルノ地位ヲ奪回シ中国人ヲシテ自由ノ身分タラシメハ期セスシテ中国ハ日本ト親善融和スルニ至ルノテアリマス

吾人ノ口頭禅ニ依レハ日支両国ハ同種同文ノ国家テアリマス、兄弟ノ邦テアリマス、数千年ノ歴史ト地位トヨリ考フレハ中国ハ兄テアリ日本ハ弟テアリマス、今ヤ兄弟相会シ一家ニ在リテ親睦セウトスル、貴君等弟タル日本人ハ貴君等ノ兄カ已ニ十三ケ国ノ奴隷トナリ従来非常ナ苦痛ヲ嘗メテ居ル、現在モ尚非常ニ苦ンテ居ルノヲ知ラルル此等苦痛ノ原動力ハ即チ不平等条約テアリマス、更ニ貴君等弟タル人々カ兄ニ代ツテ共ニ憂ヒ兄ヲ扶ケテ奮闘シ此種不平等条約ヲ改訂シ奴隷ノ地位ヲ脱セシメヨ然ル後日支両国ハ再ヒ兄弟トナルコトカ出来ルノテアリマス

（中国国民党支部主催ノ歓迎会席上演説録ハ追報ス）

## [38] 大亜細亜主義とは何ぞや

若宮　卯之助

『中央公論』第三二年四号、一―一四頁、抄録

（前略）

二

大亜細亜主義とは、亜細亜の正當防衛である。亜細亜の掠奪者たる、及び掠奪者たらんとする非亜細亜勢力を亜細亜より一掃するを目的とする一の主張である。少しく具體的に言へば、亜細亜を認めて亜細亜人を認めざらんとする歐米的勢力を亜細亜に拒絶して、亜細亜人の亜細亜を建立せんとする、一の新なる理想である。之を流行語で言へば、亜細亜の文化的獨立に依つて、既に其の破綻の露はなる西洋文明を凌がんとする亜細亜新人の願欲であり、覺醒であり、祈禱である。之を經濟的に言へば、亜細亜を世界産業の中心と爲し、亜細亜の需要供給に於て、敢て外的勢力の牽制を受けざるを本位とする、前例無き新組織の要求である。西洋文明の精神は掠奪である、自然界の

掠奪を移して直に之を人間界に用ふるは西洋文明の手段である。西洋文明は國民的暴利主義に依つて他國を掠奪するが如く、集中的資本主義に依つて勞働階級を掠奪するを其の特色と爲すものである。此に西洋文明の破綻がある。其の國民的暴利主義は、其の國際的破綻であり、其の集中的資本主義は、其の國内的破綻である。外國語に讀まれて西洋文明を人間理想の文明と看做すものは、獨逸の國際的破綻の實例を看よ、若くは大英國の國内的不統一の現狀を看よ。否、如何なる西洋の社會に、一種の危機を孕むで居らず、爆發の原因を藏して居らぬ處がある。我等は今や前車の將に覆らんとするを見る。我が大亞細亞主義は此の弱點多き西洋文明に對抗して特殊の存立を保つもので無くてはならず、若くは之を凌駕して其の上に出づるもので無くてはならぬ。

（中略）

四

（中略）

飽くまで地球を我物顏に支配せんとする西洋人は、其の既に我物顏に支配するを得た部分の何處に於て、現に亞細亞人の地位を認むる乎。世界の何處に『亞細亞人入るべからず』の禁札を見ざる西洋人の領士がある。近眼なる日本人が、排日の本場を米國だけに認むる間に於て、日本の盟邦として、日本の利用に抜け目なき英國は、其の領士の隅々にまで、既に筆太に『日本人入るべからず』の禁札を掲げ盡くして居るでは無い乎。此の禁札は彼等の所謂白人主義の領士に於てのみ其の効力を擅にせんとするに止らず、生理的には、一時的にのみ、居候的にのみ、彼等の生存を許すべき彼等が名義上の領士にまで、漸次に其の効力を延長せんとするの傾向がある。今や日本人は、英國官憲から、痛くも無き腹を探られずに、安全に印度の旅行を終るを得る乎。否、其の所謂自由港の香港に於てさへ、尙ほ日本人の信書は、往々にして英國官憲の檢閲を煩はして居るではない乎。略して言へば、西洋人は苟も其の西洋的勢力の及ぶ限りに於て、飽くまで亞細亞人を排斥し盡して必ず其の未來を奪ば《(ママ)》んとする。其の歐洲であると、米國であると、濠洲であると、南阿であると、印度であると、支那であるとを問はず、飽くまで白人の天下を實現せんとするは、日は一日より愈々露骨ならんとする、彼等西洋人の我儘ではない乎。今や亞細亞の運命は、全くイチ乎バチ乎である。退いて此の西洋人の我儘を神妙に忍辱する乎。進むで此の西洋人の我儘を有効に制裁する乎。大西洋主義に降服する乎、大亞細亞主義を實現する乎。今や此の二つの外に亞細亞の運命がない。

七

（中略）

夷を以て夷を制すると云ふ支那の古風なる政略に依つて、日英同盟に換ふるに日獨同盟を以てすると云ふ乎。是れ單に獨逸を英國に置き換へるだけである。所謂白人主義、西洋主義の國際强盜の心理は之が爲に毫末の影響を蒙むるものでない。今や日本の恃む所は、其の最後の理想と爲らざるを得ざる大亞細亞主義を外にしては、纔に其の白人主義、西洋主義の國際强盜仲問の仲間喧嘩だけである。此の甚だ恃むに足らざるを恃まざるを得ざる日本の現實は是れ果して日本人の轉換するを得ざる其の宿命である乎。

## ［39］大亞細亞主義の確立

大石　正巳

『日本及日本人』秋季増刊、五八号、四頁

一

米國議會が排日案を決議したるは、全亞細亞民族に對する大宣戰を布告したる者なり。日本の主權を侮辱し、正義人道を蹂躙して、自から太平洋を支配し、野心を大陸に逞うせんとするの前提なり。苟も恥を知るの政府、國を愛するの國民ならば、米國を膺懲するは當然なり。帝國の自衛上及び亞細亞民族の保存上、專心一意、國民精神の作興並に物質的實力の充實に努力せざるべからず。此れ即ち大亞細亞主義を確立して、内外の輿論を喚起すべき所以なり。

二

日本支那印度文明を振興し、其の領土と民族の獨立自由を保全するは、大亞細亞の目的なり。何を以て此の三大民族を大同團結せしめんか。抑も儒佛の兩教は其の根を支那印度に發したるも、日本は民族固有の天才を以て能く之を咀嚼し、能く儒佛と和魂と同化して之を實行し、之に因て社會を律し之に因て精神を修養鍛錬せり。近世物質文明を歐洲より輸入して國家を莊嚴したるも、精神的文明は是れ和魂儒佛の結晶物なり。今、日支印三國を聯結するの骨子中心點は、日本に於て培養成熟せしめたる儒佛なり。之に因て以て全亞細亞民族の耳目を覺醒し、其の文明を助長せしむるを得べし。

三

大亞細亞主義を徹透するの手段としては、支那印度の樞要地に大學を創設して人物を養成するにあり。目今、日本支那印度の輿論を喚起すべき方法としては、新聞雜誌、著述遊説等の宣傳に待つべきは勿論なり。東大陸の人豪を捉らへ來つて其の偉跡傳記を詳説し、亞細亞民族の奮起活躍を促すは、確に日支印三國の空氣を一新し、以て大亞細亞主義の人傑を出現せしむるに益する所多かるべし。

## ［40］大亞細亞主義とは何ぞや

殷　汝耕

『日本及日本人』秋季增刊、五八号、五―一六頁

大亞細亞主義とは何ぞや、從來と雖も亞細亞協會とか亞細亞問題研究會とかいふ樣な會合が屢ゝ行はれ、亞細亞何々なる字面は可なり諸方面に散見したのであるが、最近米國の排日問題が起つて一層喧しくなつた感がある。大亞細亞主義といひ、其他之れに類する字面の裡にアジア民族の國際的地位を向上し、經濟的福利を增進するの意義を藏するならば、吾等は御同樣アジア民族の一分子である限り、決して反聲を擧ぐべきものではない。寧ろ大に望ましき企圖として、出來るだけの勢援をなさねばならぬ筈である。併しそれにも拘らず、大亞細亞主義とは何ぞやと著題し、此字面の盛る内容を用心深く考察する時は、遂に茫漠捕捉すべからざるに至り、たとへ其處に何程かの意味を模索し得たりとて、开は全く私をして無條件の肯定をなす譯には行かなからしむるに過ぎぬ事を先づ告白しなければならぬ。

大亞細亞主義とは何ぞや、アジア民族が民族として團結し固有の文化を武器として西洋の文化に對抗せんとする意味であるか。第一に大亞細亞主義なるものを文化といふ觀點からながめて斯く解釋して見る。如何にもアジアの文化は或る點に於て西洋の文化に及ばざる事數等であるけれども、又或る點に於ては之れを淩ぐ事數等である以上、彼此優劣を競ふとせば長い期間を考ふれば勝敗の數俄に斷ずべからざるものがあらう。だから西洋人の爲に壓迫され來つた復讐として被壓迫民族を糾合し、反擊するといふ事は如何にも道理らしく痛快でもあり、而して又其對抗に於て吾等は遂に大に勝つ事も有り得るであらう。併し乍らさう考へる人々には誠に遺憾な事ではあるが、さういふ人々の所謂武器とするといふ東洋文化なるものは左樣な殺伐なる思想を種子として發達し來つたのではない。儒敎は仁を本として個人と個人、團體と團體との鬪爭を絶たしめ、現在の世界を擧げて永久平和の殿堂、人類愛の道場たらしめ、大平雍和、堯舜の世を再現せんとするを理想とするものであつて、所謂世界大同主義の理據は玆に在るのである。佛敎に至りては獨り人類ばかりでなく慈悲を宇宙の萬物に及ぼし、それが獨り現世ばかりでなく過現

未三世に亘りて無差別平等、絶對平和の樂土を實現しなければならぬとするのである。固より國に華夷、洋に東西、人に黄白の別はない。從つて境域をアジアに限り其民族結束して他の民族に敵對すべしと說く如きは、卒直にいへば東洋思想の反逆者といはなくてはならぬのである。謂ふ所の大亞細亞主義なるものゝ眞義が果して其處にあるならば、私は到底贊成する事は出來ない。

（中略）

以上文化とか思想とかいふ立場から見て本質的にいへば大亞細亞主義なるものは贊成が出來かねるが、さて次に一歩便宜主義に讓り、吾がアジアの國際的地位とか經濟生活とかいふ主として實際的見地から論ずるとせんに、やはり大亞細亞主義と銘を打つ事の失當なるを感ずる。成程彼等白人は白人濠州なる熟字がある如く、白人濠州ばかりでなく白人米國とも白人歐洲とも白人アフリカともいはばいふべき考を有し、白人以外は到る所に迫害され侮辱され排斥されて來た事は近年の歴史の明徵する所である。されば白人以外たるアジア民族が彼等から不平等の待遇を受けた事實を私は否定するものではない。不平等は怪しからぬに極まつて居る。機會あれば彼等をして其非を改めしむべく相當の處置を取るのは當然でもある。併し乍ら飜つて思ふに白人がしかく勢を擅にするに至つたのは遠い過去からではない、高々十八世紀頃からの事で二百年にも足りないのであつて人類長久の歴史から見れば頗る短日月に過ぎず、而も何時まで彼等の榮華が續くものではなく、も早やそろ〳〵悔い改めても然るべき時分である。よし自ら悟つて悔い改めぬでも彼等をして長く從來の政策を固持する能はざる樣世界の大勢が仕向けるに相違ない。然らば人類無窮の歴史から見て眞に須臾の間に變轉する一張一弛に對し吾等は何を苦しんで何々主義といふが如きを作り上げよう。

（中略）

大亞細亞主義なるものに贊成するにせよ反對するにせよ、凡そ世界に東洋思想を宣布して人類の文化に一の角度を與へ、依りて以て吾等の國際的地位を向上し經濟的福利を增進せんと望む限り、日本と支那とは必然的に提携しなくてはならぬ。日本と支那とを措いて此使命を果し得る者は外にない。併し乍ら日本には日本と支那とは唯それだけでは到底提携し難い。アジア全體を糾合するといふが如き旗幟の下に支那をも歸服せしむべしと說く人々がある。此說はまるで無茶苦茶である。支那を度外視し其他の諸國とは初より問題とならぬ間に立つて全アジアの團結を叫んだ所で殆んど何の役にも立たぬ。それ位ならば日本は單獨で世界に對抗すると說いた方が遙かに優つて居る。而して日本多數の國民は事實單獨で行ける、過去に於て行けた、現在に於ても行けつゝある、將來と雖も行けぬ事があるものか、とも信じて居るらしい。唯夫れ單獨で行けるとして爾餘同憂のアジア民族をして日本と同じ地位に進ましめんがための大亞細亞主義であつて、謂はば隣人同愛の結晶であると考へる向がある樣である。果して此考方に誤はないであらうか、私は此點につき日本識者の深切なる考慮を促したい。

（中略）

要するに大亞細亞主義なるものは本質的にいつても又便宜的にいつても成立たないと私は思ふ。吾等の對世界態度、其思想的立場につき若し主義と稱せんには世界大同主義より外はなく、實際的見地より吾等を自ら如何に世界に紹介すべきかを考ふるとせばそれは結局日本と支那との融合を第一着歩とするといふ一點に歸する。何といつても大亞細亞主義は成立たない。單にアジア問題を研究するといふだけならそれは主義でも何でもなく又アジア人に對しアジア人たる事を敎へるが爲めだといはば私はそれに抗議して、否アジア人には直ちに人類たる事を敎へよと說く。現狀の下にそんな悠長な事はいつて居られぬではないかといふ人あらば私は直ちにかういつて反駁する『左樣に狼狽する必要はない。左樣にアジアの前途を悲觀する必要もない。吾等アジア民族は何億とある、而して數千年の歷史を有する。白人の橫暴は憎むべぎだがそれは僅々二百年來の事である。而も將來何時迄續くものか知れたものだと考へて差支ない程に現になつて來たではないか。假りに今後尙橫暴が續くとして此歷史を有する此民族は決して滅びるものではない。宜しく整々たれ、堂々たれ』と。

以上を以て大亞細亞主義とは何ぞやとの著題に對する私の直線的なる所感の無遠慮なる開陳は濟んだ譯であるが、序であるからアジア問題に對する日本の態度に關し私の平素の感想を述べさせて頂きたい。さて白人はアジア民族を壓迫した。其中に於て日本は土地狹く人口多からぬに拘らず非常の努力を以て今日の地位を築き上げた。日露戰爭に於ては白人を武力を以て壓倒した。之れは勿論日本に長所があり强點あるが故であつて今更説明の要はない。そこでアジア民族は支那の如き直接交渉ある國はいふ迄もないが餘り利害關係のない土耳古の如きですら單にアジア民族同志であるといふだけで滿腔の敬意を日本に表し無限の信頼を日本に繫けた事は實際日本人の想像以上であつた。最近では米國に排日問題が起り之等有色國民はやはり日本のために同情の念禁ずる能はざるものがある事は種々の事實が證明して居る。之れは如何にもさもあらう、といふものは何といつても日本はアジア民族中唯一の先進國であり白人に對し有色人種のため獨り萬丈の氣焰を吐いて居るのであつて、他の有色國民は齊しく日本を尊敬し時に或は其後援に依りて地位の改善を圖らんかと考へて居る者もある矢先に日本のために不愉快なる現象が白人國により釀されたのであるから。之れは期せずして同情が日本に聚る道理である。さういふ日本なのであるから日本としても吾等の期待に反き囑望を襄切らぬ樣自重する必要がある。勿論日本現在の地位は日本に優れた力があるからではあるが、單に然るが故に日本はすべての點に於て他に優れたりとはいへぬ。又固より國際的地位の高きはすべての短所缺點を蔽ひ盡し得るかといふにさうも參らぬ。相撲に勝つたからとて學者とはいへぬと同じ事だ。所がやゝもすれば日本人は相撲に勝つて同時に學者でもあるかの如く振舞つて居る。換言すれば日本人は驕氣橫溢して居る。日清戰爭に於て支那に勝つた。すると直ぐ支那を輕蔑し、果ては西洋人の口吻を眞似て得々たるものがある。而してそれがため日支關係が日に〳〵惡化する事を顧みない。日露戰爭に勝つて一層思ひ昂った。何でも『大』字を喜ぶ樣になつた。之れは前からもあつた事ではあるが日露戰爭後は一層甚しい。曰く大日本帝國、曰く五大强國の班に列した云々と。歐洲戰爭後は三大强國の一を以て誇つて居る。支那内地を旅行する仁丹賣の日本人までが何かといへば大日本帝國臣民と呼號する。日本がスリー、ビッグの一たる事に疑はないが自ら吹聽するには及ばない。事實『大』でなければ如何に『大』がつても他人は決して『大』と思はず、眞に『大』ならは自稱せずして、大國を以て遇せられる。

（中略）

それから日本にはアジア聯盟論なるものが行はれるが、それに附随して日本は自ら其盟主を以て任じて居る。『日本盟主となりてアジア民族を糾合し』云々といふが如きであるが、抑も盟主は結盟者より推されてなるものであつて自ら薦むべきものではない。古來の英雄にして自ら頭首たる事を頭首たらぬ前から宣言した者は餘り澤山はない。自薦すれば大抵は失敗した。又日本人は同様の意味に於てアジア民族を指導し統率するともいふ。事實聯盟成立の曉には多くの點に於て多分さうでもあらうけれども又或る點に於ては却て他に學ばねばならぬ事もあらう。從つて日本人の口から指導統率と聞く時吾等は先づ異様の不快感を抱かざるを得ぬのである。此調子で行つては到底聯盟は出來る見込はない。假りに聯盟は成立し日本が盟主になつたにした所で日本はどれだけの力を盡し得るか、名譽は責任を伴ふ、盟主たるの名譽に適はしいだけの責任を果す實力が日本にあらうか、私は大に疑なきを得ぬものである。

（中略）

何をいふにも人口は少く面積は狹い日本なのであるから事實問題を離れて常識的判斷を下せば、日本が世界一強大なるかの如く信ずるは疑もなく過信である。此過信が單に勇氣の原動力たるに過ぎぬ間は先づ無難であるけれども、一たび度を失して驕慢とならんか之れ程の危險はない。前述の通り過去の日本は可なりの無理をやつて來た。無理は永續せぬ、一時を糊塗するにしても久しく支へる事は出來ない、實力を越えて門戸を張るもやがて苦しくなり馬脚を露はす醜態は個人の場合に往々見る例である。故に日本は今に於て反省し將來は構へて無理押を愼しみ實力を過信せず唯應分の力を出して傲らず驕らず進まなくてはアジア經營に何等の貢獻もなし得ぬのみならず、日本の前途より光明を奪ひ去る惧がある。日本として此態度に出づる限り既に一方には信頼と囑望とがあるのであるから招かずして友は集り求めずして共力者を生ずるに至るであらう。而して日本は眞に强大となる。有り態にいへば吾等は日本の强大を欲する。日本が外交上失敗すれば日本人が憂ふる如くに支那人も其他もアジア民族たる限り之れを憂ふる。唯日本が强大となるや隣國を壓迫してはいけない。自國が壓迫される事を覺悟して他國の强大を希望する昧者は世にある筈はないからである。卒直なれ、放膽なれ、謙虛なれ、眞摯なれ。而して後アジアの經營は初めら(れ)る。殊に對支關係の改善が可能だ。而して對支關係の改善こそは所謂アジア問題の想像し得べき各種の發展に於て共通に先行的なる必須條件ではないか。

『近きに在りて』三二号、五八―七八頁、抄録

## [41] 日中関係史における孫文の「大アジア主義」――戦前編――

高綱　博文

はじめに

近年、孫文の「大アジア主義」についての関心がとみに高まっている。孫文の「大アジア主義」とは、いうまでもなく北上途中に最後の訪日をした際の一九二四年一一月に神戸において「大アジア主義」と題して行った講演に代表される。これまで日本において孫文の「大アジア主義」講演は日中関係史を考える原点として捉えられており、日本の対アジア政策の変動期にはつねに顧みられてきたといえる。また、最近では冷戦体制崩壊後のアジアの新秩序を模索する中で、中国人研究者の注目するところともなっている(1)。筆者も孫文の「大アジア主義」に関心を抱くものであるが、それに孫文の政治思想またはアジア認識としての第一義的な価値を認めるからではない。それは孫文の対外戦略の実践と密接に関係しているものと考えるからであり、孫文の「大アジア主義」を研究することは彼の革命戦略・戦術論を媒介として中国をめぐる国際政治とそれに連動したところの国内政治の矛盾=問題を究明することにつながるものと考えるからである。

さて、孫文の「大アジア主義」講演について日本の反応、その後の日中関係においてどのように解釈され、利用され扱われてきたかについてはこれまでも検討されている。(2) しかし、従来の研究においては「大アジア主義」講演における孫文の「真意」を一義的に想定するものであり、その想定された「真意」に反するものは孫文思想の「歪曲」であると批判されてきた。それは孫文をどこまでもリアル・ポリティークを重視する職業革命家として、また彼の使用する言葉は現実の刻々と変化する政治状況に規定された「政治言語」である側面を十分に捉えていないことに起因するものと思われる。筆者は孫文の「大アジア主義」講演は、本来的に多義的な解釈を許すところがあり、それ故に過去の日中関係の激動に応じてさまざまな解釈を生んできたものと考えるものである。特に、戦前日本の大陸政策の進展により緊張した日中関係においてその解釈が重要な政治的争点を形成するものであったが、その解釈自体が政治的であることは自明であり、故にその真偽性を問うことははじめから学問的には不毛であるといえる。本稿の課題は、それぞれの解釈が生まれてくる歴史的文脈を前提としながらそれらを内在的に理解し、特にそれらの絡まり合いと反発といった歴史的様相を不十分ながら明らかにしようとすることである。

## 1　孫文の「大アジア主義」講演に対する日本の反応

### (1)　孫文の三つの「大アジア主義」

孫文の「大アジア主義」は、今日に至るまで日本でも中国でもさまざまに解釈されてきた。例えば、日本においてもその真意を「日中提携」であるとするもの、それとは反対に「日本の帝国主義を非難したもの」とするような相対立する解釈がなされてきた。その大きな原因は、孫文の唱えた「大アジア主義」が本来的に矛盾撞着的な解釈を許すような多義性・流動性・重層性を有していたことにあるものと考えられる。

さて、一九二四年に孫文が最後の訪日した時期において、彼の「大アジア主義」には以下のような次元を異にする三つが存在したことに注意すべきである。

(A)　対外戦略としての「大アジア主義」：孫文の訪日の主要な政治目的は、日本・ソ連・中国の三国提携を基礎として「亜洲大同盟」（あるいは「東方連盟」、「亜洲連盟」等と称す）を成立させ、欧米列強に対抗しようとしたものであり、このことを日本に訴えることにあった[3]。孫文は日中提携の条件としては不平等条約撤廃（関税自主権回復と治外法権廃止）を日本側に要望するものであったが、一方では「日本ヲ頭主トシテ亜細亜人ノ大同団結ヲ遂ケ以テ欧米ニ対抗スル」とも言い、日本が「亜洲大同盟」において指導的役割を果たすことを期待する発言もしている[4]。筆者がすでに別稿において詳述したように、孫文の日中ソ提携論＝「大アジア主義」は、勢力均衡論的な観点から構想された晩年の彼の重要な対外戦略であった[5]。

(B) 講演としての「大アジア主義」：一九二四年一一月一〇日に「北上宣言」を発した孫文は、広州を発って上海を経て一一月二三日に長崎に上陸した。翌二四日、神戸に到着した孫文は、二八日神戸商業会議所主催、大阪朝日、大阪毎日、神戸新聞、神戸又新日報の四社が後援で、今日「大アジア主義」の名で知られている講演を神戸高等女学校で行った。その際主催者側から依頼された演題は「大亜細亜問題」であったが、彼は講演の冒頭で「大亜洲主義」と改めた。孫文は訪日するのに先立ち、特使として李烈鈞を日本に派遣し彼に「大亜洲主義」宣伝と「亜洲大同盟」結成の任務を与えていたことから、彼にはかねてから日本において「吾人之大亜洲主義」を宣伝しようとする意志があったものと考えられる[6]。

講演はたいへん盛況であり、その状況を報道した『神戸又新日報』・『大阪毎日』記事を詳細に紹介・検討された安井三吉氏は次のように指摘する。「神戸市民にとって孫文の講演は『東西文化論』に立脚したものであり、日露戦争に示された『日本の偉大なる功績』を讃え、『日支の結合』に止まることなく『東亜民族の一大団結』を提唱、そしてアジア民族は、道徳に基づく団結を実現し、さらに西洋の武力をも習得して西洋の圧迫に抵抗せよ、とアッピールしたものとして受けとめられた」[7]。また、この講演の中からは「日本批判の音色を聴き分けることは、困難だったにちがいない」と[8]。

要するに、講演の基調は「東西文化論」＝「王道覇道論」（仁義道徳を基礎とした東方文化の王道と功利強権を主張する西方文化の覇道との対比）であり、王道主義に立脚して欧米列強のアジア侵略を批判し、日中提携とを高唱したものとして聴衆には受けとめられた。そこでは日本への信愛と期待が語られ、日本に対する批判的な言葉を慎重に避けたこともあり、日本人聴衆の熱狂的な共鳴が得られたものと考えられる。

(C) テキストとしての「大アジア主義」：今日、孫文の「大アジア主義」講演のテキストとして流布しているものは、黄昌穀編『孫中山先生由上海過日本之言論』(広州民智書局、一九二五年三月) に掲載された「大亜洲主義」である。この黄昌穀版テキストは、胡漢民編『総理全集』第二集 (一九三〇年、上海)、『国父全集』第二冊 (一九七三年、台北)、『孫中山全集』第十一集 (一九八六年、北京) などに採用されている。日本語版としては孫文自身が「訂正加筆し特に発表を許した」ところのテキスト「大亜細亜主義の意義と日支親善の唯一策」(『改造』一九二五年一月号) があるが[9]、一般には黄昌穀版テキストの翻訳が流布している。

孫文の「大アジア主義」講演のテキストを詳細に検討された安井氏は、同講演の戴天仇 (戴季陶) による日本語訳の速記録である『神戸又新日報』版・『大阪毎日』版と上海『民国日報』版 (一九二四年一二月八日)・黄昌穀版との間には内容上または表現上に「大幅な修改が存在している」ことを発見された[10]。これらを比較すると「東西文化論」=「王道覇道論」を基調とすることは変わりはないが、『民国日報』版・黄昌穀版では「日本民族は…西方覇道の手先となるか、それとも東方王道の干城となるか」の有名な末尾の一節が加筆され、日本に対する覇道政策の放棄の要求ならびに被圧迫民族の一環であるアジア諸民族の不平等な地位を打破の要望とが、婉曲な表現ながら明確化したものといえる。要するに講演の速記録を孫文が離日後に修改したところの黄昌穀版テキストに依拠すると、孫文の主張の力点が日本の覇道政策への批判、日本に対する不平等条約撤廃の要望にあるようにも読めるのである。むろん、これを(B)と同様に日中提携の期待を表明したものと解釈することも可能である。

さて、孫文のこれらの三つの「大アジア主義」の関係はどのようであるかと言うと、時系列的には(A)→(B)→(C)という流れにあり、(B)・(C)の根底には対外戦略論=(A)があるという重層構造的な関係にあったと考えられる。また(B)と(C)の関係は戴季陶の通訳を介した日本の一般大衆を対象とした講演と中国人を読者対象とした政治的テキスト化の関係であるが、(B)→(C)への変化には離日するとともに反日的言動を強めたことにも見られるように孫文の日本政府の対応への失望も反映しているものと推察される。(B)も(C)もともに刻々と変化する政治状況に対応する孫文の「政治言語」であって本来的に多義的な解釈を許すものであり、その根底にあった(A)こそ重視すべきであるというのが筆者の主張である。

### (2) 孫文の「大アジア主義」への日本の反応

孫文の来日と「大アジア主義」講演に関する日本の新聞・雑誌の反応については、安井三吉氏がすでに検討している。『神戸新聞』・『神戸又新日報』・『大阪朝日新聞』・『大阪毎日新聞』の社説を検討された安井氏は、孫文について「全般に現実政治家としての評価は低い」という[11]。新聞において「講演」を論評したものは二本のみであり、「日本自身の対中国、対アジア政策の変更を求めるものは少ない」という。雑誌については、孫文の来日と「講演」を論評したものは「意外と少ない」といい、『日本及日本人』掲載の「孫文の亜細亜自覚論」、『我観』掲載の「孫文君の去来と亜細亜運動」を紹介している[12]。

さて、孫文の「大アジア主義」について、最も総括的な検討と批判を加えたのは橘樸の「孫文の東洋文化観及び日本観」(『月刊支那研究』第一巻第四号、一九二五年三月)であった。橘は孫文は訪日中に「大亜細亜主義論」と「不平等条約廃棄論」の二論を主張するものであったと捉える。そして、橘は孫文の「大亜細亜主義論」について、その講演の速記録である『大阪毎日』の記事にも目を通しているが、孫文の署名がある『改造』版テキストに依拠して論じている。その際、橘は「戴天仇氏が天津から寄せた註釈的論文」とする「支那を救ふは国家主義」(『大阪毎日』一九二四年一二月二八〜三〇日)を参照している[13]。

橘は孫文の「大アジア主義」の要点を次のように捉える。「大亜細亜主義論は、理論的には所謂王道思想を其の根拠とし、…孫氏の大亜細亜主義は、要するに白人勢力との対抗を意味するものであり、第一義として西洋文化に対して東洋文化を強調するにある」と[14]。そして、孫文の「大アジア主義」の根幹であるとする「王道思想」を次のように批判する。「王道とは何ぞや。之は確に困難な問題である。孫氏は無造作に、其の内容を一括して『仁義道徳』と云ふが、唯々之だけでは雲を掴む様なことでさつぱり要領を得ない。恐らく仁義道徳を基調とする政治と云ふ意味であらうが、歴史上の事実に照して言へば、斯様な結構な政治は独り西洋に於て行われないのみならず、東洋に於ても嘗て実現された事は無い筈である」(15)。「西洋近世の政治学説の主潮を成すものはデモクラシーであり、其れは中国の政治学説に於ける王道思想の様な地位に置かれたものであるが、此のデモクラシーの内容は近代となつて飛躍的な展開を示し…王道思想も亦、之と同じ様な展開を示す事なしには、到底近代中国人の思想と結び付く事が出来ぬであろう」。橘樸の王道思想への否定的な立場は明白である。こうして橘樸は「大アジア主義」は「理論的及事実的根拠を欠き」、「中国文化の特色たる所謂王道を以て此（アジア諸民族―引用者）の連盟に共通した旗印とする事は出来まい」と結論する(16)。以上のように当時の橘樸が孫文の「大アジア主義」と「王道思想」にほとんど価値を認めなかったことは十分記憶にとどめておくことが必要であろう。

『大阪毎日』に掲載された「大アジア主義」講演の速記録を読み「深く失望した」と吐露したのは東洋史学者の矢野仁一であった。矢野は講演の要点は「支那の文化は王道の文化、道徳の文化であるのに反して、西洋の文化は覇道の文化、物質的の文化である」であるとして、橘と同様にこの講演に日本に対する不平等条約撤廃の要望の側面があるとは全く捉えていない。矢野は孫文が王道文化の例証としてあげた中国とネパールとの関係は史実と大いに相違していることを指摘し、「私は神戸の市民が此の演説を聴いて無批判に拍手喝采を送つたことすら恥しく、又大阪毎日新聞の如き日本の大新聞が此の如き無価値の演説を四日に亘りて掲載したことすら恥しいと思ふのである」と言う。さらに孫文の言うように王道文化が朝貢国の多少により窺うことができるなら「清朝時代に於いて支那王道の文化、道徳的の文化が最も盛んであつたと言はなければならぬ」とし、「孫文は自ら此の隆盛な王道の文化、道徳的文化を、人種的感情の上より破壊しながら、王道の文化、道徳の文化を蝶々するに至つては片腹痛しと言はなければならぬ。彼は王道の文化、道徳的文化の罪人である。之を口にする資格はないのである」と厳しく糾弾する(17)。

橘樸は孫文の「大アジア主義」講演に対する日本の反応を「所謂王道文化を骨子とした大亜細亜主義に対しては、日本人の側から目に立つ程の反響なく」「講演は、今日迄の所、大体上失敗に終つたと言ふべきである」と総括した[18]。そして、彼は矢野仁一と共に孫文の「大アジア主義」の根幹であると捉える「王道思想」を「理論的及事実的根拠」がないものとして徹底的に批判したことは前述した通りである。それにしても、こうした彼等の孫文の「大アジア主義」に対する否定的な反応は神戸でその講演を聴いた一般大衆の熱狂的な反応とは余りにも大きな差がありすぎるものといえよう。これは孫文の講演を直接に聴いた聴衆の反応と新聞記事などに依拠して批判的にまたは衒学的に検討した知識人の反応の差とだけいえるであろうか。孫文の講演を聴いた神戸市民は、一九二四年一月にアメリカで成立し、七月一日を期して実施に移された排日移民法（ジョンソン法）に反対する反米世論の高揚する中にあったことにも注意する必要がある[19]。すなわち、聴衆の多くは孫文を日本的「大アジア主義」の積極的な賛同者と見なし、講演のメッセージをアジアの諸民族はその「本領とする正義と人道によって…団結し西洋の圧迫に堪へなければならぬ」（『神戸新聞』一九二四年一一月二九日）と受けとり、熱狂的に反応した可能性が高いものといえよう。

孫文の不平等条約撤廃論については、橘樸は日本の世論としては「之に同情しつゝも、理論及事実の両方面から其の実現の容易ならぬ事を主張する者が多かつた様である。…私は日本の與論が相変わらず国際関係の紋切り形を押破る気力を持たぬ事を、孫氏及び中国々民の為に気の毒に思ひ、且つ日本人の自負心の乏しい事を深く自ら恥じざる得ぬ」という[20]。また、孫文のそれに深く同情を示したところの小林俊三郎「孫段二氏の外交意見」（『外交時報』第四八二号、一九二五年一月）は次のように述べている。

「自分は我国がその開国前後よりこの方、支那と同様に白人の圧迫に苦しんだ歴史から、想像して見た丈でも、現在まで尚ほその以上である隣国支那の状態に対し、同情に忍び得ぬものである、之に反し我国が、その白人の真似をして、隣国及我同族に臨んで来たことを、非常に遺憾な事であると思ひ、我国民が今少し自己反省に立ち還つて、隣人に同情せんことを切望し、…随つてその支那民族の自由解放の為に、奮戦苦闘して来た孫文氏の思想や感情やは、又た何人に劣らず、之を諒解して居る筈である」[21]。

だが、小林は不平等条約撤廃の具体的方策としては「結局外交の本は内政に在り、外交は内政の反映に外ならず、…先づ内政の根本に主力を注ぎ、之を以て内、国民を指導し、而して同時にその成功し易きものに就きて、外、列国を動かすことを以て、孫氏の任務とせられんこと」を希望するだけであった。(22) 小林の論説は、当時「日本人の心の中に芽生えつつあった」とされる不平等条約撤廃・平等互恵・対等親善の発想を反映しているものと考えられるが、基本的には外務省主流＝幣原外交の現状維持主義の枠内にとどまるものであったといえよう。(23) 孫文の「大アジア主義」の根底にあったところの日中ソ提携＝「亜洲大連盟」論は、日本の新聞においてもその政治主張は伝えられていたが、日本世論からはほとんど反応がなかった。孫文の「大アジア主義」について最も総括的な解説を試み、また後年それは「日本及びソ連が中国と三位一体となる大アジア主義」であると論断した橘樸も当時は一言も言及していない。また、孫文の不平等条約廃棄論に深い同情を寄せた小林俊三郎は、孫文の「大アジア主義」＝「亜洲大連盟」論を黄色人種対白色人種との人種闘争的視点から「黄種同盟」としか捉えていない。(24)

また、孫文は「大アジア主義」講演においてもソヴィエト・ロシアの主張は西方「覇道を打破する」ものであり、「東方と提携し得る」とし、日本のソヴィエト・ロシア政府承認を主張したが、日中ソ提携論と同様に日本世論からは黙殺された。

（中略）

おわりに

孫文思想と少しでも取り組んでみると、彼の思想は矛盾撞着的であり、部分的に見れば決して難解には思えないが全体的は矛盾が甚だしく、その本質を捉えることは容易ではないことが理解できる。かつて竹内好は孫文の三民主義について次のように述べたことがある。

「一つの思想体系としてみれば、三民主義ほど、不完全な、矛盾にみちた、斉合を欠いた体系は少いだろう。それは体系という名に価するかどうかも疑わしい。雑炊のようなもので、何でもかでもぶちこんであるが、一向にしまりがなく、しかもいたずらに冗長である。いくらかでも社会思想を噛ったものの目から見たら、その卑俗さを軽蔑したくなるのは無理のないような代物である」[25]。

これは孫文思想のある特徴を適切に捉えたところの表現のように思われ、その思想を既成の何らかの定義に帰着させようとすることの困難性を指摘したものと受けとれる。こうした孫文思想の曖昧さは孫文像を分裂させ、孫文思想をめぐるさまざまな論争を引き起こしてきた。孫文の「大アジア主義」に関する歴史的な論争もその典型の一つであろう。こうした孫文思想をめぐる状況において、筆者は孫文は理想主義な政治プログラムを掲げながらも、一方では現実政治を極めて重視する職業革命家であったと捉えるものである。そして、孫文の「大アジア主義」についてもリアル・ポリティックス的な側面から把握することの必要性を主張するものである。

孫文の「大アジア主義」は日中関係の複雑な曲折とあいまって、それが本来的に有する曖昧性からさまざまな解釈がなされ政治的に利用され、日中の多くの人々を翻弄してきた事実は重要な歴史である。本稿はこの歴史を考察することにより、錯綜した日中関係史の一端を解明することを主要な課題とするものであった。今後の研究課題は戦後の冷戦体制下における孫文の「大アジア主義」に関するさまざまな解釈を再検討することである。

（1） 李台京『中山先生大亜洲主義研究』（文史哲出版社、一九九二年）、趙軍『大アジア主義と中国』（亜紀書房、一九九七年）。これらの研究は「アジアの未来を導くニュー・アジア・システム」構築の視点から孫文の「大アジア主義」に注目している。

（2） 藤井昇三『孫文の研究』（勁草書房、一九六六年、二七一―二八〇頁）、陳徳仁・安井三吉編『孫文・講演「大アジア主義」資料集』（法律文化社、一九八九年、三五―三八頁）。

（3） 拙稿「孫文の『大アジア主義』をめぐって」（『歴史評論』第四九四号、一九九一年、七五―七六頁）、劉曼容「一九二四年の孫中山の北上と日本との関係」（孫文研究会編『孫文とアジア』法律文化社、一九九三年、二〇一―二〇二頁）。

（4） 兵庫県知事平塚広義「孫文ト面会シタル支那浪人ノ言動」大正一三年一二月一日（日本外交文書『江浙並二奉直紛擾関係』所収）。

（5） 拙稿「ワシントン体制と孫文の『大アジア主義』」（『世界のなかの日中関係』法律文化社、一九九六年）を参照。

(6)「致李烈鈞電（一九二四年一〇月一三日）」（『孫中山全集』第一一巻、中華書局、一九八六年、一八〇頁）。
(7) 前掲『孫文・講演「大アジア主義」資料集』、五―六頁。
(8) 同右、一〇頁。
(9) 孫文「大亜細亜主義の意義と日支親善の唯一策」（『改造』一九二五年一月号、二一三頁）
(10) 安井三吉「孫文の『大亜洲主義』のテキストについて」（『近代』第六四号、一九八八年）、また前掲「孫文の『大アジア主義』をめぐって」七〇―七一頁を参照。
(11) 前掲『孫文・講演「大アジア主義」資料集』、一一頁。
(12) 同右、一二頁。
(13) 橘樸「孫文の東洋文化観及び日本観」（『橘樸著作集』第一巻、勁草書房、一九六六年、三八一頁）。
(14) 同右。
(15) 同右、三八五頁。
(16) 同右、三九一―三九二頁。
(17) 矢野仁一「共和政治の精神的破壊」（『外交時報』一九二五年一月号、一四六―一四八頁）。
(18) 前掲「孫文の東洋文化観及び日本観」、三九九頁。
(19) 三輪公忠「一九二四年排日移民法の成立と米貨ボイコット」（『太平洋・アジア圏の国際経済紛争史』東京大学出版会、一九八三年）を参照。
(20) 前掲「孫文の東洋文化観及び日本観」、三九五頁。
(21) 小村俊三郎「孫段二氏の外交意見」（『外交時報』一九二五年一月号、一四一頁）。
(22) 同右、一四一―一四二頁。
(23) 宇野重昭「幣原外交発足前後の日本外交と中国」（『戦間期の日本外交』東京大学出版会、一九八四年、九八頁）。
(24) 前掲「孫段二氏の外交意見」、一三一頁。
(25) 竹内好「孫文観の問題点」『思想』一九五七年六月号、四頁）。

## [42] 日中関係史における孫文の「大アジア主義」――戦後編（上）――

高綱　博文

『近きに在りて』三四号、六一―七五頁、抄録

（前略）

さて、戦後日本における孫文研究を代表する藤井昇三『孫文の研究』[1]と野澤豊『孫文と中国革命』[2]がともに一九六六年に刊行されたことは偶然ではないものと思われる。一九六六年一一月一二日は孫文生誕一〇〇周年に当たり、この日には文化大革命下の北京において盛大な式典が挙行された。台湾でもすでに一九六五年一一月に一〇〇年祭が行われ、日本からも岸信介などの反共政治家が協力委員に選ばれた。日本国内においても石橋湛山、片山哲、末川博、中島健蔵、平塚らいてう、宮崎竜介などを代表委員とする孫文先生生誕一〇〇周年記念事業委員会が結成され、「孫文先生の偉業をしのぶ事業」が推し進められた。[3]このような時期に刊行された両書はすぐれた学術書であるとともに孫文研究における日本人の社会的責任を問題とするものであった。

藤井昇三氏が『孫文の研究』を執筆したところの基本的な動機・志向は、次のような文章から明白に窺うことができる。

「われわれは日本帝国主義が中国民衆の脳裡に刻み込んだ恥ずべき覇道の歴史を顧みて徹底的な悔悟と反省の上に立って、帝国主義および封建主義の抑圧からの中国民衆の解放さらに全世界の被圧迫民族の解放という先覚者孫文が達成し得ずして終った目標へ向かって今や着実に前進しつつある中国の拠って立つ革命的基礎とその歴史的必然性とを正当に理解し得ないならば、日中両国の真の民衆的提携は永久に望むことができないであろう」[4]。

本書の主題は、孫文の日本観の転換を基軸にして彼の「民族主義理論の発展」過程を究明することにある。孫文の日本帝国主義に対する依存と対決の歴史、すなわち日本の国家権力への依存から批判へ、日本人民の発見へという孫文の対日意識の質的転換の問題に鋭く焦点を絞り、それを通じて毛沢東の主張する「旧三民主義」から「新三民主義」への孫文の「民族主義」の転換・発展の過程を実証的に解明することを試みたものである。このような日

本観の転換を基軸とした孫文の「民族主義」への藤井氏の独自な解釈は、「孫文の民族主義理論の最終的到達点」として一九二四年の「大アジア主義」講演を重視させるものであった。そして、藤井氏はその講演の意図は「大アジア主義を高唱して日本との提携を呼びかけたもの」ではなく、中国の不平等条約撤廃要求を中心として被圧迫民族解放を日本国民に呼びかけたものであるとした(5)。

野澤豊『孫文と中国革命』は、一九六二年に刊行された氏の旧著『孫文——革命いまだ成らず』(誠文堂新光社)への「人間が描かれていない」などとの批判を受けとめて書かれたものである(6)。そこでは孫文の革命活動を年代史的に万編なく論述するものでなく、「私は、日本人として、今なぜ孫文を問題とするのかを自らに問う」という強い問題意識から「近代日本と孫文」という主題として立て(7)、孫文の明治維新評価の推移、日本帝国主義依存から批判的態度への移行、共和思想に基づく天皇制批判を主要に追究している。また、野澤氏が本書において三〇年におよぶ孫文の対日交渉を通じて、孫文が狭い日中関係にとらわれず東アジアの国際関係をトータルにとらえるようになった過程に注目していることは極めて重要である。野澤氏はこのような視点から孫文の「大アジア主義」講演を日本に「西方『覇道』の手先となるか、東方『王道』の中心となるか」との選択を迫っただけでなく、その根底にはイギリス・アメリカに対抗するための「日・中・ソ提携」構想があったことを指摘しえたのである(8)。

以上のような藤井氏や野澤氏の孫文研究は、日本人の孫文観の歴史的検討を課題とした一九五七年の『思想』特集「孫文と日本」が提起したところの新しい孫文研究の志向を継承・発展させたものであり、横山宏章氏が指摘するような「毛沢東の見解に立脚し、孫中山研究を展開した(9)」というような側面を強調しすぎることは戦後日本における孫文研究の特性を見逃すことになるものと思われる。孫文研究の志向性からすると藤井氏や野澤氏も「親中国派」中国研究者の広義の範疇に入れることができるが、二人の孫文研究は研究それ自身としての自立性と実証性の高さゆえに、文化大革命に遭遇して破産した他の「親中国派」中国研究者のそれとは異なり、文革後の中国における孫文研究者によって再評価されることになった。

日中関係史の原点に据えられきたところの孫文の「大アジア主義」とは、孫文が生きた歴史的現実とは無関係の戦後日本の「親中国派」イデオロギーであったということができる。それは第二次世界大戦後、アジア諸国の独立が日本人の眼にはすべてがバラ色に見えたことによって増幅されたものである。当時は竹内好がそうであったようにアジアのナショナリズムは、帝国主義による他民族への抑圧を生み出したところのこれまでのナショナリズム＝「国家主義」とは明確に区別されるものと考えられていた。それは、何よりも帝国主義の支配と抑圧からの解放を意味するものであり、他民族に対する侵略・支配・抑圧とは全く無縁の新しいナショナリズム＝「民族主義」であると理解されていた。このようなアジアの新しいナショナリズムの先駆として孫文の「民族主義」や「大アジア主義」が注目されたのである。

しかしながら、ベネディクト・アンダーソンが「革命的マルクス主義体制の、革命的マルクス主義体制に対する、最初の大規模な通常戦争」と呼ぶところの一九七〇年代末に起きたベトナムとカンボジア、中国とベトナムの戦争の発生などは、アジア・中国のナショナリズムの問題性を誰の眼にも明らかにするものであった[10]。このことは孫文の「民族主義」をそれまでの国民国家形成とは異なる歴史的文脈で捉えるべきであるとの主張に強い疑念をもたらし、その問題性および歴史性を解明することを今日的な課題として浮上させた。さらには孫文の「民族主義」の発現形態として考えられたところの孫文の「大アジア主義」についても再検討を促すものであったといえよう。

（1）藤井昇三『孫文の研究』勁草書房、一九六六年。
（2）野澤豊『孫文と中国革命』岩波新書、一九六六年。
（3）岩村三千史編『現代中國と孫文思想』講談社、一九六七年、一八五頁
（4）前掲『孫文の研究』、一八五頁。

(5) 前掲『孫文の研究』、「第四章一九二四年の孫文の訪日と大アジア主義」参照。
(6) 前掲『孫文と中国革命』、「まえがき」参照。
(7) 同右。
(8) 同右、一九〇―一九一頁。また横山英・中山義弘『孫文』清水書院、一九六八年、二二三―二二四頁。
(9) 横山宏章『孫中山の革命と政治指導』研文出版、一九八三年、五頁。
(10) ベネディクト・アンダーソン著（白石さや・白石隆訳）『増補　想像の共同体』NTT出版、一九九七年、一八頁。アンダーソンはベトナムとカンボジア、中越戦争の衝撃からナショナリズムの本質について再考し、ナショナリティやナショナリズムを特殊な「文化的人造物」と捉える画期的なナショナリズム論を提起した。孫文のナショナリズムについても、このような新たな視点の解明が求めれているといえよう。

## [43]『思想課題としてのアジア　基軸・連鎖・投企』

山室　信一

五九〇―五九二頁

第3部　投企としてのアジア主義

第2章　外交論策としてのアジア主義言説

要するに、一八八〇年、山県有朋が「清国誠に近日の状の如く兵制を改革し駸々《しんしん》として止まざれば、遂に万国に横行して可なり。あに特に《ただ》雄を東洋に称すべきのみならんや。隣邦兵備強きは一は以て喜ぶ可く、一は以て懼《おそ》る可し……若し隣邦をして疲蔽《ひへい》衰頽、欧洲各国の餌とならしめば唇歯の勢、我また従てその圧迫を受けん。互に東方に対峙し永く和好を保つの勝れるに若かざるなり」(1)と夙《つと》に指摘していたように、日本にとって中国という隣邦は強大でありすぎても、脆弱でありすぎても困るアンビヴァレンツな存在でもあった。少なくとも、軍事的・経済的に競合する日中両国にとって各々の国は地理的近接性や文化的・宗教的同質性ゆえにア・プリオリに提携できる存在ではなかった。しかし、最大の潜在的敵国が隣接しているからこそ、それを友好的存在に押し止めておくためにアジア主義的言説が不可欠ともなったのである。

こうしたアジア主義的言説の歴史的文脈は、いわゆる〝支那保全論〟にも繋がるものである。それは、他の国家が日本より強大であれば、中国保全論は日本の安全を図るために他の国家による中国分割を妨げるための意図をもって用いられるし、逆に日本が他の国家よりも中国への進出が可能な条件の下では、日本の権益増大を正当化することになった。〝支那保全論〟は、けっして日中友好をめざすものではなかったのである。それゆえ、「清国の存亡の帝国の利害に関すること甚だ大なるを知るにおいて、坐してこれを列国の蚕食に任するはまた断じて帝国の忍びざる所なり……大陸膨張といふ勿れ。もしくは同人種同盟といふ勿れ。要は帝国の権利利益を確保するに在りと知らずや[2]」という主張は、中国保全論やアジア連帯論、アジア・モンロー主義論にとどまらず、一九四五年まで様々に構想された合邦論、連邦論、連盟論などにも通底していたものであった。それは日本が経済的に発展し人口問題を処理していく場としてはアジアしかありえず、そこに日本の特殊権益を設定しない限り欧米に駆逐されてしまうとの危機感に嘖《さいな》まれ続けていた意識の反映でもあった。

しかし、日本が韓国を併合し、中国に権益を設定していったことによってアジア主義的言説は当然違った意味合いをもつことになる。日本にとってアジア主義的言説は、欧米の干渉を排除していかに自らの権益を拡大・強化していくかという課題を、どのようにアジアの解放や復興の論理として正当化していくかの弁証の問題となり、中国にとっては、不平等条約と諸権益を日本が率先して放棄することがアジアから欧米の植民地支配を追放するための捷径であるという要求の問題となった。

前者についてみれば、日中の対立を顕在化させる契機となった二十一か条要求について「この要求は、支那の保全を本願とせるものであり、この条約にして一たび締結される以上、世界のいかなる国家といえども、もはや日本と一戦交へる覚悟なくしては、支那沿岸の一寸一尺の土地も奪ひ得ぬこととなる。それゆえに条約の精神は明白に亜細亜復興の要件なり[3]」という大川周明のような強弁として現われる。他方、後者の側からのアジア主義の主張は、大川のような屈折した論理を要しない単純明快なものとなる。「もし、日本に真に誠意があり、中国と親善しようとするなら、中国を援助し、不平等条約を廃除し、主人の地位を奪回させ、中国人が自由な身分をかち取るようにしなければならない。そうしてこそ、中国と日本は親善できるのである」[4]。この孫文の談話は、一九二四年一一月二八日、有名な「大亜洲主義」についての講演を行なった神戸の夜の歓迎会席上で述べられたものであり、もって孫文の大アジア主義論の真意が奈辺にあったかを知りうるはずである。

しかしながら、孫文の大亜洲主義は、ただに中国の主権回復や日中親善を図ることだけを目的としていたわけではない。むろん、孫文もアジア諸国の独立と連合を構想しており、「聯邦という二個の字を適切に使おうとするならば、中国と日本が聯合し、あるいは中国と安南、緬甸《ビルマ》、印度、波斯《ペルシア》、阿富汗《アフガニスタン》が聯合すべきである」[5]と論じ、さらに将来的には世界連邦も思い描いてはいた。しかし、孫文の大亜洲主義はアジアという地域、有色という人種に限定された議論ではなく、「圧迫を受けている民族は単にアジアにだけいるのではない。欧洲の域内にもいる」[6]という立場から世界の全ての被圧迫者が抑圧から解放されるべきことを希求するものだったのである。孫文の大亜洲主義はアジアの現実を苗床としつつも、アジアという空間を超え、次第に黄白人種闘争という世界観から離れて被圧迫民族連合の公理を無視した強権国家との闘争を不可避と考えるに至っていた。そこには〝天下為公〟の大同世という中国の思想的伝統の影響も看取されるが、そうした議論の展開のなかで、一九二〇年には日本の対朝鮮政策の変更を求め、日本が朝鮮の独立を承認すべきことを公理と見ていたのである[7]。この孫文の大亜洲主義からすれば、日本が朝鮮独立を承認しない限り強権国家・日本との闘争が被圧迫民族連合にとっての共通の課題となるはずであった。

（1） 山県有朋「進隣邦兵備略表」。前掲『山県有朋意見書』九七頁。
（2） 「帝国の対清策」。『太陽』第四巻第三号、一八九八年二月五日。五二―五三頁。
（3） 大川周明『大東亜秩序建設』一九四三年。『大川周明全集』第二巻（岩崎書店、一九六二年）八〇三頁。

（4）「日本応助中国廃除不平等条約」。『孫中山先生由上海過日本之言論』（広州民智書局、一九二五年）三二頁。
（5）孫文『三民主義』「民権主義」第四講。『国父全集』第一冊（中国国民党中央委員会党史委員会、一九七三年）一一〇頁。
（6）孫文「大亜洲主義」。前掲『孫中山先生由上海過日本之言論』二〇―二一頁。
（7）孫文「支那人の日本観」『大正日日新聞』一九二〇年一月一日所載。

# ［44］近代中国におけるアジア主義の諸相

吉澤誠一郎

『アジア主義は何を語るのか―記憶・権力・価値―』二九四―三一四頁、抄録

## 一　近代中国にアジア主義はあったか

近代の日本には、確かにアジア主義と呼べるような心情と主張はあった。そして、中国においても、その日本の思潮を踏まえたうえで議論を展開した事例が見いだせる（趙一九九七）。二〇世紀初めの中国ナショナリズム形成期において、アジアという概念が中国の位置づけの際に用いられることもあった（Karl 2007: 151-176）。しかし、総じていえば、近代中国においてアジア主義の発想は日本と比べるとさほどの影響力を持っていなかったと言ってよい。

むろん、これはアジア主義の定義にもよる。ここでは、常識的に、「アジアをまとめてその固有の存在意義を主張し、欧米と対抗するためにアジアの団結を唱える思潮・運動」と考えておきたい[1]。アジア主義は民族主義を基礎としているのが普通であろうが、しかし民族主義そのものをアジア主義と同一視できない。もし同一視するならば、とくにアジア主義をとりあげて論じる意味はなくなってしまう。アジア主義というからには、民族主義を越えたアジアの連帯が想定されているはずだろう。

近代中国において、そのような意味でのアジア主義の発想は概して弱かった。その理由としては、日本人がすで

にアジア主義を唱え、しかもその論者は日本がアジアの連帯のなかで重要な役割を果たすことを切望していたことがあるだろう。二〇世紀前半にあっては、中国の民族主義に対し日本が大きな脅威を与えることが多かったため、中国ナショナリズムの立場からすれば、アジア主義の一環として日中連携を説くのは、限られた局面でしか戦略的有効性を持たなかった。また、中国の知識人の大多数は日本の文化に対する理解と尊重の念をあまり持っていなかったということもあるだろう。

もしも日本を除外した形でのアジアの団結がありえたならば、中国において魅力を持ったかもしれない。しかし、すでに日本では、日本人を不可欠の推進者とみなすアジア主義が唱えられていた。近代中国の知識人は、それを所与の条件としながら、場合によっては読み替えや無視・批判によって、アジア主義の理念に対応することになったのである。このように、日本人の唱えるアジア主義が中国で反響をよびおこした点は、すでに孫江や川島真によって論じられている（孫江 二〇〇二；川島 二〇〇八）。本章も、彼らの論点と重なりつつ、改めて整理を行なうなかで私見を示すことにしたい。

日本人の唱える大アジア主義への批判者としては、李大釗を挙げることができる。彼は一九一七年、日本の有力雑誌『中央公論』四月号巻頭に掲載された若宮《わかみや》卯之助《うのすけ》「大亜細亜主義とは何ぞや」を読み、その所感という形で「大亜細亜主義」という論説を発表している。若宮が西洋文明の破綻を指摘し、そのアジア支配を罵倒して日本の将来の可能性を大亜細亜主義に求めようとしたのに対し、李大釗はアジアにおいて中国の占める位置の重要性を指摘している。「もし中国が無ければアジアは無く、われわれ中国人がもし自立できなければアジア人は世界に存立できない。たとえ運良く一国があって雄々しく自分はアジアの主人だと言ってみても〔若宮のいう大亜細亜主義をさす〕、結局は欧米列強から一斉に攻撃されて滅亡の途をたどるに違いない」。こうして、「帝国主義」を粉飾するために日本人が「大亜細亜主義」を唱えることを指弾するのである（中国李大釗研究会編注 二〇〇六：一〇六―一〇八）。

ついで一九一九年には「大亜細亜主義と新亜細亜主義」を発表し、建部《たけべ》遯吾《とんご》(2)・大谷光瑞・徳富蘇峰・小寺謙吉(3)

らによる大アジア主義の主張を批判している。ずばり指摘していう、「「大亜細亜主義」は中国併呑主義の隠語であることを知るべきである」「「大亜細亜主義」は大日本主義の変名であることを知るべきである」と（中国李大釗研究会編注 二〇〇六：二六九―二七一）。

もっとも、李大釗は、「大亜細亜主義」の理念的な可能性については肯定して、次のように述べている。

我々はただわが民族ないし国家が他人の侵略・圧迫を受けないことを求め、それが十分に果たされたとき、さらに進んで寛大博愛の精神を発揮してアジアの兄弟国たちを感化し喚起して、すべて独立自治の域に進ませ、他人の暴虐を受けず他人の抑圧を脱するようにする。もしいわゆる亜細亜主義なるものの意味が、ただこのようなものであるなら、我々もこの目的に向かって突き進むことを願うのであり、それは世界人道にもアジアの大局にも有益であろう（中国李大釗研究会編注 二〇〇六：一〇七）。

これは中国人が理想とすべき方向であり、その観点からも李大釗は同時代の日本人のいう大アジア主義を指弾していたのであった。

いかにも李大釗らしい理想主義的な論調ではあるが、日本人の唱えるアジア主義ないし大アジア主義への反撥の仕方には、中国ではなぜアジア主義が不人気だったかの理由が典型的に示されている。要するに中国ナショナリズムと衝突することが多いからである。

（中略）

三　中国におけるアジア主義的思潮の展開

**孫文と大アジア主義**

中国のアジア主義を論じるとき、孫文について触れずにすますことはできない。

清朝打倒の運動に本格的に取り組み始めたのちの孫文が、一八九七年に宮崎滔天に語った言葉はよく知られている。

余は固く信ず、支那蒼生の為め、亜洲黄種の為め、又世界人道の為めに、必ず天の吾党を祐助するあらんことを、（中略）支那四億万の蒼生を救い、亜東黄種の屈辱を雪ぎ、宇内の人道を恢復し擁護するの道、唯我国の革命を成就するにあり、此一事にして成就せんか、爾余の問題は刃を迎えて解けんのみ（宮崎・小野川編 一九七一：一一九）。

ここには、打倒清朝の運動と世界全体の理想との中間の次元としてアジアの「黄種」の復権という課題が示されている。とはいえ、「我国の革命」こそが最も重要な鍵を握っていると明言していることに留意すべきだろう。

なお、これに先立ち、孫文はロンドンで南方熊楠《みなかたくまぐす》に邂逅し意気投合していた。後年になって南方は、自分が孫文に対してアジア主義の発想を教えたのだと主張している。黄宇和の指摘するように、たしかに南方と会う前の孫文にはアジア主義的な指向は見られないようである（Wong 1986: 293）。しかし、若くしてアメリカを放浪した南方熊楠の経験と孫文の履歴とが重なるという点から見ても、当時の欧米世界における実感の共通性から、二人が似たような思いを抱いていて、それについて二人で夢中になって語りあったと理解しておいてもよいだろう。南方が孫文にアジア主義の示唆を与えたという点を過大評価すべきではない(4)。

右に引用した宮崎滔天の回想に大きな錯誤がないとすれば、孫文はアジア主義的な理念を持っていたとはいえる。ただし、日本人に向けて発言するときにアジア主義的な連帯を特別に強調して発言していたという可能性を十分に考慮すべきであろう。

孫文最晩年の「大亜洲主義」講演（一九二四年）にしても、まさに日本人に向けて語ったものにほかならない。ここでは中国語版から翻訳して引用する。

日本がロシアに勝った日からアジア全部の民族はヨーロッパを打破しようと思い、独立の運動を始めました。（中略）この種の進歩の思想が発達し極点に至ったのちはじめて、アジア全部の民族は連携することができます。そうしてはじめて、アジア全部の民族の独立運動は成功できるのです。最近、アジア西部の各民族は互いに密接な交流、懇ろな感情があって、連携できています。アジア東部最大の民族は中国と日本です。中国と日本はこのような運動の原動力なのです。このような原動力が結果を生みだした後のことは、われわれ中国人は目下それを知らず、あなたがた日本人も目下それを知りません。そこで、中国と日本には、現在、大きな連携はまだないのです。将来の流れの向かうところ、われわれアジア東方の各民族も連携しなくてはなりません。（中略）われわれは今、大亜洲主義について語り、ここまで論じてきましたが、つまるところどのような問題なのでしょうか。簡単にいえば、文化の問題です。東方文化と西方文化の比較と衝突の問題です。東方の文化は王道で、西方の文化は覇道です。王道とは仁義道徳を唱え、覇道は功利強権を唱えます。仁義道徳を唱えるとは正義公理で人を感化することで、功利強権を唱えるとは鉄砲大砲で人を圧迫することです。（中略）あなたがた日本民族はすでに欧米の覇道文化を身につけ、またアジアの王道文化の本質も持っています。今後、世界文化の前途に対して、はたして西方覇道の手先となるか東方王道の守り手となるか、あなたがた日本国民が熟考して選択するのにかかっています。(5)

ここで留意すべきなのは、「東方文化」と「西方文化」という範疇を設けて、対比的にアジアの王道文化の意義を語っていることである。

この時代には東西文化論が日本と中国の論壇で流行していた（石川 一九九四）。たとえば、梁漱溟『東西文化及其哲学』（商務印書館、一九二二年）は、西洋、中国、インドの三大哲学の比較を行ない、中国復興の道筋を探ろうとして注目を浴びていた。孫文の「大亜洲主義」講演は、そのような既存の議論をふまえながら、東洋文明を精神的なものと位置づけ、王道をアジア民族の連帯の論理としている。孫文はその連帯の可能性に期待していたとはいえよう。しかし、右の文章を読めば、中国と日本が王道の精神性によって結びつくことの難しさも十分に意識されているように思われ、必ずしも楽観的な態度とは言えない。だからこそ、強い言葉で、日本人が「王道」を選択すべきことを訴えているのである。

以上の事例から、孫文のアジア主義言説は、日本人に対して強い印象を与えて自己の理想に引き込もうとする側面を持っていたことが注目される(6)。

桑兵によれば、孫文は中国革命の実現のために大国の官民から支持を得ることを重視していた。孫文は確かに被抑圧民族に同情し帝国主義を批判していたが、それら民族解放闘争に主体的に働きかけたり現実的な支援を行なったりすることはあまりなかった（桑 二〇〇一：日本孫文研究会編 一九九三：二五―五二）。たとえば、ベトナムの民族主義者潘佩珠は、一九〇五年に二度、日本で孫文と面談したが、両者とも自分の立場を主張するのみで何らかの合意に達することはなかった（白石 一九九三：五四五―五五六）。さらにいえば、閔斗基《ミントゥギ》が指摘するように、中国と日本の連帯を説く孫文の「大亜洲主義」は朝鮮の民族主義者から強烈な批判を招いたのだった（日本孫文研究会編 一九九三：一三二―一四四）(7)。

孫文にとってはあくまで中国の革命が最も重要な課題であった。それゆえ、アジアの諸民族との連帯を志す気持ちを持っていたにしても、現実にはむしろ植民地支配を行なう列強から支持を得ようとする場合もあったことになる。

（以下略）

**参考文献**

石川禎浩（一九九四）「東西文明論と日中の論壇」古屋哲夫編『近代日本のアジア認識』京都大学人文科学研究所。
石川禎浩（二〇〇一）「近代東アジア〝文明圏〟の成立とその共通言語――梁啓超における『人種』を中心に」狭間直樹編『西洋近代文明と中華世界』京都大学学術出版会。
片岡一忠（二〇〇六）「近現代中国における『西北』への関心と研究の歴史」『歴史人類』三四号。
川島真（二〇〇八）「近代中国のアジア観と日本――『伝統的』対外関係との関連で」高原明生ほか編『現代アジア研究Ⅰ　越境』慶應義塾大学出版会。
桑原隲蔵（一九六八）『桑原隲蔵全集』第四巻、岩波書店。

小林武（二〇〇六）『章炳麟と明治思潮――もう一つの近代』研文出版。

近藤治（二〇〇六）『東洋人のインド観』汲古書院。

坂元ひろ子（二〇〇四）『中国民族主義の神話――人種・身体・ジェンダー』岩波書店。

白石昌也（一九九三）『ベトナム民族運動と日本・アジア―ファン・ボイ・チャウの革命思想と対外認識』巌南堂書店。

孫江（二〇〇二）「近代中国における『アジア主義』の言説」『日本・東アジア文化研究』一号。

竹内好編（一九六三）『アジア主義』筑摩書房。

趙軍（一九九七）『大アジア主義と中国』亜紀書房。

陳徳仁・安井三吉編（一九八九）『孫文・講演「大アジア主義」資料集』法律文化社。

土屋光芳（一九九二）「汪精衛の『和平運動』と『大亜洲主義』」明治大学『政経論叢』六一巻二号。

西順蔵・近藤邦康編訳（一九九〇）『章炳麟集――清末の民族革命思想』岩波書店。

日本孫文研究会編（一九九三）『孫文とアジア』汲古書院。

日本孫文研究会編（二〇〇七）『孫文と南方熊楠』汲古書院。

狭間直樹（二〇〇一）「初期アジア主義についての史的考察(1)序章　アジア主義とは何か」『東亜』四一〇号。

藤井昇三（一九八五）「孫文の『アジア主義』」辛亥革命研究会編『中国近現代史論集――菊池貴晴先生追悼論集』汲古書院。

宮崎龍介・小野川秀美編（一九七一）『宮崎滔天全集』第一巻、平凡社。

山室信一（二〇〇一）『思想課題としてのアジア――基軸・連鎖・投企』岩波書店。

吉澤誠一郎（二〇〇五）「西北建設政策の始動――南京政府における開発の問題」『東洋文化研究所紀要』一四八冊。

吉澤誠一郎（二〇〇六）「東洋史学の形成と中国――桑原隲蔵の場合」岸本美緒編『「帝国」日本の学知3　東洋学の磁場』岩波書店。

吉澤誠一郎（二〇〇八）「日露戦争と中国――その知的刻印を考える」東アジア近代史学会編『日露戦争と東アジア世界』ゆまに書房。

吉澤誠一郎（二〇一〇）「中国における近代史学の形成――梁啓超「新史学」再読」『歴史学研究』八六三号。

白永瑞〔백영서〕（二〇〇九）『思想東亜——韓半島視角的歴史与実践』台湾社会研究雑誌社。

桑兵（二〇〇一）『孫中山的活動与思想』中山大学出版社。

桑兵（二〇〇九）「排日移民法案与孫中山的大亜洲主義演講」中国社会科学院近代史研究所編『紀念孫中山誕辰一四〇周年国際学術研討会論文集』社会科学文献出版社。

孫歌（二〇〇一）『亜洲意味著什麼——文化間的「日本」』巨流。

中国李大釗研究会編注（二〇〇六）『李大釗全集』第二巻、人民出版社。

周恩来（一九八四）『周恩来選集』下巻、人民出版社。

朱維錚・姜義華編注（一九八一）『章太炎選集』上海人民出版社。

배경한〔裵京漢〕（二〇〇七）『쑨원과 항국——중화주의와 사대주의의 교차』한울。
P. Duara (2003) *Sovereignty and Authenticity: Manchukuo and the East Asian Modern*, Lanham: Rowman & Littlefield.
R. Karl (2002) *Staging the World: Chinese Nationalism at the Turn of the Twentieth Century*, Durham: Duke University Press.
V. Murthy (2011) *The Political Philosophy of Zhang Taiyan: the Resistance of Consciousness*, Leiden: Brill.
J. Y. Wong (1986) *The Origins of an Heroic Image: Sun Yatsen in London, 1896–1897*, Hong Kong: Oxford University Press.

（1）アジア主義と呼ばれるものの多様性や定義の困難さは、しばしば指摘される。先行研究における「アジア主義」理解をいくつか掲げておく。

①竹内好

私の考えるアジア主義は、ある実質内容をそなえた、客観的に限定できる思想ではなくて、一つの傾向性ともいうべきものである。右翼なら右翼、左翼なら左翼のなかに、アジア主義的なものと非アジア主義的なものを類別できる、というだけである。そういう漠然とした定義をここでは暫定的に採用したい。……アジア主義は、前に暫定的に規定したように、それぞれ個性をもった「思想」に傾向性として付着するものであるから、独立して存在するものではないが、しかし、どんなに割引きしても、アジア諸国の連帯（侵略を手段とするか否とを問わず）の指向を内包している点だけには共通性を認めないわけにはいかない。これが最小限に規定したアジア主義の属性である（竹内編 一九六三：一二―一四）。

②藤井昇三

私は「アジア主義」とは、アジア諸民族・諸国家が団結して欧米列強の圧迫・侵略に対抗しようとする思想あるいは運動である、と規定したい。これが「アジア主義」の最も広義の定義である。日本では、「アジア主義」を論ずる場合に、しばしば日本を盟主とするアジア諸民族の団結、あるいは、日本による侵略などの膨張主義的な行動を含めることがあり、この場合の「アジア主義」は「大アジア主義」と呼ばれることが多かったのである（藤井 一九八五：四一四）。

③狭間直樹

ヨーロッパの進出（侵略）に迫られ自らの存在を認識させられたことにより、近代における〝アジア〟の概念が生み出されたのだった。その結果として、〝ヨーロッパ主義〟なるものの内容が問われることがないままに、ヨーロッパに対抗的に自らの存立を主張する〝アジア主義〟が形成されることとなった。……アジア主義が先進的なヨーロッパのアジアへの進出（侵略）と結びついたものだったとしたら、その根柢において必然的にヨーロッパに対抗しようとする思想的〝対立〟構造を内包するものとなるであろう。その〝対立〟構造の一方の極は、アジアの地縁的・文化的同質性における提携・連帯となるであろう。くわえて、進出（侵略）の結果としての滅亡を免れるためには、アジアはヨーロッパの先進性（富強）を摂取せねばならない。つまりアジアの側は、ヨーロッパにたいする地理的・空間的な対抗関係という基盤のうえに、ヨーロッパのもつ富強を将来において達成しようとする〝追随〟的路線を歩まねばならなかった。アジア主義は、そのような錯綜した二重の関係性のうえに、形成されねばならないものだったのである（狭間 二〇〇一：六九―七〇）。

④山室信一

アジア主義は単なるアジア認識とは異なり、常に敵対あるいは撃退すべき他者を前提にして、内なるアジアを何らかの枠の下に一体のものとしてまとめあげ、他者への抵抗や闘争を呼びかけるプロジェクトとしての政治的言説である点に特徴がある。そのため、迫り来る敵対者や侵入者のいかなる属性に対して危機感や警戒感が示されていたのかを明らかにすることが、とりわけ外交的思考としてアジア主義を問題にする場合には、不可欠の前提となる（山室 二〇〇一：五八〇）。

これらを見るならば、竹内好が強調したほど、今日の我々にとってアジア主義が把握しがたい曖昧さを持つとは言えない。たとえば、自由主義や社会主義のほうがよほど定義困難だと私には思われる。本章におけるアジア主義の定義も、これら先人の理解を踏まえて設定したものであって、さしたる独自性はない。なるべく一般的な定義に基づいて議論を進めたいと思うからである。

（2）李大釗は、「建部遁吾」と記しているが誤記ないし誤植であろう。建部は東京帝国大学の社会学講座教授であった。

（3）小寺謙吉『大亜細亜主義論』（東京宝文館、一九一六年）を主に指しているのであろう。

（4）ふたりの交流について詳しくは（日本孫文研究会編 二〇〇七）参照。

（5）今日残されている「大亜洲主義」講演には、いくつかの版がある。ここでは、黄昌穀『孫中山先生由上海過日本之言論』（民智書局、一九二五年）の当該部分の影印によった（陳・安井編 一九八九：七〇―七一、七六、八〇）。

（6）なお、一九二四年にアメリカ合衆国で制定された移民法が排日を意図したとして日本ではアジア主義的な論法が盛り上がっていた。その文脈のなかで孫文講演を理解しようとした最近の研究として（桑 二〇〇九）がある。

（7）朴宣泠もアジア主義をめぐる日中韓の同床異夢について指摘している（日本孫文研究会編 二〇〇七：一七五―二〇一）。近年の裵京漢による研究では、二〇世紀前半の孫文と朝鮮民族運動との関係が「中華主義」と「事大主義」の影響を受けており、大きなすれ違いがあったことが詳しく考察されている（배 二〇〇七）。このような点は、川島真の論じる「伝統的」対外関係の文脈のなかで考えてよいかもしれない（川島 二〇〇八）。ただし、中国でアジア主義を意識した言説はしばしばインドやトルコを含むことからみても、アジア主義はやはり近代性を前提とした思潮であると私は考えている。

## ［45］『停滞の帝国―近代西洋における中国像の変遷』

大野　英二郎

六五四―六五八頁

中国の近代化――孫文

イギリスおよび欧米列強の動向に対して、中国側に二つの対応が見られた。一つは列強の進出に対する抵抗であり、そこには少なからず保守的な傾向が観察されたが、もう一つは国家存亡の危機を回避しようとする社会改革への動きである。後者はまず体制内の改革としてあらわれ、やがて体制自体の抜本的変革つまり革命を志向した。中国の変化そのものはわれわれの観察の対象外であるが、西洋の論理が中国社会に浸透し、それにしたがって社会の改革が推進されていく様子は、翻って西洋に中国の変化を深く印象づける。中国独自の歴史的変容が把握されていない以上、西洋の社会変革の論理が中国で実践されることこそが、中国の変化を説明する最もわかりやすい指標であったからである。ここでその一例として、中国で革命運動を興した孫文に簡単に触れておく。彼は一九二四年、『三民主義』の中で中国の歴史を次のように要約する。

「中国は古代において世界でいかなる地位にあったか。中国はかつて非常に強盛で、非常に文明な国家であり、世界で一番の強国でした。その占めていた地位は、イギリス、アメリカ、フランス、日本など、今日の「列強」に比べても、さらに高かった。というのは、そのころの中国は世界における「独強」であったからである。われわれの祖先はかつて、すでにそのような地位にまで達していた。それが今では、植民地にもおよばない。なぜ、かつての地位はあれほど高く、今日では一落千丈なのでしょう。その原因はすでに述べた。すなわちわれわれが民族の精神を失ったので、それで国家は日一日と退歩していったのである。」(1)

彼は民族主義を鼓吹して、欧米列強に対する中国の独立を回復しようとする。中国の劣勢は物質文明においてのみ顕著であるという断定は、伝統的中華思想の発露と見るべきであろうか。

「ヨーロッパがわれわれ中国の上を行くゆえんのものは、政治哲学ではなくて、全く物質文明である。彼らの最近の物質文明は非常に発達しているので、日常生活の衣食住に関して種々の設備をおこない、非常に便利であり、非常に迅速である。(…)われわれが今日ヨーロッパに学ぼうとするのは、中国にないものを学ぼうとするからである。中国にないものは科学であって、政治哲学ではない。政治哲学の真諦ということになると、ヨーロッパ人はやはり、中国に求めようとする。(…)われわれの固有の文明はヨーロッパ人は今日もなお認識していないが、政治哲学的世界文明となると、われわれ四億人は、これまでにすでに多くのものを発明している。（…）ただ民族主義を失ってしまったために、固有の道徳文明を発揮できないで、今日では退歩しているのである。(2)」

民族主義を喪失した中国は長い停滞に入ったのであった。

「かつて民族精神を失ったのは、あたかも眠ってしまったようなものである。今日民族精神を回復するのは、呼びさまそうとすることである。目をさました後ではじめて民族主義を回復することができる。(3)」

したがって政治哲学がどれほど優れていようとも、中国の現実である国家は衰亡し、退化したのは避けえなかった。

「今日各国の政治は、みな進歩しているが、中国だけは退歩している。なぜ中国は退歩するのであろうか。たとえ外国の政治的・経済的圧迫を受けたからだとはいえ、根本原因にまでさかのぼれば、やはり中国人が身を修めないことに由来するだろう。(4)」

それゆえ中国はヨーロッパとの間に生じた差異を縮小しなければならない。それは退歩の解消であり、進歩の再開である。この視点は中国のみならず、アジアにも適応される。以下は孫文が日本人に向けて行った講演からの引用である。彼はまず古代においてアジアの文化が高い水準に達していたことを強調する。

「わがアジアは最も古い文化の発祥の地であり、数千年以前においてわがアジア人は、すでに非常に高い文化に到達しておりました。ヨーロッパ最古の国家、たとえばギリシア、ローマなどの古代国家の文化さえも、みなアジアから伝わったものであります。（…）近代世界の最新の種々の文化におよぶまで、すべてわれわれのこの古い文化より発生したものであります。最近の数百年にいたって、わがアジアの諸民族はようやく次第に萎縮し、アジアの諸国家は次第に衰微し、ヨーロッパの諸民族が次第に発展し、ヨーロッパの諸国家が次第に強大となってきました。(5)」

つまり歴史の中で東洋と西洋の相互の関係が転倒するのである。

「最近数百年の文化だけについて申しますと、ヨーロッパの物質文明は極度に発達しましたが、わが東洋におけるこの種の文明は進歩しませんでした。したがって表面的観察から比較しますと、ヨーロッパは当然アジアよりすぐれております。しかし根本から分析してみますと、ヨーロッパの最近一〇〇年はどのような文化だったのでしょうか。それは科学の文化であり、功利を重視する文化でした。このような文化を人類社会に応用しますと、単なる物質文明となるのであり、そこにはただ飛行機と爆弾、鉄砲と大砲があるだけであり、一種の武力の文化にすぎないのであります。ヨーロッパ人が最近、ひたすらこのような武力の文化を用いてわがアジアを圧迫するため、わがアジアは進歩をすることができないのであります。」(6)

列強に対する孫文の切歯扼腕ぶりが伝わってくるが、たとえヨーロッパの物質主義を批判しても、それによってアジアが停滞を余儀なくされたことは認めざるをえない。中国の古代における文明の隆盛とその後の停滞という図式は、ヨーロッパにおいてたびたび繰り返されてきた進歩主義的歴史観そのものではあるまいか。それは孫文がすでに欧米を見聞し、ミルなどに影響を受けていたためでもあろう。ただし日本人を聴衆とする講演であったためか、アジアが強いられてきた停滞がいかなるものであるのか、なすべき進歩がいかなるものであるのか、などについては分明でない。しかし進歩を自分たちの責務と任じることは、批判対象であるヨーロッパ文明の根幹をなす進歩主義を自ら受け入れ、その轍を懸命に追いかけることに違いあるまい。中国にとってそれは近代資本主義世界に積極的に関与し、その秩序の中に組み込まれていくことでもあった。その意味において孫文が主導した辛亥革命を中国における歴史の方向性の転換点として位置づけることができるだろう。孫文の企図は中国社会をヨーロッパの進歩主義的価値観によって再構築しようとするものであって、太平天国以降に起こった洋務運動とも、一九世紀末葉に康有為が推進した変法運動とも異なっているだろう。前者は、和魂洋才にも似た、中体西用などを掲げて、西洋化を技術的な分野に限定していたからであり、後者は、立憲制などを視野に入れたものでありこそすれ、伝統的社会体制の延命を図るものでしかなかったからである。さらに孫文の行動が、それまでの中国の改革派の人々と異なったのは、中国外にあってその革命運動を始めたことにあるだろう。すなわち彼が欧米各地で様々な人士と関係を持っていたことは、彼が推進する中国の変革を、それが具体的実績を挙げるにつれて、西洋に対して直接的に印象づけるようになったと考えられる。

このようにヨーロッパが自文明を中心にすえた進歩主義的な世界観に疑念を抱いたとき、ほぼ同時期に中国はまさに進歩主義的世界観を自らに適用することによって社会の変革を企てた。孫文の思想がただちに欧化政策に結びつくとはいえないまでも、西洋の価値観を同化する方向性をもっていたことは明らかであろう。それがヨーロッパにおける中国の停滞という伝統的な概念を否定し、新たな中国像を普及させていったであろうことは想像に難くない。

二〇世紀初頭に、極東の現実においては中国自体が体制の変革を志向するようになる。かつてナポレオンが「眠れる獅子」と評した中国は、西洋にとっても明瞭な政治的、社会的変化を示し始める。けれども中国革命の理念が進歩主義的な世界観の適用に他ならなかったから、革命の必要性は中国の後進性を証明することでもあった。つまり中国の変容は、それまで西洋によって停滞とみなされていた状況を中国自らが肯定し、中国自体を西洋近代の価値観の中に位置づけるものでもあった。それゆえ中国が変化しつつあるという認識は西洋の自意識、ないし西洋の世界観にさしたる影響を及ぼさなかった。西洋が迫りくる黄昏を予見したのは、あくまでも自らの文明の矛盾や退廃を察知した結果であって、非ヨーロッパ圏の文明ないし文化を積極的に評価して、それによって西洋文明を相対化した結果ではなかったからである。

(1) 孫文、「三民主義」、島田虔次訳、『世界の名著』、六四、中央公論社、一九六九年、一五六頁。
(2) 同書、一四〇頁。
(3) 同書、一五六頁。
(4) 同書、一六六頁。

(5) 孫文、「大アジア主義」、堀川哲男、近藤秀樹沢、同書、二五五頁。
(6) 同書、二六〇頁。

## [46]『黄禍論とは何か—その不安の正体』

ハインツ・ゴルヴィツアー、瀬野　文教訳

五〇—五六頁

一八九五年、ヴィルヘルム二世（一八五九～一九四一）は一枚の絵のなかで（その絵については後で詳しく述べる）、「黄禍」を象徴的に描いてみせる。それゆえにこのドイツ皇帝が、黄禍という言葉の生みの親であるとよくいわれる。アメリカ人アーサー・デーヴィスはヴィルヘルム二世のおかかえ歯科医だったが、彼が書き遺した回想録を読むと、この説が有力であるように思えてくる。ただこの回想録は、ドイツではほとんど知られておらず、内容にも疑問の点がある。デーヴィスによると、皇帝は一九〇七年、北米艦隊が世界巡航をおこなったとき、次のように語ったという。

「『黄禍』については以前から承知している。実際にあの『黄禍』というフレーズを生み出したのはこの私だったのだ」

実際のところ、ドイツ皇帝が下図を描き、宮廷画家のクナックフース（一八四八～一九一五）に仕上げさせたかの有名な絵が、東洋の脅威を流布するのにかなり大きな役割を果たしたことは確かである。けれども、この絵につけられた説明には「黄禍」というフレーズは見あたらない。ヴィルヘルムが黄禍というスローガンを用いたのは、資料で見るかぎりでは、ようやく一九〇〇年になってからのことで、このころすでに黄禍という言葉は世上に出回っていた。

アメリカ人歯科医デーヴィスに言ったことが本当だとすれば、それは皇帝自身が言葉をつくりだしたということではなく、間接的な意味での発起人、言葉の発生のきっかけを与えた人というふうに解釈できるのではないだろうか。ロシア皇帝ニコライ二世（一八六八～一九一八）に宛てたカイゼルの手紙を見ると、この推論を裏づける文面に遭遇する。ヴィルヘルムは手紙のなかで、黄禍というスローガンがイギリスの報道機関の間で広まったことにふれ、やや得意げな調子で次のようにコメントしている。

「イギリスの新聞は、いまはじめて黄禍という表現を使っているが、彼らはそれを私の絵から借用したのである。事態はあの絵のようになってゆくだろう」

カイゼルの黄禍の絵が描かれたのは一八九五年の夏のことである。それは下関条約の年で、これにより一八九四年に起こった清と日本の戦争は終わったのだが、日本は露独仏の干渉に遭い、戦勝の利益を充分に活用することができなかった。この戦争は欧米の世論に異常なまでに大きな反響を巻き起こした。これまではヨーロッパでもアメリカでも、東洋で何か事件が起こった場合、たいていはただその時々に関心を示す程度にすぎなかった。ところがこの戦争以後、中国や日本の問題にたいしてたえず注意が払われるようになり、それとともに黄禍というスローガンもいわば世に出回り始めるのである。こうして黄禍発生のすべての前提条件がととのったのである。ジャーナリズムの報道や外交官たちの会話のなかに、「黄禍」に近い言い回しがひんぱんに使われ、頻度が増してゆく。

たとえば一八九五年三月二十五日と二十七日に、ヴィルヘルム二世の側近で外務次官をつとめていたマーシャル・フォン・ビーバーシュタイン（一八四二～一九一二）が、ロシアの外交官チャリコフとの会話の中でふと漏らした見解などは、当時の雰囲気を如実に映し出している。日本にたいして歩調をそろえて干渉をおこなうに際して、ビーバーシュタインは「黄色人種の団結は危険なものになるだろう」と語り、さらに二日後の二十七日には次のような説明を加えている。

「中国人同様日本人も黄色人種に属している。日本人はすでに中国人にたいして大きな威光を勝ち得ており、もし日本人が中国人を掌中におさめることに成功すれば、すべての黄色人種に共通する利害の融合をもたらすことになるだろう、だがこれはヨーロッパ人の権力に反することになる」

それから数ヵ月後、『ゴロワ』誌に掲載されたあるフランスの大臣のインタヴューには「イエロークェスチョン」なる言葉が現われている。

当時の関連書物、小冊子、数多くの新聞雑誌などを徹底的に調べたところ、黄禍というスローガンが広まったのは、一八九四年から九五年の日清戦争に引き続いてのことであったことが確かめられた。むろん、すべての関連資料を遺漏なく押えたわけではないので、それ以前から流布していた証拠が見つからないともかぎらない。しかしそうした証拠が発見されたとしても、結果全体を大きくくつがえすことにはならないであろう。

一八九六年、ベルリンの雑誌『クリティーク』に、ドイツの作家W・クレープスの筆になる「黄色人種の脅威におびえる白色人種」という論文が掲載されたが、筆者の言葉に従えば、すでに一八九五年に起草したものだという。このタイトルが示すスローガン的性格は一目瞭然である。また王政復古以来、生真面目な論調でドイツの読者に時事問題を伝えてきた『アルゲマイネ・ツァイトゥング』は一八九七年に次のように書いている。

「イギリスでさえも『黄禍』を過大視している。そのために彼らは、極東でのわれわれの活動を阻止することができなくなっている」

しかしそれ以外の記事では、一九〇〇年に義和団の反乱で世論がふたたび興奮するまでは、ドイツの新聞のどこを見回しても「黄禍」のことなどまるでなかったかのような無関心さである。

これとまったく様相を異にするのがフランスである。同じ時期のフランスの言論界は「黄禍」の反響が鳴りやまない。前に登場したベルギーの銀行家で複本位制主義者のアルフォンス・アラールは、一八九六年三月十三日付の『ルヴュ・ジェネラル』に「黄禍」と題した論文を寄稿して次のように述べている。

「インドや日本や中国の品物は二十年も二十五年も前から市場にあふれていた。だがそのころは誰も騒ぐ者はいなかった。

ところが突如として、ジャーナリストも雑誌記者も小説家も学者も口をそろえて『黄禍』をはやしたてている。彼らのいうには、アジアの商品があふれだしたのは日本と中国が戦争をしてからだそうだ。その戦争は下関の平和条約で終結して、それ以来、日本が中国に自由に出入りすることができるようになった。それからというもの、すべてが変わってしまった、と彼らはいう。つまりヨーロッパは、極東の商品や賃労働におびやかされているというのである。東洋人の安い労働力がものすごい勢いで突きすすみ、ヨーロッパの賃金体制に自分たちの相場を押しつけようとしている。このままでゆくとヨーロッパの労働者は、インド人や中国人のようなばかばかしいほど低い水準にまで収入を落とさなければならなくなってしまう。だから遅かれ早かれ、悲惨極まりない状況に追い込まれてしまうにちがいない、と彼らはいうのである」

アラールによれば、黄禍は新聞雑誌などで「突如として」はやしたてられたとある。だが「突如として」とはいつからなのかもっと具体的に知りたいところだ。アラール自身は、「黄禍」の起源はもう少し昔までさかのぼると考えているようだが、実際にこのスローガンの流布が確認できるのは下関条約以後であり、日本が中国に自由に出入りできるようになってからなのである。またフランスの高官ルイ・ヴィニョン（一八五九〜？）は、一八九七年雑誌『ルヴュ・ポリティク』において、「新たに出現した経済的妄説を断固論駁する」として、あえて『黄禍』と題して論文を発表、次のように記している。

「黄禍という言葉が現われたのは最近のことであるが、その意味は必ずしも一定ではない。……いずれにせよ黄禍問題は書物や雑誌や経済学会ではすでにおなじみのテーマである」

フランスのエコノミスト、アンリ・ブルニエは一八九八年、『黄禍の幻想』と題した論文をかかげて、フランス世論にはびこる黄禍論にたいして戦いを挑んでいる。また同じくフランスの旅行作家マルセル・モニエは、一八九九年に出版した『アジア紀行』のなかで、「多くの著述家たちが黄禍を予想しており、黄禍論がフランスに定着してしまった」と述べている。

こうしてみると、世紀の変わり目にフランスで多くの証拠資料が見られ、これにたいしてドイツではわずかな証拠しかなく、他の国々にいたってはほとんどないということがわかる。するとどうやら、黄禍というスローガンは、一八九五年ライン河の西の地域、すなわちフランスで発生し、そこから広がっていったものと推定される。

一九〇〇年に義和団の反乱が起こり、一九〇四年に日露戦争が勃発して、黄禍論は拡大の頂点に達した。イギリスやアメリカで「黄禍（イエローペリル）」というスローガンが出回るのはようやく一九〇〇年になってからで、一九〇〇年五月三日付の『デイリー・ニューズ』に、「黄禍が深刻のきわみに達したとき」と題する記事が見える。その後こうしたフレーズは、大西洋のあちらとこちらの新聞・雑誌、とりわけハースト系大衆紙に数限りなく登場する。

## [47]『人種戦争という寓話—黄禍論とアジア主義』

廣部　泉

一—二頁、九四—九五頁、九八—九九頁

### 序章

近年、様々な形で世界各地において地域統合の動きが進展している。北米自由貿易協定（NAFTA）はその代表的なものであろうし、アジア太平洋経済協力（APEC）の会合も見慣れたものとなっている。このようなリージョナリズムに基づく動きは新しいものではなく、二〇世紀前半にリヒャルト・クーデンホーフ＝カレルギーの提唱した汎ヨーロッパ運動やA・H・フォードによる汎太平洋連合会、さらに一九世紀に遡るアメリカ合衆国主導の汎アメリカ会議など、一民間人によるものから政府主導によるものまで規模も地域も多様である。なかでも汎ヨーロッパを目指す動きは、いろいろな問題はあるものの現在では欧州連合が形成され、域内の人やモノ・サービス・資本の移動が自由化されたのみならず、域内の多くの国で共通の通貨が使われるまでになっている。一方、東アジアや南アジアなどに目を転じると、これまで幾度となく汎アジア主義が唱えられて、近年においても東アジア共同体構想が提唱されてきたにもかかわらず、ヨーロッパに比べるとその進みの緩慢さは明らかである。それには様々な理由があるが、一九二〇年代に日本で出版されていたある英字紙に掲載された次の文章に、その理由の一端が表れているように思える。

汎米連合に重要な意味はないが広く承認され賞賛されている。汎欧州は望ましいものと認識されている……汎太平洋もまた熱狂的な支持を引き起こす名称である。「汎アジア」だけが、それを耳にした西洋の男女に漠然とした恐怖と不安を引き起こす傾向がある。(1)

前後の文脈をふまえるなら、汎アジアという言葉には、人種的脅威を思い起こさせる響きがあり、他の地域に脅威をもたらすような連合の形成は難しいというのである。欧米が抱いた黄禍論という恐怖、東アジアや南アジアなどで唱えられたアジア主義、この二つは無関係ではない。むしろ表裏の関係にあると考えられるのではないだろうか。黄禍論がアジア主義を刺激し、そうして刺激されたアジア主義によって黄禍論的発想が増幅されるという循環である。黄禍論の国際関係論的側面に光を当て、黄禍論の裏返しとしてのアジア主義を見るという視角から、一九世紀末から第二次世界大戦終結に至るまでの日米関係を見ていくのが本書である。すなわち、知らず知らずのうちに別々のものとして眺めてきた黄禍論とアジア主義が、実は同じコインの裏表であったということである。

（中略）

第3章　排日移民法と全亜細亜民族会議

（中略）

排日移民法案通過

日本のアジア主義にとって大きな契機となったのは、一九二四年のアメリカ連邦議会による排日移民法の制定であった。日系移民排斥の動きはそれ以前から見られたが、それらは都市や州レベルの問題であり、アメリカの一地方による局地的なものと考えることもできた。東アジアからの移民の流入に対してアメリカ連邦政府は一八八二年以降、中国からの移民の禁止などによって対応してきたが、国内が混乱を極め軍事力に劣る中国と異なり、富国強兵に成功し年々国力を充実させる日本からの移民に対しては、全面禁止を避けて自主規制などによって対応してきた。それがこの年の四月に連邦上下両院でそれぞれ、排日条項を含む移民法案が通過し、七月から施行されることになった。この移民法の主たる目的は、アメリカ社会が伝統的に好ましいと考えてきた西欧や北欧からの移民とは異なる、世紀転換期から急増していた東欧や南欧からの移民を大幅に制限することにあった。ただ、そこには日本からの移民の全面禁止を意図したいわゆる排日条項が含まれており、それは連邦レベルで、すなわちアメリカが国として日本人移民を一切認めないということを意味した。明らかにこの移民法にはアメリカ社会の人種に対する考えが体現されていた。共和党のクーリッジ政権は、人種偏見が外交関係に影響を与えるのを好まず、日米のビジネス関係を重視して対日関係の悪化を望まなかった。国務省は、日系移民排斥の動きは西海岸の一部の排日論者によるもので、アメリカ全体は親日であることに変わりはないと説明し、その影響を最小限にとどめようとした。たしかに排日移民法が西海岸の労働者を中心とする排日運動に基づくものであることは事実であった。しかし、日本の為政者は、いかにアメリカ人外交官が親日を唱えようと、この排日移民法の背後にはアメリカ社会に深く根ざした人種偏見があること、すなわち排日移民法が、アメリカの有権者のアングロ系白人を頂点として有色人種を下に置く世界観に由来するものであることを見抜いていた(2)。

日本では、排日条項を含む移民法案がアメリカ連邦議会を通過すると七月の施行を待たずに反米世論が燃え上がった。各地で反米集会が開かれ、多くの参加者を集めた。映画館はアメリカ映画の上映を自粛し、アメリカ風のダンスをするホテルのホールに刀を持った男たちが押し入った。アメリカ大使館から星条旗を盗んだ者が喝采を浴び、排日移民法に抗議の切腹をする者まで現れた(3)。

そのような反米感情の高まりの中、それまで有力であった、米国をはじめとする西洋との友好を唱える論が日本国内で大きく説得力を失い、国際関係を有色人種対白人種の問題として捉える言説が溢れた。それは西海岸への日系移民の流入を東西文明の衝突の端緒と捉える排日運動期のアメリカ人の論と対をなすものであった。総合誌『太陽』は、農商務大臣も務めた政治家大石正巳の論説「アジア民族の総同盟を策せよ」を掲載した。そこで大石は、移民法が「亜細亜民族、即ち有色人種に関する重大問題であり……支那、印度を味方として強力なる有色人種連盟を組織し、吾々有色人種の共同の敵たる白人種に対抗しなければならぬ」と熱く論じた。(4) 作家の樋口麗陽は移民法案の通過を受けて、『米禍来る日本危機』を急ぎ出版し、その中で、排日移民法は「全亜細亜の有色人種に対する侮辱であり挑戦であることは明白な事実で、既に亜細亜の各有色人種は、日本を盟主として大同団結し、この絶大なる侮辱と驕慢なる挑戦に対抗しなければならぬと憤激して居るではないか……知らず亜細亜有色人種の大同団結と米国とが、太平洋上に相まみえて人種的争闘の〇〇《ママ》を演ずるの日は果して何れの時であらうか」と書いた。(5)

（中略）

## 孫文の大アジア主義演説

この一九二四年の一一月二九日に孫文が神戸高等女学校において神戸商業会議所の会員などを前に、大アジア主義についての講演を行った。(6) 内容は、日本のアジア主義を批判しているようにも読めるものであるが、さりとてあからさまに日本を批判したものでもなく、幾通りもの解釈を許すものであった。そのため日本国内ではこの講演を自らに都合よく解釈したりそれに触発される者もあった。なかでも『大阪毎日新聞』は、「亜細亜民族の団結」と題する社説を掲載し、日中の提携の必要性を訴えた。これはかなり感情的な表現に富むもので「一体、欧米諸国民は亜細亜及び亜細亜人を馬鹿にしすぎる」と、嘆きとも怒りともとれる表現に満ちており、排日移民法の制定を念頭においていることは明らかであった。そして、「小異を捨て、大同に就くの準備と覚悟」がなければ、「亜細亜は恐るべき白皙人種の食物となり、永久に浮ぶ瀬が無いかも知れない」として、欧米に対抗するための日中提携を訴えた。(7) これに対して、神戸の英系紙『ジャパン・クロニクル』は早速二日後にコメントした。そのコメントは、孫文の講演は日本で行われたため、日本人に対して比較的友好的なものであったが、日本人がそれを言葉通りに受け取って、『大阪毎日新聞』などが孫文が日本主導の日中提携に積極的であるとまで思い込むとは思わなかったと皮肉るものであった。また、ソ連を味方に引き込もうという孫文と、無理やりにでもアジアを率いたい日本がどうすればうまくやっていけるのか考えもつかないとしたうえで、次のように結論した。

しかしながら、汎アジアとか汎なんとかという計画について話されるとき大いに意味不明なことが常に存在する。かつて機知に富んだ人がいて、「汎」運動は概して「フライパン」運動だと観察したことがあったものだ。(8)

この『ジャパン・クロニクル』紙の記者のように、東アジアに住む欧米人の中には、日本で唱えられるアジア主義に他のアジア人が靡く可能性が低いと見て取る者もいた。ミラードに代わって上海で雑誌の発行を続けていたジョン・パウエルは、排日移民法に対して日本人と共にアメリカに反対するように中国人を煽る日本人の努力は奏功せず、それどころか、日本人のそのような試みは、かえって中国人に、日本の移民制限、すなわち日本政府が中国人労働者の日本入国を厳しく制限している事実に目を向けさせることになってしまったと日本人に都合の悪い事実を指摘した。(9)

東アジアの外では、イギリスの支配に苦しむアイルランドの主要紙『アイリッシュ・タイムズ』が、孫文演説の数日後、この演説について「アジアの解放、孫文の理想」と題して、大アジア主義のため、そして世界平和実現のため、日中は手をとってアジア人を率いなければならないといった部分を中心に報じた。(10) ただ、この演説は当時は重視されておらず、それ以外には欧米でこの演説が取り上げられた例は見当たらない。この演説が注目されるようになるのは、一九三〇年代後半になって汪精衛（兆銘）らが、親日路線を歩むうえで、この孫文のアジア主義をその理由づけに持ち出すようになってからである。

（1）*Japan Advertiser*, 2 Feb. 1926.

（2）排日移民法制定過程については、簑原俊洋『排日移民法と日米関係―「埴原書簡」の真相とその「重大なる結果」』（岩波書店、二〇〇二年）が詳しい。アメリカ社会の人種観と対外関係の関係については、Michael Hunt, *Ideology and U. S. Foreign Policy* (New Haven, 1987) を参照。アメリカ人外交官の中にすらあからさまに排日移民法を正当化する者もあった。ジェーコブ・シャーマン駐華公使は、五月一四日に天津のロータリークラブでの演説において、アジア人がアメリカに同化できないことが排日移民法制定の理由の一つと言い切った。711, 945/1133, RG59, NARA.

（3）移民法通過後の日米両国の反応については、Izumi Hirobe, *Japanese Pride, American Prejudice: Modifying the Exclusion Clause of the 1924 Immigration Act* (Stanford, 2001) を参照。

（4）大石正巳「アジア民族の総同盟を策せよ」『太陽』第三〇巻第七号（一九二四年六月）、一〇六―一〇九頁。

（5）樋口麗陽『米禍来る日本危機』（日本書院、一九二四年）、三七三―三七四頁。

（6）陳徳仁・安井三吉編『孫文・講演「大アジア主義」資料集―一九二四年一一月　日本と中国の岐路』（法律文化社、一九八九年）。

（7）『大阪毎日新聞』一九二四年一二月二日。

（8）*Japan Chronicle*, 4 Dec. 1924. 英語で汎を意味する pan が、鍋をも意味することから、韻を踏んだ皮肉となっている。

（9）*Chicago Tribune*, 12 June 1924.

（10）*Irish Times*, 1 Dec. 1924.

## 〔48〕『黄禍論と日本人　欧米は何を嘲笑し、恐れたのか』　飯倉　章

二三五―二三七頁

日米移民紛争の解決

一九二一年一一月になるとワシントン会議が始まり、太平洋・極東問題や海軍の軍備制限に関して協議がなされた。その結果、一二月に日本・イギリス・アメリカ・フランスの間では四ヵ国条約が調印された。この条約により、

二〇世紀の初めから日本外交の中心であり、一時は「骨髄」とまで称された日英同盟は解消されることとなった（正式消滅は一九二三年）。ワシントン会議はさらに二二年二月まで続き、ワシントン海軍軍備制限条約が締結され、また中国の独立・領土保全・門戸開放・機会均等などを定めた九ヵ国条約も締結された。日本の中国における特殊権益を認めた石井・ランシング協定は破棄され、日本は第一次世界大戦により取得した山東の権益なども放棄させられた。以降、極東ではワシントン体制と呼ばれる新しい国際政治体制が一〇年ほど続くことになる。

ワシントン会議を題材にした諷刺画も数多く描かれたが、本書では取り上げない。が、人種問題がからむ日米移民紛争の解決についてはふれておきたい。

一九二三年一二月になると、日本人移民の禁止策が移民法の改正とあいまってアメリカ議会の法案に盛り込まれた。この法案は「帰化不能外国人」の入国禁止条項を含んでおり、日本人移民を実質的に禁止する内容だったので、日本では「排日移民法」と呼ばれる。埴原正直《はにはらまさなお》駐米大使はすぐにヒューズ国務長官と会談して懸念を伝え、国務長官も議会に働きかけを行った。しかし、アメリカ下院は強硬な姿勢を崩さなかった。

埴原大使は事態の改善を求めて翌一九二四年四月、埴原書簡と呼ばれる公文を国務長官へ提出した。日米紳士協約をめぐる議会の誤解を解き、移民法案に抗議する内容であった。ところが、この公文が議会に示されると、末尾に加えられた法案成立の場合に「重大なる結果」がもたらされるという文言が内容よりも注目され、逆に議会を刺激してしまった。これを機に上院でも法案賛成の勢いが強まり、五月一五日、上下両院において圧倒的多数で可決されてしまった。クーリッジ大統領は拒否権を発動することもできたが、そうしたとしても議会が再可決することも可能であった。

五月二六日、大統領が署名をし、排日移民法が成立した。日本政府はヒューズ国務長官宛に厳重な抗議書を提出する。そのなかには、「人種に基づく差別待遇は不快の念を一層深くする」との一節が盛り込まれた。日本国内の世論は沸騰し、大規模な抗議集会も開催された。

こうして日米移民問題は、日本側に不満の残る形で解決したが、排日移民法は感情的なしこりを残し、以後、日米間の喉仏《のどぼとけ》に突き刺さった棘《とげ》のように、ことあるごとに両国関係を痛めた。

## ［49］解読孫中山大亜洲主義演講的真意

桑　兵

『社会科学戦線』二〇一五年第一期、九五―一一六頁、抄録

（前略）

### 六　鉴古而知今

孙中山的大亚洲主义演讲给予今人很多的历史启示。近数百年来，人类社会处于欧洲中心的笼罩之下，各种思维方式和行为法则基本是按照欧洲发生演化的方式准则加以演绎。在欧洲中心的强势之下，其他多元性的文化只能被动适应或主动求变，才能免于衰退灭亡。大凡经过所谓现代化的后发展民族及国家，其实只是欧洲文化的一种变异，很难保持其固有文化的本来形态和主旨。

诚如孙中山所说，近代欧洲文化是以霸道为基本内核，这体现于相辅相成的两方面：其一，遵行丛林法则。动物性的丛林法则主张占地，所划分的势力范围必须凭借武力强权来夺取和捍卫，与社会性的以文化化人截然相反。其二，根源于基督教的一元化思维。按其逻辑，必须将人类同一或同质化。二者相加，即使从物种多样性的角度，也不可取。长此以往，势必导致人类社会的发展趋缓甚至倒退。虽然欧洲自有其道德，欧洲中心还未从巅峰跌落，但已显出疲态。欧洲中心的世界文化格局曾经极大地推动了人类社会的加速发展，但也带来两次世界大战的惨痛教训，而且至今非但无法解决世界动乱、平等和富裕的问题，甚至出现动荡和冲突愈演愈烈之势。如何用多元文化重构世界格局成为今日人类面临的巨大考验。而中国传统的王道文化是目前保存的文化物种当中少数可能的重要选项。国际秩序的重构越是加入多元要素，越有可能呈现与今不同的形态和趋向。

第一次世界大战的惨烈一度令欧洲科学功利文化永远美好的神话破灭，出现了一股崇尚东方文化的潮流。孙中山的大亚洲主义演讲与此合拍。很少宗教终极关怀的中国，道德成为最重要的精神和社会支柱。王道的基础是仁义道德，仁义道德的依据是伦理社会，承认人人并非一律，人与人的亲疏远近关系确定彼此的身份地位以及行事方式，并且由己及人地注重个体及其相互联系。只是晚清以来，中西文化乾坤颠倒，国人越来越缺乏文化自信，将传统与创新截然对立，一味强调不破不立，全盘西化实际上大行其道。经学退出历史舞台之后道德的缺失，令全社会付出了沉重的代价。

近代侵华列强当中，地理接近的日、俄对中国的领土要求最为强烈，因而历来被识者认定为心腹之患。在国力不足的情况下，借彼此之力相互制衡成为中国的重要选项。晚清以来的联日与联俄，本质上就是倚重一方以制约另一方。如果真的一面倒，势必造成严重侵害。孙中山借力平衡，试图与日、俄联盟打破列强的霸权，同时又让日、俄两国相互牵制，策略上确有可行性。只是前提必须要争取日本政府的同意，但至少在当时，难以奏效。明治维新以来，日本政府效法西洋，殖民东亚，所谓脱亚入欧，其实就是模仿西方列强的侵略扩张，将东亚逐渐纳入自己的版图，进而与欧美列强争胜。所以日本非但不肯放弃东亚的既得利益，而且视其为生命线和立国之本。孙中山的大亚洲主义很难将彼此利害冲突的亚洲各国用同种的观念协调统一起来，反而有可能模糊差异，掩盖矛盾。后来日本侵占中国和南洋以及建立日伪政权，都是打着大亚洲主义的旗号，进一步强化了对孙中山大亚洲主义演讲的负面判断。

另一方面，中日两国为一衣带水的近邻，近代以来，一大一强，合则两利，斗则两害。可惜中日始终未能找到和睦相处、互利共赢之道，反而近邻变成宿敌。近代欧洲历史上长期争斗不已的世仇，大都很难完全凭借武力征服对方，最终还是要回到妥协共存之道。况且，中日双方的冲突争斗，往往会有第三方渔翁得利，因而不仅为他方所乐见，而且背后总少不了挑拨离间和坐收渔利之人。

就此而论，孙中山的大亚洲主义主张不仅大体不错，而且极具洞见和远见。问题是，孙中山寄希望于日本国民来影响日本政府，事实证明实现的可能性很小。明治维新后，日本国民的国家认同度越来越高，即使有过与政府不合的情形，也不占主流和主导。孙中山在演讲最后提出的日本民族〃从今以后对于世界文化的前途，究竟是做西方霸道的鹰犬，或是做东方王道的干城，就在你们日本国民去详审慎择〃的问题，从历史的实际进程看，答案显然是令人失望的。

寄望于民间，对日本而言非但不切实际，而且免不了发生负面作用。为了争取日本在野人士的支持，孙中山对坚决维护日本在华利益的社会贤达有所妥协。一一月二五、二六日，孙中山在神户与头山满长谈。后者问：〃您所说的废除旧条约，是否可以解释为收回日本在满蒙的既得利益？具体说来是包括收回旅顺、大连的意思呢？〃并且明确表示：〃即使将来中国国情有了大的变化，再不必担心受任何其他国家侵害的情况下，我国的大多数国民也不能例外地就轻易答应立即归还（满蒙）的要求。〃对此，孙中山声言，只希望日本带头帮助中国实现关税独立和废除治外法权的要求，而没有考虑收回日本在〃满蒙〃的既得利益。〃我所说的是废除一般的旧条约，没有考虑收回旅顺、大连。香港、澳门也是这样……旅顺、大连问题，如果在现有的基础上再扩大其势力的话，就会出问题；但像现在这样维持原有势力的话，还不至于发生问题①。〃

这样的考虑，固然基于现实的可能，但也的确容易令人误会孙中山与日本之间存在秘密交易，只是一种相互利用的关系。尤其是像〃二十一条〃这样臭名昭著的条约，孙中山的态度仍然有些暧昧。一二月一日，在门司登船采访的新闻记者提问：〃先生要废除中国同外国所立的不平等条约，对于日本所希望的是废除那几种条约呢？〃

孙中山的回答是：〃如海关租界和治外法权的那些条约，只要是于中国有害的，便要废除，要来收回我们固有的权利。〃

记者进而明确问道：〃先生对于日本同中国所立的二十一条要求，是不是也要改良呢？〃

孙中山答称：〃所有中国同外国所立的一切不平等条约，都是要改良，不只是日本所立的二十一条的要求，二十一条的要求，也当然是在要改良之列。中国的古话说：己所不欲，勿施于人。假若美国对于日本也有二十一条的要求，你们日本是不是情愿承受呢？当然是不情愿的。既是自己不情愿，拿出恕道心和公平的主张出来，当然不可以己所不情愿的要求来加之于中国。你们日本便应该首先提倡改良②。〃又表示：〃予第一目的，在欲废除十三国对华之不平等条约，使中华民国成真正大一统之国家。则治外法权及关税各节问题，均可一一解决。而所谓二十一条问题，此际日人宜反省之③。”作为整顿内政的前提废约，如果都要等列强自我反省和改良，势必会竹篮打水一场空。

当然，孙中山并非对日本朝野的禀性毫无认识。一二月二〇日，他在天津寓所病榻上接见负责联络冯玉祥并决心赴日的马伯援，嘱咐道：“你一定要去日本，可注意日本外交，彼国政治家眼光太近，且能说不能行，不似俄国之先行后说。日本的朝野，近对吾党非常轻视，以吾人未得政权……日本是帮助段祺瑞的。”并要其尽量办好对日外交④。可以说，孙中山心知肚明日本朝野绝不肯放弃列强的地位以及相应的权益，知其不可为而为之，多少也有些无可奈何。

其实，早在同盟会成立之初，胡汉民撰文论述《〈民报〉之六大主义》，第五条就是“主张中国日本两国之国民的连合”。之所以特别揭出，是因为中日两国问题犹未解决。“日本所筹以对待中国者，其全体之意思不可具晓，而以吾人所知，则有二派：其一曰侵掠主义，二曰吸收主义。第一派主之者无几人，其政策亦过于武断，且贻外交之憎忌，无势力也，故二派中以吸收派为占优势。然曰吸收，则显非平等相交之道，以支那四百兆之大民族，其间岂无自觉者？睹此主义之不诚，必以其不愿下人者，而深怀猜忌，如是两国国民将不可合。盖凡国交际，智取术驭，不可长也。中国人士对待日本者，亦向分排日、亲日两派。排日非大势所宜，我之不能排日，犹日之不能排我；而亲日者徒企人之我保，而无实力以盾其后，亦非吾人所取也。吾人所谓两国国民的结合，则为两方之交谊，为中国者，讲求实力，以保其对等之资格，使交际间自无所屈辱；而日本亦当泯厥雄心，推诚相与。盖非如我国亲日者之言，而日本吸收派之论，亦无所用之耳⑤。”

今日的世界，早已不是往昔的格局，但是孙中山大亚洲主义演讲的主旨，仍然考验着中日两国的政府和国民。中日两国如果不能找到互利共赢的生存之道，东亚的繁荣乃至世界和平，都将受到严重影响。这也是作为理想家的孙中山那些看似不合时宜的主张，其实只是具有常人常态所不及的前瞻性，所以百年之后大都一一付诸现实的根本所在。跳出历史的枝节局限，把握人类社会前行的基本趋向，可以从孙中山的大亚洲主义演讲中获取有益的启迪。

（1）藤井昇三：《孙中山与“满蒙”问题》、《国外中国近代史研究》第三辑、北京、中国社会科学出版社、一九八二年、第一六二页。

（2）中国国民党中央党史委员会编辑：《国父全集》第二册、台北、中央文物供应社、一九八〇年、第八七七—八八〇页。

（3）《中山来京后将游欧美》、《京报》一九二四年一二月五日、第三版、〝内政要闻〟。
（4）马伯援：《我所知道的国民军与国民党合作史》、台北、文海出版社、一九八五年、第五〇―五一页；陈固亭：《国父与日本友人》、台北、幼狮文化事业公司、一九七七年、第一三五页。
（5）《民报》第三期、一九〇六年四月。

## [50]『近代日中関係の旋回―「民族国家」の軛を超えて』

王 柯

九二頁、九七―一〇〇頁

第四章 「王道」の「アジア」

（前略）

二 「アジア」を大切にする「大アジア主義」

（前略）

これまで、孫文の提唱した「大アジア主義」は「アジア主義」（Pan-Asianism）と同じように、アジア諸国が連帯・連携し、以て西洋列強の侵略に抵抗することを提唱する思想で、唇歯輔車という地理上の発想から来たものであると理解されてきた。しかし事実として、孫文は「アジア主義」という用語をほとんど使わなかった。では、孫文はなぜ「アジア主義」を使わず、わざわざ「大アジア主義」を使ったのか。これに関しては「大」の意味に注目すべきであろう。『春秋公羊伝』の「大一統」、つまりひとつにまとめて治めることを重んじるというような重みのある表現からも分かるように、「大」の意味は「大きい」という単純なものだけではなかった。つまり、すべて日本と関係する場において発信された孫文の「大アジア主義」の思想は、「覇道」の欧米列強国に追随することではなく、「王道」を実践して自ら位置する東アジア世界を「大事に」、「大切に」し、そして東アジア世界の「王道」文明に誇りを持つべきである、という深い思想であり、そして孫文から見れば、これこそ当時の日本政府に欠けていた思想であった。

（中略）

## 四　究極的な価値としての「王道」思想

孫文のこのような信念は、「黄禍論（Yellow Peril）」の再起にともない、「亜細亜の固陋を脱して西洋の文明に移」ることを目指した日本の「脱亜」「入欧」が実に気まずい結果を迎えたことにも関連していた。日露戦争以降日本に対する恐怖心と憎悪が生まれ、黄禍論（Yellow Peril）の流行がいっそう拍車をかけた。アメリカ・ドイツ・カナダ・オーストラリアなどの欧米国家では、中国人だけではなく日本人も拒否されつつあった。とくにアメリカでは、同じ頃に桂・ハリマン仮条約が日本政府によって破棄されたこともあって、アメリカ人の対日感情が一変した。一九〇七年にサンフランシスコで反日暴動が起こり、一九〇八年に日米紳士協定が結ばれて日本政府は日本人の米国移民を制限したが、一九一三年に第一次排日土地法、一九二〇年に第二次排日土地法が成立し、日本人の土地所有が徹底的に禁止された。更に一九二四年にアメリカ連邦議会で、黄色人（日本人）は「帰化不能外国人」であり、帰化権はない、という排日移民法が成立した。

「黄禍論」が流行するなかで、「脱亜入欧」を唱えてきた日本人も欧米人からひどい人種差別を受けている事実によって、大きなショックを受けると同時に、日本が欧米によって相変わらず彼らが主導する国際システムの周辺的な存在とされていることに気づいたのである。「黄禍論」はからずも日中両国の「同利同害」を証明する格好の材料となり、これは、複数の日本人の友人をもつ孫文が、「亜州」対「欧州」、「黄色人種」対「白色人種」、「王道」対「覇道」、「仁義道徳」対「功利強権」という世界の二分法で構成された大アジア主義思想を声高く唱えるきっかけとなった。しかし、「大アジア主義」思想の二分法は、実際には、孫文が日本へ巧妙に提示した、体面を保ちつつ欧米による周辺化から脱出する通路でもあった。そのために、孫文による「大アジア主義」のツールには、日本にとっての有益性、そして「王道」思想に基づく高い道徳性もはっきり示されていく。

たとえば、一九二三年十一月の犬養毅への手紙で、孫文は日本の進路について次のように進言している。「古人曰く、その心を得るものはその民を得ることができる。その民を得るものは、その国を得ることができる。もし日本は日露戦争後、古人の教えを実行すれば、今日のアジアのあらゆる国家の人心はみな日本に向かうことになっていたはずである。……もし日本が翻然と悟り、英国が対アイルランドで〔独立を承認〕したように高麗を扱えば、羊を失ってから檻を修理する計として、なおアジアの人心を拾うことができる。さもなければ、アジアの人心はかならず全部赤露へと傾き、これは絶対に日本にとって福ではないと思う」。「もし日本がアジアを扶助する志を持ち、ヨーロッパ列強の後塵を拝することがなければ、アジア諸民族はみなかならず日本をベタ褒めする」[1]。

当然ながら、このような「王道」思想の高い道徳性は「人類と自然との契約」の思想に由来するものであり、決して孫文が日本のために考え出したものではなかった。実際に、この手紙において、孫文はさらに、日本は「率先的に直ちに露国政府を承認し、列強との協調行動を必ず避けるべき」とも進言している。このことから、孫文の「大アジア主義」思想にある世界の二分法のなかで、「亜州」対「欧州」、「黄色人種」対「白色人種」という要素は絶対的なものではなく、言い換えれば、その世界の二分法という論法のなかの、「王道」対「覇道」、「仁義道徳」対「功利強権」こそもっとも重要な要素とされていることが分かる。これに関して特に注目すべきは日本政府に「露国政府の承認」を説得した部分で、孫文は如何なる基準と論法で白色人種であるソ連を評価したかである。

ある人は日本の立国の主義はソビエト主義と異なり、そのため承認するのはいけないというが、これはまさに井底の蛙の論に過ぎない。ソビエト主義とは、「孔子の言う大同」とイコールである。孔子曰く、大同の行われる世では、天下は公〔公共〕とされる。賢人を選び用いて、互いの親睦を深める。ゆえに、人々は一人我が親を親とせず、一人我が子のみを子とせず、老人はみな安楽に世を終えることができ、壮者はみな働く場所があり、幼者はみな成長することができ、やもめと独身者と障碍者はみな養われ、男はみな才能を発揮できる職分があり、女はみな帰れる家がある。(2)

ソビエト主義が「孔子の言う大同」にイコールという論断は実に奇抜な発想であろう。このように「亜州」対「欧州」、「黄色人種」対「白色人種」の視点を捨て、「王道を唱え、覇道を主張しないヨーロッパの新しい国家」としてソ連を取り上げた背景には、一九一九年七月の「カラハン宣言」と一九二三年一月の「孫文・ヨッフェ共同宣言」があった。ソビエト政権の対中政策として打ち出した「カラハン宣言」は、帝政ロシア時代に清国政府と結び、中華民国が継承した北京条約などの不平等条約の即時・無条件撤廃を表明したものである。これはどの列強国にもできなかったことであり、それがアジアの「王道」思想に共通すると感じた孫文は、広東軍閥陳炯明の反乱から免れてから、一九二三年一月に上海でソ連政府代表ヨッフェとの間に「共同宣言」を発表した。

言うまでもなく、孫文がわざわざ「大アジア主義」の文脈でソ連に対する見方に触れたのは、彼が「連ソ」という政策を取った理由を日本に説明すると同時に、ソ連の対中政策を通じて、中国に対する不平等な条約をなかなか撤廃しようとしない日本政府を刺激する狙いもあった。しかしこうしたソ連に対する見方から、孫文にとって究極的な価値判断はやはり東アジア的価値観——「王道」・「仁義道徳」に基づくものであったことが分かる。一年後の「大アジア主義」講演においても、孫文はさらに明白にソ連を「王道」対「覇道」、「仁義道徳」対「功利強権」の視点から、公道正義の味方だと称えたのである。つまり、日本と関係する場に限って発信された孫文の「大アジア主義」思想は、表面上は地理、人種、文化の基準を使うが、事実上「強権を主張する」「覇道」と「公理を主張する」「王道」で国々を区分したものであり、日本に「公理を主張する」「王道」の世界へ戻ることを切望しているものであった。(3)

（1）　孫文「致犬養毅請擺脱列強影響毅然助成中国革命函」、秦孝儀編『国父全集』第三冊、四九一頁。
（2）　この部分は『礼記・礼運』からの引用である。本文は「大道之行也、天下為公、選賢與能、講信修睦、故人不獨親其親、不獨子其子。使老有所終、壯有所用、幼有所長、矜寡孤獨廢疾者、皆有所養。男有分、女有歸。」となっている。
（3）　丁則良「孫中山与亜洲民族解放闘争」、『孫中山研究論文集：一九四九―一九八四』四川人民出版社、一九八六年、一二三一―一二三三頁。

## [51]　華夷秩序とアジア主義

茂木　敏夫

『アジア主義思想と現代』三―三九頁、抄録

（前略）

四　華夷秩序の新たな展開

（中略）

（二）　新たな国際規範と華夷秩序

一九世紀に流布した、近代の文明主義が植民地支配の根拠となったことについては多言の必要はないだろう。一九世紀型の文明主義や植民地主義は、二〇世紀になると、徐々に批判されるようになっていった。そして第一次世界大戦という未曾有の惨禍を契機に、世界の論調は大きく変わった。米国大統領ウィルソン（Woodrow Wilson 一八五六―一九二四）の十四カ条やロシア革命は大きな波紋を呼び、そこで主張された民族自決や反植民地主義などの

道義は、国際社会の新たな規範となっていった。旧来の帝国主義は批判され、米国が民族自決とデモクラシーを掲げて帝国主義からの解放を高唱しながら勢力圏を拡大していったように、世界の大勢は植民地なき帝国主義に移っていった。

旧来型の露骨な帝国主義的要求であった二一カ条要求によって、以後欧米に代わって中国ナショナリズムの矢面に立つことになってしまった日本は、日中提携によるアジアの興隆などを提起するが、そうした日本のアジアをめぐる議論に対する中国知識人の論評は厳しかった。

日本留学中に二一カ条要求への抗議活動をして帰国していた李大釗（一八八八—一九二七）は、一九一九年初め、パリ講和会議開催中に、会議への期待を込めつつ「大アジア主義と新アジア主義」を発表し、日本の識者が唱える大アジア主義とは「中国を併呑する主義の隠語だ」、「アジア・モンロー主義という言葉を借りて欧米人を謝絶し、〔中略〕日本がアジアの盟主になる」ための「大日本主義の変名だ」と断じ、「中日連盟を基礎とする現状維持」をねらう日本の大アジア主義に代えて、民族自決主義によって解放された民族が大連合する新しいアジア主義を提唱した。(1)

また、孫文（一八六六—一九二五）も日本の大アジア主義に応答して、一九二四年一一月、神戸で「大亜細亜問題」(2)と題する演説を行った。この演題は日本側から要求されたものであったが、彼はこれを逆手にとって自説を披露した。彼は力による支配である「覇道」を否定し、道徳による支配である「王道」を正しいとする儒教的規範に拠りながら、西洋文化を「覇道文化」、東洋文化を「王道文化」と認めて、覇道の西洋帝国主義を批判した。そのうえでソビエト・ロシアを新たな王道国家と賞賛し、これと提携する自らの「連ソ容共」策を正当化して、日本の賛同を得ようとしたのである。王道と覇道という儒教倫理に訴えるのは、儒教文化圏にある日本なればこその、孫文一流のアピールであろう。これは第一次世界大戦後の、道義を重視するようになった国際社会の新しい潮流に符合した。それによって日本の中国政策を牽制しようとしたのである。

この演説の中で、中国は「完全に王道をもって遠方の国家を感化したので、かれらは中国の徳をしたい、心から願ってみずから朝貢した」と王道や朝貢によって構成される華夷秩序について、これを理想化して述べている。また、その数ヵ月前、三民主義の講演において、

中国が第一等の地位になったとき、どうしたらいいのか。中国では、むかしから「済弱扶傾（弱いものを救い、危ういものを助ける）」といってきた。中国にこういうよい政策があったからこそ、数千年間強大であった間も、安南、緬甸、朝鮮、暹羅《シャム》などの小国は独立を保っていられたのである。それが、ヨーロッパの風が東に吹き寄せるや、安南はフランスに滅ぼされ、緬甸はイギリスに滅ぼされ、朝鮮は日本に滅ぼされることになってしまった。(3)

と述べ、華夷秩序のもとでの道義によって弱小国の「独立」が保持されるという論理によって、西洋帝国主義と対比される道義的優越性を華夷秩序に見出している。こうして華夷秩序は、近代の側から、現実の帝国主義と対比されて新たに定義しなおされ、あるべき秩序として、帝国主義批判の視座にもなっていったのである。(4)

一九世紀的な文明主義、優勝劣敗の社会進化論が流布する言説空間で、その潮流に乗ることで国際社会において有利な立場を獲得しようとした日本は、日清・日露の戦争に勝利し、さらに第一次世界大戦の戦勝国になることで、ようやく文明国として認知され、五大国の仲間入りをした。しかし、まさにそのときに、国際社会の規範は優勝劣敗から民族自決・反植民地という道義の重視へと転換したのである。ゲームのルールの変更になかなか適応できず、戸惑いつつ、(5)旧ルールで獲得した利益を維持、拡大させるために、日本がたどりついたのは、植民地においては「一視同仁」、満州では「王道楽土」、そして東亜の新秩序には「各其ノ所ヲ得シメ」すなわち「各得其所」と、中国古典に由来する華夷秩序にも親和的な言辞による西洋近代の超克であった。このような中国的言辞に逢着したのは、西洋近代の民族主義や民権主義を受容するとともに、社会主義など新たな動向を独自に継承、発展させた民生主義によって、西洋の一九世紀的近代を乗り越えようとする孫文が、華夷秩序の理念を引き継ぐ言辞で自らの構想を語ったのに対抗しようとしたからでもあった。(6)

日本のアジア政策が、こうした言辞を用いて西洋との違いを際立たせることによって、自己を特殊化することで

正当性を獲得しようとしたのに対し、これに対抗する中国は、現実の政策においては、むしろデモクラシーやリベラリズムをとり、「科学と民主」をスローガンにした五四新文化運動の代表的論客胡適（一八九一―一九六二）を駐米大使に据えるなど、「自由中国」をアピールすることで米国の支持を獲得しようとした。その結果、国際社会の意味空間における普遍と特殊をめぐる日本と中国の立場は、一九世紀後半と入れ替わったのである。

（1）「大亜細亜主義与新亜細亜主義」『李大釗全集』第三巻、河北教育出版社、一九九九年。

（2）「対神戸商業会議所等団体演説」『孫中山全集』第一一巻、中華書局、一九八六年。邦訳は「大アジア主義――神戸高等女学校での演説」深町英夫編訳『孫文革命論集』岩波文庫、二〇一一年。

（3）『三民主義』民族主義第六講、『孫中山全集』第九巻、中華書店、一九八六年、二五三頁。

（4）しかし、日本の朝鮮支配を批判しない孫文の「大アジア主義」演説は植民地朝鮮の知識人から批判された。朝鮮知識人は、このような上下の階層構造を批判して、王道に立脚しながら、近代世界の国家平等観念をもとり入れた、より水平的な秩序を模索したという。金鳳珍『東アジア「開明」知識人の思惟空間』九州大学出版会、二〇〇四年、白永瑞「世紀之交再思東亜」『読書』一九九八年第八期、北京・三聯書店、参照。

（5）この間の日本の模索と試行錯誤の可能性と限界については、米谷匡史『思考のフロンティア　アジア／日本』岩波書店、二〇〇六年、酒井哲哉『近代日本の国際秩序論』岩波書店、二〇〇七年、などを参照。

（6）「近代の超克」の議論にも影響を与えた三木清が「新日本の思想原理」として主張した協同主義について、廣松渉は、「卑俗に言えば、英米仏の自由主義的個人主義、ソ連の共産主義的普遍主義、独伊の全体主義的民族主義、これらの諸原理を超える新しい原理を打ち出すことが「日本人の責務」だというわけであり、或る意味では、それらの諸契機を取込んでいる孫文・中国の三民主義をも超克しなければならないという意想から協同主義が案出される」と述べている（廣松『〈近代の超克〉論――昭和思想史への一視角』講談社学術文庫、一九八九年、一四六―一四七頁）。また、駒込武は、孫文の「王道」「覇道」言説が、満州国建国にあたっても理念的影響を与え、現実の政策を一定程度規制したという（駒込『植民地帝国日本の文化統合』岩波書店、一九九六年、第Ⅳ章）。

## ［52］『孫文』

高橋　勇治

二〇二―二一〇頁

### 第八章　三民主義の諸問題

（前略）

### 第三節　大アジア主義論

孫文の大アジア主義が再び脚光を浴びて登場し初めてから最早相當の時間を經過してゐるが、問題の在る處を指摘してゐる論文は至つて尠い。孫文が親日家であり、最後まで支那民族獨立解放のための援助を日本に期待したといふ事實を私は結論として否定するのではないが、然らば現在出版されてゐる幾種類かの孫文全集を支那民族に自由に讀ませて安心出來るか、といふ問題になると私は容易に肯定し得ない。孫文の個人的な親日感情を理解してゐる點に於ては、孫文と生涯革命を共にした汪氏に勝る者は今の所無いであらう。私も孫文の後繼者としての汪氏が、日支提携を孫文の以心傳心的遺敎として受取つてゐる事實を成る程と考へる。然し、私は孫文亡き後孫文全集其の他の文献によつて孫文の思想を理解せんとする支那の第二國民が、果して日支提携を孫文の眞の遺敎として結論するか、どうかを疑ふのである。左右の股肱、日本の政治家や志士との個人的接衝の中に於ける孫文よりも、客觀的に見た支那民族の指導者としての孫文を私は問題にし度いと思ふ。

孫文は我々の見た如く、大體に於て民國七年までは熱烈な親日論者であり、日支提携論者であつたと言ひ得る。彼は革命的生涯の最初より、一握りの白人による全アジア民族の抑壓を本能的に憎惡し、日本の指導さへ與へられるならば、全アジア民族の解放が必ずしも不可能でないことを信じてゐた。日露戰爭による日本の大勝が彼を如何に感激させたかは民報第一號に端的に現はれてゐたであらう。支那民族解放運動に對する援助を要望したのは必ずしも日本のみではなかつたが、日本を同文同種の國として、そして何よりも中國と同じく嘗ては不平等條約の鐵鎖に繋がれてゐた經驗を持ち、其の故に中國に對して最大の同情を持ち得る國家として、無條件に日本に信頼し、實に生涯の五十幾年の間日本の援助を獲得するために涙ぐましい努力を續けたのである。こうした彼の感情の最高潮を我々は人も知る「中國の存亡問題」に見る。然し日本の回答は何時も滿足なものではなかつた。日本政府が孫文の革命運動を援助する態度に出たこともないではなかつたが、それも彼の革命運動の初期に於ける一時的現象に過ぎず、大體に於て日本政府は孫文の政治的軍事的敵對者を援助し續けたと考へていゝ。無論、孫文の率ゐる革命黨の微々たる勢力の中に、將來支那の支配勢力となり得る要素を發見し、列强が北京の軍閥政府を援助してゐる間に孫文の黨を援助し、彼をして近代國家を建設せしめ、かくして建設された國家と日本との提携を圖ることこそ結局に於て最も賢明な道であることを吾人が知らなかつたわけでは決してない。然し、そうした道を取ることは當時の日本にとつては事實上不可能であつた。第一には國力の問題である。支那の侵略諸國家との直接衝突を惹起することなしに日本が獨自の對支政策を遂行することは常に不可能であつた。國力が常に先決問題となる。一定の時期が到來するまで、歐米勢力に追隨するといふ態度を日本が取つたのを不賢明と稱することは出來ない。それはとり得る唯一の道であつた。第二に支那をめぐる國際狀勢と孫文の革命黨の問題である。支那を舞臺とする列强の勇猛果敢な植民地爭奪戰の中に在つて、日本が悠々と孫文の黨を援助してゐたとすると結局はどうなつてゐるだらう。彼の率ゐる革命勢力を見るに、辛亥革命當時の瞬間を除けば、革命勢力の根據地は常に海外か、さもなくば廣東の一角に限られ、外交の相手にし得るだけの存在を示したことは殆どない。若しも日本がこうした孫文の黨をあの當時何時までも相手にしてゐたとすれば、支那の權益は凡て列强に分割奪取せられ、大陸に歐米勢力の拔くべからざる政治的軍事的根據地が造り上げられたであらうことは明かである。たとへ形式的にもせよ、中央政府と名のつく北京政府を外交の相手とすることによつて列强を牽制しつゝ、對等の役割を演ぜざるを得なかつたのである。第三に日本の對支政策そのものも決して上手とは言へない。北京に遊ぶ人々は、屢々日米の對支政策を、日本の同仁病院と壯麗極まるロックフェラー病院との對比に於て語る。然し、この事例が示す如く、人の謂ふ不手際な對支政策そのものが又資本の力の、窮極に於て國力の然らしめる所の、止むを得ざる一時的現象であつたといふ事實を看過してはならない。それは單に一政府、一外交官の問題ではない。氣力や眞面目一式で對外政策を巧妙に運び得るものではあるまい。このようにして、日本は唯一つ殘された道を擇んだのであるが、然しそれは日本を歐米列强から區別する外見的標識を喪はしめる結果となつた。かくて大陸には安直極まる抗日運動が起るのであるが、今から回顧すれば日支の關係は何もかも宿命であつたように見える。

それはそれと、孫文が排日論者に轉向したのは西原借款成立當時からであり、抗日、排日を取り上げぬ限り支那民族の指導者たるの資格なき者と判定される風な五四運動時代を經、ワシントン會議時代に及んで彼は再び支那民族の眞の敵を歐米列强に見出し初める。然し、久しからずして聯蘇政策の決定となり、民國十三年に入つて上述の如き民族主義的綱領の決定を見るのである。此の年に於ける孫文の支那民族を相手とする著述や講演の記録の中から我々は日支提携を説いた部分を發見することは出來ない。孫文の遺敎として支那の民衆に最も廣く讀まれた三民主義十六講の中に於てもそうであり、そこに於て日本は孫文の帝國主義範疇から決して除外されてはゐない事實を何人も發見し得るだらう。そうした一方に於て孫文は帝國主義との妥協を極力排斥し、蘇聯邦との提携を根幹とする全世界被壓迫民族の聯合による帝國主義の打倒を頻りに說いてゐるのである。特に、孫文のソヴィエット・ロシアに對する信頼と期待は絶大であつた。民國十三年末神戸で試みた有名な大アジア主義講演の中に於てすら彼は次の如く言つてゐる。(1)

「現在ヨーロッパには、ヨーロッパ全部の白人から排除され、毒蛇猛獸であつて人類ではないやうに思はれ、少しも接近されない國があります。……それはロシアであります。ロシアは何故にさうなのでありませうか。それは彼が王道を主張して覇道を主張せず、仁義道德を說いて功利强權を說かうとせず、極力公道を主張し、少數を以て多數を壓迫することに贊成しないからであります。このやうにロシア最近の新文化は、極めてわが東洋の舊文化に合致し、それ故に、彼等は東洋と提携し、西洋と分家せんとしてゐるのであります。」

又孫文の死後發見されたロシアへの遺書の中には次の如き一節が見出される。(2)

「……余は既に國民黨に民族革命運動の事業を進行し、中國をして帝國主義によつて加へられたる半殖民地狀態の羈縛から免かれしむるよう囑附し、この目的に到達する見地より、余は既に國民黨に諸君との提携を永久に繼續すべきことを命じた……」

有名な大アジア主義講演を見よう。そこに於て孫文は歐米の帝國主義・侵略主義即ち「覇道」と東洋固有の「王道主義」とを對立せしめ、王道主義の基礎の上に新しいアジアが建設されねばならぬことを說く。問題とするのは、前の引用文に見た如くロシアを王道主義の國として賛美する反面日本が現に王道主義の國であるとは決して言つてない點であり、此の講演の最後は日本に對する覇道主義の放棄の要求を以て結ばれてゐるのである。

このように見るならば、日支兩民族の提携を根幹とする全アジア民族の白人帝國主義からの解放として一般に理解されてゐる孫文の大アジア主義は決して單純なものではないといふことが知られるであらう。それは一見虛僞にさへ見えぬこともない。これはどう解釋すべきであらうか。

問題の中心は日支提携の可能性に對する孫文の眞意であり、それを判定する鍵は廣東・モスコー協商の本質の分析である。我々の見た如く、それは本質的には利用關係であり、孫文はロシアを支那民族解放のために、ロシアは支那を世界赤化のために、御互に相手を利用せんとする所に成立したのである。ロシアの働きかけが極めて巧妙であり、孫文が又それを極めて自然なものとして受け入れるやうな環境の中に置かれてゐた爲に、何よりも帝國主義の打倒と云ふ當面の共同目標を持つてゐた爲に、この協商は一見本質的な結合狀態を呈したのであるが、それは決してボルシェヴィズムといふ共同地盤の上に立つものではなかつた。孫文が提携の相手としたロシアは單に支那民族解放運動を援助するものとしての、弱小民族の獨立運動を援助するものとしての共同の敵帝國主義を打倒するものとしてのロシアであつて、決してボルシェヴィズムを持つロシアではなかつた。この點は繰返して證明する必要はない。髄つて三民主義革命を援助する者は必ずしもロシアでなければならぬ必要はなかつたわけである。孫文が飽くまでも三民主義革命を繼續する以上、遲かれ早かれ彼自らこの協商を破棄する時期が到來するであらうことは明白なことであつた。露支協商も結局は此の如き形式的なものに過ぎなかつたと言ひ得る。孫文の所謂帝國主義論なるものも、決してボルシェヴィズムの帝國主義分析論に根據するものではなかつた。それは要するに侵略主義のことであり、彼が如何に帝國主義の打倒を說き、如何に帝國主義との非妥協を主張したにせよ、それをレーニン的なものとして受取ることは出來ない。こゝに吾人は孫文主義の本質を見ることが出來る。彼は必要があれば自由にロシアを敵に廻し得る立場に在ると同時に、時に激越な言葉を使用することはあつても、彼は依然として代表的な列强を支那民族の味方に引入れるための努力の繼續を斷念してはゐなかつたのである。若しも當時近衞聲明が發せられてゐたとすれば、孫文はそれを拒否する如何なる理由も發見し得なかつたに違ひない。否、ロシアの地位に日本が取つて代つてゐたことは明かである。今、汪精衞氏をこの立場に於て理解することが出來る。兎も角、依然として孫文は列强の中に於ては、東洋固有の王道主義を理解し得る日本こそ支那民族及び被壓迫民族解放運動の領導者たり得る唯一の資格者であることを信じ、且つ期待してゐたと斷定してい〻。人も知る大アジア主義講演が其の現れであり、事實上それは日本への遺書となつたのである。

最後に一言注意すべきは、孫文を「大アジア主義」者として理解し、而もそれを大東亞戰爭の理念と關聯せしめる一般の傾向に就てである。今次の戰爭は大東亞戰爭であつて決して大アジア戰爭ではない。大アジア主義などといふと如何にも種族戰爭といふ感じが强い。獨・伊と共同しつ〻ある大東亞戰爭は決して種族鬪爭ではない。又この戰爭を極めて危險の多い種族鬪爭たらしめてはならぬといふことは充分銘記すべきである。それは要するに、侵略者を打倒して世界新秩序を建設するための鬪爭の一環であり、將來大アジアが問題になることはあつても、それは被壓迫民族の集團地域としてであつて、有色人種の住む地域といふ意味に於てではないといふ點を銘記すべきである。翻つて孫文の民族理論を見るに、私は彼が國內に於て大アジア主義を公然と主張した事實を知らない。日本に於けるかの講演も、演題は日本側で指定したものであつて、彼自ら選んだものではない。この講演の最初の部分がこの事實を明かにしてゐる。又この講演の內容を見ても、聯合すべき弱少民族は決してアジア民族に限定されてゐるわけではない。世界被壓迫民族の解放が矢張り彼の念頭に在ることを知り得るのであつて、彼がアジアを問題にしてゐるのは、それがすべて被壓迫民族から構成されてゐるからに他ならぬ。對露協商の本質を上述の如く解するならば、この講演は結局世界被壓迫民族解放闘争の中に於ける主動勢力としての日支兩民族の聯合提携を主張したものとして受取るのが現在一番孫文の眞意に叶つてゐると私は考へる。大アジア主義論者などと呼ぶと孫文は却て迷惑に思ふだらう。

(1) 孫文全集第一公論社版第三巻四九一頁以下に據る。
(2) 同上第七巻四九一頁。

## [53] 高橋勇治「孫文」(昭和十八年)

丸山　眞男

『戦中と戦後の間　一九三六―一九五七』一六二―一六五頁

『東洋思想叢書』にまた新らしい一巻が加はつた。著者にその人を得たため、本書は同叢書中でも最も傑出せるものの一つとなつたのみでなく、我国、いな世界に於ける孫文研究の今日までに達しえた諸成果がここに煮詰められてゐるといふ意味で、私は是を孫文乃至孫文主義への最良の入門書として推したい。奔放不羈な筆致と、快刀乱麻を断つ底の判断は一読爽快を覚へしめずには措かぬ。とくに燦然たる光彩を放つてゐるのは、本書の大半を占める孫文の政治的生涯の叙述である。そこでは彼の思想と運動の成熟過程が、清末以後の支那社会の歴史的展開との関聯に於ていとも鮮かに浮び出てゐる。しかもその間、著者多年の研究に基づく特色ある見解も一二に止まらない。例へば孫文が明確に共和論者になつた時期に就て通説の一八八五年説を排し、その誤謬のよつて来る所以を解明せるあたり(三二頁以下)、またよく問題になる興中会創立と孫文との関係についての分析(四〇頁以下)とか、民国十二年一月一日の国民党宣言の歴史的意義の強調(一六四頁)とかに読者はその顕著な例を見出すであらう。解釈はかなり断定的な調子を帯びるが、夫々綿密な考証を背景に持つてゐるから説得力が強い。（尤も中には、「一九〇〇年（明治二十三年）といふ年に日本に於て立憲政治が正式に開始されてゐる」（八八頁、傍点筆者）といふ如き slip of pen もあるが。）かうした歴史的叙述の一分の隙も見せぬ鮮かさに比べると、三民主義の全体としての理論的分析ともいふべき最後の二章はもともと最も取扱に困難な面だけに、そこに自から少からぬ問題を残してゐる様に思はれる。とはいふものの、ここでも著者は従来の三民主義の理論的研究の系譜を忠実に継承してゐるのであつて、例へば三民主義の哲学的基礎は唯物論か観念論かとか、三民主義就中その民生主義と社会主義乃至共産主義との関係如何といふごとき問題は従来の三民主義研究家の等しく取上げた論点であつた。さうしてかうした問題提出を前提とするならば、著者の解答は決して意想外でも的外れでもなく、常識的な結論に落着いてゐる。しかし私は一歩進めて三民主義の全面的把握のためには、かうした問題提出にとどまつてゐていいか、何かもつと異つた問題の立て方が必要なのではないかといふ気がしてならないのである。

　三民主義はそれ自体完結した「思想体系」ではない。そのことは一応理解されてゐながら、いざ三民主義を「解説」するとなると、ひとはいつの間にか、恰も静的な思想体系に対する如くにそれを操作する。さうした取扱をする限り、孫文のあれこれの言説や著作から論理的混乱や撞着した見解ないし曖昧な規定を引出すことはいとも容易である。そこから三民主義の思想的価値が不信に曝され、単純なヨーロッパ思想のよせ集めだとか孫文の途方もない空想的産物だとかいふ烙印を押される。三民主義を「現実」的地盤から内的に解釈すると称する社会科学的立場にしても、自己の固定的な思惟範疇をふりかざして、孫文の議論に迫らうとするところから、三民主義を唯物論に入れようか観念論に入れようかとさんざ迷つた揚句、唯物論的色彩を帯びた観念論だといふ様な分つた様な分らぬ様な結論に落着いてしまふ。（抑ゝ哲学思想をかういふ範疇に二大別すること自体が多分にイデオロギー的意味を帯びた分類で、無理なのだが。）三民主義を抽象的な Geschlossenheit に於て見るにせよ、その個々の所論を社会的地盤に還元して解釈するにせよ、それは三民主義の外から《フォン・アウセン》の、いはば客体的解釈たることに於て変りがない。しかし抑ゝかうした視点に立つてゐる間は、三民主義が何故に支那思想史上、国民大衆の内面的意識に支持された唯一つのイデオロギーとなりえたか、何故今日に於て国民政府も重慶政権も、延安政権も競つて自己の正統性を孫文とその三民主義の忠実な継承者たる点に根拠づけようとするのか、といふことは遂に理解されないのである。さうしてこの「謎」を解くことなくして抑〻支那問題の解決もありえないとするならば、事は決して単なる「方法論争」ではなくまさに我々日本国民が主体的に取上げるべき問題なのだ。そのためにはもつと三民主義をその内側から、内面的に把握せねばならぬ。孫文主義は広義の社会主義の一種であるとか、支那民族資本を担ひ手とするブルジョア民主主義だとかいつて済ましてゐたところで問題は一歩も前進しない。しからば孫文主義の内からの理解とは何か。私はそれはなにより孫文自身の問題意識を把握することだと思ふ。孫文は何を語つたか若くは何と書いたかではなくして、彼が一生を通じて何を問題とし続けたかといふことである。彼が現実を如何に観たかといふことよりむしろ、彼は如何なる問題で以て現実に立ち向つたかといふ事である。ラインバージャーのいはゆる、「多くの点で矛盾だらけの癖に、全体としては恐ろしく首尾一貫してゐる」といふ三民主義の秘密はかうした把握によつて始めて開かれる。そのとき彼の個々の言説の「矛盾」はもはや矛盾ではなく統一的な展望の下に立ち、外面からは孫文の途方もない「空想」としか思はれない事が実は彼にとつて抜差ならぬ切実な課題であつた所以が理解されるのである。従来の軌道での孫文乃至孫文主義研究はこの高橋氏の新著あたりで一応行くところまで行きついた感がある。本書はさうした意味で、孫文研究の新らしい方向へのこよなき跳躍台となるであらう。因みに本書については既に国際法外交雑誌第四十四巻第一号に植田捷雄氏による紹介がある。

# 付録：「大アジア主義」のテキスト

# ［54］大アジア主義——神戸高等女学校での演説

『孫文革命文集』四二八—四四七頁

解題・訳　深町　英夫

**解題**　一九二四年十一月二十八日に神戸商業会議所の主催により、兵庫県立神戸高等女学校の講堂で開かれた、「大亜細亜問題」と題する講演会での演説。講演の筆記者である随員の黄昌穀《こうしょうこく》（一八八九—一九五九）が編纂した、『孫中山先生由上海過日本之言論』（民智書局、一九二五年）所収の「大亜洲主義」より翻訳し、『民国日報』一九二四年十二月八日「孫先生「大亜洲主義」演説辞」も参照した。

十一月十七日に上海へ到着した孫文は、安徽派・奉天派を援助する日本の支持を得るため、長崎を経て二十四日に神戸へ上陸する。その後、三十日に神戸を発って天津へ向かうまでの間、孫文は幾度も記者会見や講演を行ない、不平等条約撤廃の希望を語った。しかし、旧知の頭山満・萱野長知・宮崎龍介（一八九二—一九七一、寅蔵の長男）等、数多くの来訪者と面会したものの、加藤高明内閣は孫文の上京を歓迎せず、逓信大臣を務めていた犬養毅も、孫文の会見要請を拒み、代理人を派遣したのみである。しかし、同年の移民法改正により日本人のアメリカ移住が禁止されたため、日本国内では反米感情の高揚と反比例してアジア志向が強まっており、孫文は神戸で熱烈な歓迎を受けた。この日の講演会にも多数の聴衆が集まり、急遽設けられた第二会場での簡単な挨拶の後、この講演が行なわれたという（通訳は戴季陶）。

孫文は論題を「大アジア主義」として、近代日本の台頭をアジア復興の先駆と称賛し、黄色人種の伝統文化と白色人種の近代文化を、「王道」と「覇道」として対比することにより、日本人聴衆の自尊心を満足させつつ、中国人への共感を喚起するよう努めている。しかし、これは人種主義を反帝国主義へと巧妙に換骨奪胎する論法であり、日本帝国主義への批判をほぼ完全に封印しながらも、ソビエト・ロシアを「東方」に属する「王道」国家として描き出すことにより、自身の「連ソ・容共」政策を正当化して、日本人の賛同を求めたのである。

諸君。

本日、このように熱烈な歓迎を諸君から受け、私は実に感激の至りであります。本日は皆さんが一つの問題を定め、私を招いて講演するようにとのことですが、その問題とは大アジア主義というものです。

我々がこの問題について語るならば、わがアジアとはどのような地域であるかを、まずはっきりと見定めねばなりません。私が思うに、わがアジアとは最古の文化の発祥地であり、数千年前に我々アジア人は既に高い文化を持っていました。ヨーロッパ最古の国家、例えばギリシャやローマといった古い国々の文化ですら、みなアジアから伝わっていったのです。わがアジアには、かつて哲学の文化、宗教の文化、倫理の文化、そして工業の文化がありました。これらの文化は、いずれも古くから世界において有名なものです。近代世界の様々な最新の文化にまで押し広げていっても、全てこの我々の旧文化から発生したものであります。最近数百年に至って、わがアジアの各民族は次第に衰え、アジアの各国家は次第に弱り、ヨーロッパの各民族が次第に栄え、ヨーロッパの各国家が次第に強くなりました。ヨーロッパの各民族が栄え、各国家が強くなるに至り、彼らの勢力が次第に東洋へ侵入し、わがアジアの各民族や各国家は一つまた一つと消滅させられるか、あるいは一つまた一つと制圧されていったのです。その後ずっと三十年前まで、わがアジア全体に完全な独立国家はなかったと言えます。その時に至って、世界の潮流は極限に辿りついたと言えるのです。

しかし、悪い事が極まれば良い事が訪れ、物事が極限に至れば反動が生じます。アジアの衰退がこのような極限に至ると、一つの転機が新たに生じ、その転機がアジア復興の起点となったのです。アジアは衰退しましたが、三十年前に至って再び復興しました。その要となったのは、どこだったのでしょう。それは日本です。日本外国と結んだ幾つか【『民国日報』版では「全て」】の不平等条約を、〔日本は〕三十年前に撤廃しました。日本が不平等条約を撤廃し、が不平等条約を撤廃した日が、我々全アジア民族の復興の日だったのです。日本は不平等条約を撤廃した後、アジアで最初の独立国家となりました。その他の有名なアジアの国家、例えば中国・インド・ペルシャ・アフガニスタン・アラブ・トルコ等、いずれも独立国家ではなく、みなヨーロッパに思うままに分割され、ヨーロッパの植民地となったのです。三十年前には、日本もヨーロッパの植民地でした。しかし、日本の国民には先見の明があり(1)、どうやって民族や国家が強盛になったり衰退したりするのか、その鍵を知っていたので、発奮して強盛になるとヨーロッパ人と争って、あらゆる不平等条約を撤廃し、日本を独立国家に変えたのです。日本が東アジアで独立した後、アジアの全ての国家と民族にも、新たに大きな希望が生まれ、日本が〔不平等〕条約を撤廃して独立できたのだから、彼らも当然そうできるはずだと考え、これにより勇気が生まれ、様々な独立運動を行なって、ヨーロッパ人の束縛から逃れ、ヨーロッパの植民地であることをやめ、アジアの主人になろうとしました。このような思想は、ここ三十年来の思想で、楽観的な思想であります。

三十年前と言えば、わがアジアの全ての民族思想は大いに異なっており、ヨーロッパの文化はあれほど進んでおり、科学もあれほど進んでおり、工業における製造もあれほど進んでいて、武器は優秀で兵力も強大であるのに、わがアジアには何の長所もないので、アジアは決してヨーロッパに抵抗できず、決してヨーロッパの圧迫から逃れられず、永遠にヨーロッパの奴隷でいなければならないと考えていました。このような思想は、三十年前までの思想で、悲観的な思想です。日本が不平等条約を撤廃した後、日本は独立国家となりましたが、日本と近接する民族や国家は、大いに影響を受けたとはいうものの、その影響が即座に全アジアに伝わることはできず、アジアの全民族が大きく揺り動かされるには至っていません。さらに十年を経て日露戦争が勃発し、日本はロシアに勝利しました。日本人がロシア人に勝利したのは、最近数百年ではアジア民族のヨーロッパ人に対する最初の勝利であり、この戦争の影響はすぐ全アジアに伝わり、アジアの全民族は狂喜して、極めて大きな希望が生まれました。これは私が、自分の目で見たことです。今そのあらましを、諸君にお話しするのもよいでしょう。

日露戦争が始まった年、ちょうど私はヨーロッパにいましたが、ある日、東郷〔平八郎、一八四七―一九三四、連合艦隊司令長官〕大将がロシアの海軍を打ち破り、ロシアが新たにヨーロッパからウラジオストックへ派遣した艦隊〔バルチック艦隊〕を、日本海で全滅させたと伝え聞いたのです〔一九〇五年五月二十七日の日本海海戦〕。この知らせがヨーロッパへ伝わると、これをヨーロッパの全人民が悲しみ、さながら両親を亡くしたかのようでした。イギリスは日本と同盟していましたが、イギリスの人々はこの知らせを聞くと、やはり大多数が首を振り眉をひそめて、この日本が挙げた大勝利は、結局のところ白人にとって良い事ではないと考えたのです。これはまさに英語で言う、“Blood is thicker than water〔血は水よりも濃い〕”という観念であります。まもなく私はヨーロッパから船でアジアへ帰りましたが、スエズ運河を通過した時、多くの現地人が私に会いに来て、その現地人たちはおそらくアラブ人でしょうが、私が黄色人種であるのを見ると、彼らは喜びを表して、慌しく私に「あなたは日本人ですか」と尋ねました。私が答えて、「違います。私は中国人です。あなたたちは何があったのです。なぜそんなに喜んでいるのですか」と言うと、彼らは「今しがた最高の知らせが届きました。ロシアが新たにヨーロッパから派遣した海軍を、日本が全滅させたと聞いたのですが、この知らせが確かかどうかわかりません。しかも、私たちは運河の両側に住んでいて、いつもロシアの負傷兵が一艘また一艘と、ヨーロッパへ送り返されるのを見ていますが、これはきっとロシアが大敗北を喫している状況なのでしょう。これまで我々東方の有色民族は、いつも西方民族に圧迫され、いつも苦痛を嘗めており、苦難を逃れられる時は来ないのだと思ってきました。今回、日本がロシアを打ち負かしたことを、私たちは東方民族が西方民族を打ち負かしたのだと考えるのです。日本人の戦勝を、私たちは自分の戦勝と同じだと考えます。これは狂喜して当然のことですから、私たちはこれほど喜んでいるのです」と答えました。(2)

こういったことから見るに、日本がロシアに勝利したことは、アジアの全民族に影響を及ぼしたではありませんか。その影響たるや、大きなものではありませんか。あの時に日本がロシアに勝利したという知らせは、東方〔東アジア〕にいるアジア人が耳にしても、あるいはさほど重要でないと思い、たいして喜ばなかったかもしれません。しかし、西方〔西アジア〕にいるアジア人は、ヨーロッパ人と隣接しているので、常に顔を合わせて、日々彼らの圧迫を受け、日々苦痛を嘗めており、彼らの受ける圧迫は東方の人々よりも大きく、嘗めている苦痛は東方の人々より深いため、あの戦勝の知らせを耳にして、彼らが示した喜びは、我々東方の者より甚だしいのです。

日本がロシアに勝利した日から、アジアの全民族がヨーロッパを打ち破ろうとして、独立運動が発生しました。だからエジプトに独立運動が起こり、ペルシャ・トルコに独立運動が起こり、アフガニスタン・アラブに独立運動が起こり、インド人もこの時期から独立運動を起こしました。だから日本がロシアに勝利した結果、アジア民族に独立への大きな希望が生まれたのです。この希望が生まれてから今日まで、二十年も経っていないのですが、エジプトの独立は現実となり、トルコの完全独立も現実となりました。ペルシャ・アフガニスタン・アラブの独立も、現実となっています。さらに最近ではインド独立運動も、日々進展しているのです。[3] このような独立という現実が、アジア民族思想の最近における進歩を示しています。このような進歩的思想が極限にまで発達すれば、アジアの全民族が連携することができ、アジア全民族の独立運動は成功することができるのです。最近ではアジア西部の各民族が、相互に親密な接触を持ち、誠実な感情を持って、みな連携できるようになりました。アジア東部で最大の民族は、中国と日本です。中国と日本は、このような運動の原動力であります。この原動力が結果を生み出せば〔どうなるのかを〕、我々中国人が今は知らず、あなたがた日本人も今は知らないので、中国と日本とは今まだあまり連携していませんが、将来は趨勢の赴くところ、我々アジア東方の各民族も、必ず連携せねばなりません。このような潮流が東西双方の民族に生じ、またこの〔独立という〕現実を創出しようとしているわけは、わがアジアの以前の地位を回復しようとするからであります。

このような潮流が、欧米人には明確に見えているので、あるアメリカの学者が一冊の書物を著して、もっぱら有色人種の興隆を論じています。この書物の内容は、日本がロシアを打ち負かしたのは、黄色人種が白色人種を打ち負かしたことであり、将来この潮流が拡大すると、有色人種がみな連携して白人を困らせることになり、これは白人にとっては災厄なので、白人は予防措置を考えねばならないというものです。その後、彼はまた一冊の書物を著して、あらゆる民族【『民国日報』版では「民衆」】解放事業を行なう運動は、全て文化に反逆する運動だと非難しました。[4] 彼の主張によれば、ヨーロッパの民衆解放運動は、もとより文化への反逆と見なされ、アジアの民衆解放運動はといえば、なおのこと〔文化に〕反逆する事業だと見なされるのです。このような思想は、欧米のあらゆる特殊階級の人々において、みな同様であります。だから、彼らは少数者でありながら、自大陸と自国の多数者を抑圧し、さらにその害毒をアジアにまで及ぼして、我々九億もの民族を抑圧し、我々九億もの大多数を、彼ら少数者の奴隷にしようとしているのであり、これは実に極めて残酷で、実にこの上なく憎むべきことです。このアメリカの学者の論調は、さらにアジア民族が覚醒するのは、世界文化に対する反逆だというもので、このことからヨーロッパ人が自分は文化を伝承する正統であると考え、文化の主人だと自認していることがわかります。ヨーロッパ人以外の者に、文化が生まれ独立の思想が生まれると、反逆だと見なすのですから、ヨーロッパの文化と東洋の文化を相互に比べれば当然、彼らはヨーロッパの文化が正義・人道に適う文化で、アジアの文化は正義・人道に適わない文化だと考えるのです。

最近数百年の文化についてのみ言うなら、ヨーロッパの物質文明は極めて発達しましたが、わが東洋のこの方面の文明は進歩していません。表面的に見て比べれば、もちろんヨーロッパがアジアより優れています。しかし、根本的に分析するならば、ヨーロッパの最近百年の文化は、どのようなものだったのでしょう。それは科学の文化であり、功利を重んじる文化です。この文化が人類社会に適用されると、物質文明のみが現れ、飛行機・爆弾を生み出すだけ、鉄砲・大砲を生み出すだけで、単なる武力の文化となりました。ヨーロッパ人は近年、もっぱらこの武力の文化でわがアジアを圧迫したので、わがアジアは進歩できなかったのです。このもっぱら武力で他者を圧迫する文化を、わが中国の古い言葉では「覇道を行なう」と言うので、ヨーロッパの文化とは覇道の文化であります。しかし、わが東洋は従来、覇道の文化を軽視してきました。またもう一つの文化があって、覇道の文化より優れているのですが、この文化の本質は仁義・道徳です。この仁義・道徳を用いる文化は、他者を感化するのであって、他者を圧迫するのではなく、他者に〔自己の〕徳を慕わせるのであって、他者に〔自己の〕威勢を恐れさせるのではありません。この他者に徳を慕わせる文化を、わが中国の古い言葉では「王道を行なう」と言うので、アジアの文化は王道の文化であります。ヨーロッパの物質文明が発達し、大いに覇道を行なうようになってから、世界各国の道徳は日増しに衰えました。アジアにおいてすら、多くの国家の道徳が、やはり衰えています[5]。最近、いくらか東洋文化に留意する欧米の学者が、東洋の物質文明は西洋に及ばないものの、東洋の道徳は西洋よりずっと高いことを、次第に知るようになりました。

覇道の文化と王道の文化を比べれば、結局のところどちらが正義と人道に有利なのか、諸君は自ら証明することができます。私も一つの例を挙げて説明することができます。例えば五百年前から二千年前まで、その間の一千年余りの間、中国は世界で最も強い国家でした。国家の地位が、現在のイギリスやアメリカと同様だったのです。現在、イギリス・アメリカは強盛ですが、やはり列強です。以前に中国が強盛だったのは、「独強」〔唯一の強国〕でした。中国は独強であった時、各弱小民族や各弱小国家に対して、どのようだったでしょう。当時、各弱小民族や各弱小国家は、中国に対してどのようだったでしょう。当時、弱小な各民族・国家は、みな中国を「上邦」〔宗主国〕として拝し、中国に朝貢に来ることを望み、中国に藩属として受け入れられることを望み、中国に朝貢に来られることを光栄と考え、中国に朝貢に来られぬことを恥辱と考えたのです。当時、中国へ朝貢に来たのは、アジア各国だけではなく、西方のヨーロッパ各国にも、遠路を恐れずやって来るものがありました。かつて中国が、それほど多くの国家や、それほど遠くの民族を、朝貢に来させることができたのは、どのような方法によったのでしょう。陸海軍を使った覇道により、彼らが朝貢に来るよう強制したのでしょうか。そうではありません。中国は全く王道により彼らを感化し、彼らは中国の徳を慕って、心から望んで自ら朝貢に来たのです。彼らは中国の王道による感化を受けると、中国へ一度だけ朝貢に来るにとどまらず、子々孫々まで中国に朝貢に来ることを望みました。

この事実には、最近でも証拠があります。例えばインドの北方に二つの小国があり、一つをブータン、一つをネパールといいます。その両国は小さいものの、民族は強盛な上に勇敢で、戦闘に長けているのです。ネパールの民族はゴルカといい、特に勇敢で戦闘に長けています。現在はイギリスがインドを治めていますが、しばしばネパールへ赴きゴルカ人を募って兵士とし、インドを制圧するのです。イギリスは大きなインドを滅ぼし、これを植民地とすることができたのに、ネパールを軽視することはできず、さらに毎年ネパールに多額の手当を送って、ようやく一人の政治調査官を駐在させることができています(6)。現在イギリスは世界で最も強い国でありながら、これほどネパールには恭しくしており、ネパールがアジアの強国であることがわかるのです。ネパールという強国は、イギリスに対してどうなのでしょう。イギリスが強くなってから百年余り、イギリスがインドを滅ぼしてから、やはり百年余りになります。ネパールはイギリスの植民地と、これほど長らく隣接していながら、イギリスへ朝貢に行かないどころか、むしろイギリスから手当を受けているのです。

ネパールは中国に対して、どうなのでしょう。中国という国家の地位が、現在では全く没落してしまって、イギリスの植民地一つにすら及ばず、ネパールよりはるかに劣り、しかも中間には大きなチベットがあるのですが、今もネパールはまだ中国を上邦として拝しています。民国元年〔一九一二年〕には、まだチベットを通って中国へ朝貢に来たのですが、その後は四川の辺境まで来たものの、交通が不便なために来なくなってしまいました。(7) ネパールの中国とイギリスに対する〔態度の〕相違を、諸君は不思議だと思わないでしょうか。ネパール民族の中国とイギリスに対する態度についてのみ言えば、中国の東方文明とイギリスの西方文明を比較することができます。中国は国勢が衰えて数百年になりますが、まだ文化は残っており、まだネパールは上邦と見なしているのです、現在イギリスは強盛で、優れた物質文明を持っていますが、ネパールは相手にしません。このことから、ネパールが真に中国の感化を受け、中国の文化こそ真の文化だとネパールは見なし、イギリスの物質文明は文化だと見なさず、覇道としか考えていないことがわかります。

我々は今「大アジア主義」を論じ、ここまで検討してきましたが、結局どのような問題なのでしょう。簡単に言えば文化の問題であり、東方文化と西方文化の比較と衝突の問題なのです。東方の文化は王道で、西方の文化は覇道であり、王道を唱えるのは仁義・道徳を主張することで、覇道を唱えるのは功利・強権を主張することであります。仁義・道徳を唱えるのは、正義・公理により他者を感化することで、功利・強権を唱えるのは、鉄砲・大砲により他者を圧迫することです。感化を受けた者は、たとえ「上国」〔宗主国〕が衰えて数百年を経ても、依然として忘れることができないのは、例えばネパールが今でも心から望んで、中国を上邦として拝することを願うようなもので、圧迫を受けた者は、たとえ上国が目下は強盛であっても、やはり常に離れたがるのであります。例えばイギリスはエジプトを征服し、インドを滅亡させましたが、イギリスが極めて強盛であっても、やはりエジプト・インドは常にイギリスから離れたがり、常に独立運動を行なっているのです。しかし、イギリスの強大な武力に制圧されているので、すぐには成功することができません。もしイギリスが一時的に衰退すれば、エジプト・インドは五年を待たずに、すぐイギリス〔植民地〕政府を打倒し、自己の独立の地位を回復するでしょう。

諸君はここまで聞けば、東西文化の優劣を知ることができるはずです。我々が現在この新世界にあって、我々の大アジア主義を築き上げるには、何を基礎とすべきでしょうか。それは我々固有の文化を、基礎とすべきなのであります。道徳を唱え仁義を説くべきであって、仁義・道徳こそ我々の大アジア主義の優れた基礎なのです。我々は、この優れた基礎を持つとともに、さらにヨーロッパの科学を学び、工業を振興して、武器を改良すべきであります。しかし、我々が工業を振興し、武器を改良して、ヨーロッパに学ぶのは、決してヨーロッパに学んで他の国家を滅亡させ、他の民族を圧迫するためではなく、我々は自衛のために学ぶのです。

最近、アジアの国家がヨーロッパの軍事文化を学ぶことに関しては、日本が最も完全だと言えます。日本の海軍の製造や海軍の操縦は、ヨーロッパ人に頼る必要はありません。日本の陸軍の製造や陸軍の運用も、自主的に行なうことが可能です。だから日本はアジアの東方において、一つの完全な独立国家なのであります。わがアジアには、ヨーロッパ大戦〔第一次世界大戦〕の際に同盟国側に加わり、一敗地に塗れて他国により瓜分〔分割〕されてしまい、ヨーロッパ大戦の後でまたヨーロッパ人を追い出して、現在やはり完全な独立国家となっている国がありますが、その国とはトルコです。現在、アジアには二つだけ極めて大きな独立国家があり、それは東の日本と西のトルコであります。日本とトルコが、アジアの東西の二大防護壁となっているのです。今やペルシャ・アフガニスタン・アラブも立ち上がってヨーロッパに学び、優れた軍備を編制しているので、ヨーロッパ人もそれらの民族を軽視することはできません。ネパール民族はといえば、イギリス人ですら軽視できないのですから、もちろん優れた軍備を持っています。中国は現在でも多くの軍備を持っており、ひとたび統一されれば極めて有力になるのです。我々が大アジア主義を唱え、アジア民族の地位を回復するには、仁義・道徳を基礎として各地の民族を連合しさえすれば、アジアの全民族は大いに勢力を持つことになります。

しかし、ヨーロッパ人に対しては、仁義のみで彼らを感化し、アジアにいるヨーロッパ人に頼んで、我々の権利を平和的に返してもらうというのは、「虎に皮をよこせと言う」〔原語は「与虎謀皮」、できない相談をする意〕ようなもので、きっと不可能です。我々の権利を完全に取り戻すには、武力に訴えねばなりません。そして武力に関しては、日本が早くから完備した武力を持っており、またトルコも最近では完備した武力を持ち、その他にペルシャ・アフガニスタン・アラブ・ゴルカの各民族も、みな以前から戦闘に長けています。わが中国の人口は四億で、従来は平和を愛好してきましたが、生死の瀬戸際には自ずと奮闘し、自ずと大きな武力を持つのです。もしアジア民族が全て連合し、この固有の武力でヨーロッパ人と張り合うならば、きっと勝つことはあっても、負けることはありません。さらにヨーロッパとアジアの人口を比べてみれば、中国は四億人、インドは三億五千万人、ビルマ・安南〔ベトナム〕・マラヤは合わせて数千万、日本は一国で数千万、その他の各弱小民族が数千万で、わがアジア全体の人口は全世界の人口の四分の三以上を占めています。ヨーロッパの人口は四億人にすぎず、わがアジアの全人口は九億人いるのです。四億人という少数が九億人という多数を圧迫するのは、正義・人道と大いに相容れないことであり、正義・人道に反する行為は、最終的に失敗します。しかも、彼ら四億人の中に最近では我々に感化された者がおり、それゆえ現在では世界文化の潮流として、イギリス・アメリカですら少数の者が、仁義・道徳を提唱しているのです。その他の野蛮な各国でも、やはりこのように提唱する者がいます。このことから、西方の功利・強権の文化が、東方の仁義・道徳の文化に対して、屈服せねばならないことがわかるのです。これは、覇道が王道に屈服するということで、世界の文化が日増しに光明へ向かっているということであります。

現在、ヨーロッパに一つの新しい国があって、その国はヨーロッパの全白人が排斥しており、これをヨーロッパ人はみな猛獣・毒蛇であって、人類ではないかのように見なし、これに近づこうとはしないのですが、わがアジアにも同じ見方をする者が多数います(8)。その国とは、どこでしょう。それはロシアです。現在ロシアは、ヨーロッパの白人と袂を分かとうとしていますが、なぜそのようにするのでしょう。それはこの国が王道を主張して覇道を主張せず、仁義・道徳を唱えようとして、功利・強権を唱えることを望まず、公道を極力主張して、少数が多数を圧迫することに賛成しないからです。そうすると、ロシアの最近の新文化は、わが東方の旧文化に極めて合致するので、この国は東方と手を携えて、西方と袂を分かとうとするのであります。ヨーロッパ人は、ロシアの新たな主張が彼らに同調しないので、このような主張が成功して、彼らの覇道を打ち破ることを恐れ、それゆえにロシア〔の主張〕が仁義・正道だとは言わず、むしろこれが世界に対する反逆だと非難するのです。

我々が大アジア主義を唱え、検討した結果として、つまりはどんな問題を解決すべきなのでしょう。それは、アジアの苦痛を嘗めている民族のために、どうすればヨーロッパの強盛な民族に抵抗できるのかという問題です。簡単に言えば、圧迫されている民族のために、弱者の味方をするという問題であります。圧迫を受けている民族は、アジアだけにいるわけではなく、ヨーロッパ域内にもいるのです。覇道を行なう国家は、他大陸や他国の民族を圧迫するだけでなく、自大陸や自国の中でも同様に圧迫します。我々がアジア主義を唱え、王道を基礎とするのは、弱者の味方をするためなのです。アメリカの学者は、あらゆる民衆解放の運動を文化への反逆と見なすので、それゆえに我々が現在提起している、弱者の味方をするという文化は、覇道に反逆する文化であり、あらゆる民衆の平等と解放を求める文化なのであります(9)。

あなたがた日本民族は、欧米の覇道文化を取り入れた上に、アジアの王道文化の本質をも持っていますが、今後は世界文化の前途に対して、結局のところ西方覇道の手先となるのか、それとも東方王道の防壁となるのか、それはあなたがた日本国民の、詳細な検討と慎重な選択に懸かっているのです(10)。

（1）「先見の明があり」が『民国日報』版では、「「心配が多ければ賢者が育まれ、災難が多ければ国家が興る」〔『新唐書』張廷珪伝に基づく〕という感覚を持ち」となっている。

（2）一九〇五年六月十一日に孫文は、フランスのマルセイユを出航し、スエズ運河を通って、コロンボ・シンガポール・サイゴンを経由し、七月十九日に横浜へ到着した〔「中国は共和国を建設すべきだ」解題参照〕。

（3）「犬養毅に列強の影響を脱し中国革命の成功を助けるよう求める書簡」注(5)(6)(7)(8)参照。第一次世界大戦の結果、旧オスマン朝の支配下にあったアラブ地域では、一九二一年にイラク王国が成立したが、イギリスの委任統治下にあった。

（4）アメリカの歴史学者ロスロップ・ストッダード（Lothrop Stoddard、一八八三―一九五〇）は、一九二〇年に *The Rising Tide of Color against White World-supremacy*（『白人の世界的優位に対する有色人の勃興』）を著して、「有色人種」の人口増加が白人の優位を脅かしつつあると説き、一九二二年の *The Revolt against Civilization: The Menace of the Under Man*（『文明に対する反逆――下層民の脅威』）では、下層階級の反乱を防ぐための移民制限・産児制限を唱えた。上海の孫中山故居の蔵書には後者に加えて、やはりストッダードの一九二四年の著書である *Racial Realities in Europe*（『ヨーロッパにおける人種の現実』）が含まれており、これらを孫文は閲読したものと思われる。

（5）この一文が『民国日報』版では、「アジアの高尚な道徳も、それにより発揚できなくなりました」となっている。

（6）「犬養毅に列強の影響を脱し中国革命の成功を助けるよう求める書簡」注（3）参照。ゴルカ戦争の結果、一八一六年に成立したスゴーリ条約により、東インド会社はネパールに領土を割譲させる代償として、年間二十万ルピーを支払う一方で、常駐代表をカトマンズに置くことになったが、同年末には領土を一部返還し、支払いを停止している。

（7）「チベットを」以下が『民国日報』版では、「中国へ朝貢に来ていたのですが、最近では交通が不便なため、来なくなってしまいました」となっている。

（8）「同じ見方をする者が多数います」が『民国日報』版では、「欧米の宣伝に毒されて、同じ見方に変わってしまった者が多数います」となっている。

（9）「あらゆる民衆の平等と解放を求める文化なのであります」の原文は、「是求一切民衆和平等解放的文化」で、『民国日報』版には「等」の一字がなく、「あらゆる民衆の平和的解放を求める文化なのであります」と訳せるが、ここで孫文が唱えているのは、武力による抑圧への抵抗であるため、「和平等」は「平等和」の誤植と解した。

（10）「あなたがた日本民族は」以後の部分は、講演の際に語られたものではなく、神戸から天津へ向かう船が門司へ到着した頃に、船上で加筆された可能性が高いと指摘されている。

＊英文版につきましては、Wikisource, Sun Yat-sen's speech on Pan-Asianism を参照ください。

# あとがき

一九八九年法律文化社から陳徳仁・安井三吉編『孫文・講演「大アジア主義」資料集』が出版されました。それから三五年を経過しましたが、孫文の「大アジア主義論」は、現代「地球社会」の直面する諸課題のうち、リージョナルな国際政治秩序のあり方をめぐる一つの、しかし重要な領域を担っていると思われます。とりわけ、現代東アジア国際政治における日本、中国、韓国などの関わる困難性をも含めた東アジアの地域秩序が、果たしていかなる展望を持ちうるのか、ますますリージョナルかつグローバルな問いかけになっています。

こうした人類史的課題への挑戦は、一〇〇年前の孫文が構想した「大アジア主義論」的在り方を改めて再認識し、再検討する機会を提供しているのではないかと思われます。ぜひ共にご検討いただければ幸いです。

『資料集Ⅱ』として構成するにあたりましては、全54件の資料の転載をご承認いただきました、各執筆者および出版社関係各位のご協助に心からの感謝を申し上げます。あわせて、「孫中山記念会研究叢書Ⅸ」として出版するに至りますまでの、公益財団法人孫中山記念会理事会および中尾一彦理事長、同副理事長・孫文記念館・魚住和晃館長、同副理事長・陳來幸副館長、同常務理事・川鍋彰男事務局長、孫文記念館・蔣海波主任研究員、同・周游研究員、同・事務局各位のご高配に深謝申し上げます。さらに六月に就任されました花岡正浩理事長、齋藤和満常務理事各位のお力添えに深謝申し上げます。

また本書の出版にあたりましては、孫文記念館・安井三吉名誉館長、孫文研究会・緒形康代表各位からいただきました周到なるご配慮に厚く御礼申し上げます。と同時に、編集過程では、原田貴之氏、日野みどり氏、石黒亜維氏、金瑚氏、金瓔氏、鬼頭今日子氏、呂仁梅氏、根岸智代氏、小都晶子氏、上田貴子氏、渡辺直土氏（ＡＢＣ順）各位からのひとかたならぬご尽力に厚く御礼申し上げます。

そして今回実に多くのご配慮とご援助をいただきました法律文化社社長畑光様はじめ編集部の皆様には、前回に引き続き『孫文・講演「大アジア主義」資料集Ⅱ』の出版をお引き受けいただきましたことに、重ねて深く感謝と御礼を申し上げます。

この間、孫文講演「大アジア主義」一〇〇周年記念講演会・国際シンポジウムをご準備いただいておりました、五百簱頭眞先生の突然の訃報に接し驚駭しておりますが、改めて先生の平安をお祈り申し上げます。

二〇二四年九月一日

愛新　翼
西村成雄

■編者紹介

**愛新　翼**（あいしん　つばさ）

1941年　大連生まれ

孫文記念館名誉館長、神戸華僑歴史博物館館長、神戸中華同文学校名誉校長

**主要著書：**

愛新覚羅 恒翼『路漫漫―海外皇裔中華情』新華出版社、2009年

**西村成雄**（にしむら　しげお）

1944年　大阪生まれ

元・孫文記念館副館長、大阪大学名誉教授

**主要著書：**

『中国の近現代史をどう見るか』岩波新書、2017年

『中国外交と国連の成立』（編著）法律文化社、2004年

Horitsu Bunka Sha

孫中山記念会研究叢書Ⅸ

孫文・講演「大アジア主義」資料集Ⅱ

――1924年11月　日本と中国の岐路

2024年12月10日　初版第1刷発行

編　者　愛新　翼・西村成雄

発行者　畑　　光

発行所　株式会社　法律文化社

〒603-8053
京都市北区上賀茂岩ヶ垣内町71
電話 075(791)7131　FAX 075(721)8400
https://www.hou-bun.com/

印刷：㈱冨山房インターナショナル／製本：新生製本㈱

装幀：白沢　正

ISBN 978-4-589-04377-1